U0148317

张伯苓，救国之法厥为教育

张伯苓　张锡祚　等著

中国文史出版社

图书在版编目（CIP）数据

先生归来兮. 张伯苓，救国之法厥为教育 / 张伯苓等著.—北京：中国文史出版社，2019.7

（百年中国记忆. 教育家）

ISBN 978-7-5205-1313-5

Ⅰ. ①先… Ⅱ. ①张… Ⅲ. ①张伯苓（1876-1951）—纪念文集 Ⅳ. ①K825.46-53

中国版本图书馆CIP数据核字（2019）第204527号

执行主编：张春霞
责任编辑：孙　裕

出版发行：中国文史出版社
社　　址：北京市海淀区西八里庄69号院　邮编：100142
电　　话：010-81136606　81136602　81136603（发行部）
传　　真：010-81136655
印　　装：北京地大彩印有限公司
经　　销：全国新华书店
开　　本：710mm × 1010mm　1/16
印　　张：19.5
字　　数：286千字
版　　次：2020年1月北京第1版
印　　次：2020年1月北京第1次印刷
定　　价：59.80元

张伯苓（1876—1951）

南开大学木斋图书馆

南开大学遭轰炸后遗迹

南开中学初期的东楼

重庆南开中学

一九四六級畢業紀念

允公允能

張伯苓題

张伯苓手书南开校训“允公允能”

第十屆世界運動會

智力競新

強國之鑑

張伯苓題

张伯苓题字

目录

第　一　章

先生一生，付教育救中国

先世回溯

张锡祚

自从我父伯苓公于1951年3月逝世之后，很久以来，我就想为他写一篇传记。

伯苓公（以下简称先生）的一生，确实是不平凡的一生。70年来，他为祖国的复兴，献身于教育事业，知交遍海内，桃李满门墙，毕生业绩，屈指难数。且立传贵在绘貌传神，叙事则宜真实无误。故此，要为先生写篇传记，我真不知应从何处着手。

现仅就我43年（先生逝世之年，我正43岁）来所见所闻，列叙先生的历史和轶事，以期存诸史册。

曾闻先祖母杨太夫人口述，张氏先世祖于清初来自山东，原在运河里使用楠木船，往来南北，贩运油粮为生。后来到了天津，在河东购地建起家园，开了一家行店，起名叫作协兴号，取其协力同兴的意思，仍事专养楠木船，南北贩运油粮杂货。经过几个世代的经营，家道日趋兴旺。传至五世祖天行公（讳健），生高祖兴如公（讳文德），兄弟三人；兴如公生曾祖筱洲公（讳虔），为国学生，早年亡故；筱洲公生祖父久庵公（讳云藻），筱洲公去世时，久庵公年方9岁。

久庵公幼年，聪明不羁，因幼年丧父，又为两世单传，故先曾祖母刘太夫人未免有些娇惯，未把科举事业放在意中。久庵公平生酷爱音乐，凡一切乐器，弹拉吹打，无不精绝，尤其擅长于琵琶的弹奏。每晚临睡前，总要弹弄一两段琵琶曲子，冬日天寒手冷，就把棉被挖两个孔，躺在暖炕上，两手从孔中伸出，弹弄琵琶、弦子等乐器。一直到晚年，没有一天不弹奏乐曲。

久庵公先娶祖妣胡太夫人，早卒，前生子女均不育。继娶先祖母杨太夫人，当时因为不事生产，家道日渐中落，生计维艰，只依仗久庵公教几处家馆和杨太夫人为人做些针黹为生，虽然如此，久庵公仍不改其乐。久庵公与当时京剧票友孙菊仙最要好，堪称莫逆。孙菊仙别名孙处，天津人，为慈禧太后的供奉，常进宫为慈禧说戏，津人称之为“老乡亲”，他尝请久庵公教授戏曲乐理。孙每次到津义演，一定要张七爷打鼓（久庵公在族中大排行第七，故人称张七爷，因公以琵琶闻名，津人又咸呼为琵琶张）。孙处富于侠气，后来活到90多岁的高龄，记得我小时，他还到我家来过，那时他的精神还健旺得很，先生教我们叫他孙爷爷，并说：“他就是老乡亲。”

童年时代　颖异刚直

张锡祚

久庵公继娶杨太夫人，生先生（讳寿春，后以字行）与叔父仲述公（讳彭春）兄弟二人。三位姑母，长适许梓政，次适黄氏，三适马千里。我父诞生时，久庵公年已 43 岁，时当 1876 年，即清光绪丙子二年春清明节日。久庵公因前娶胡太夫人，所生子女均夭折，为求先生长命，当时因邻舍有两个男孩，名大柱、二柱，后来杨太夫人在天后宫（娘娘宫）送子娘娘前拴了一个娃娃哥哥，就排行第三；大姑母生时，排行第四；到先生就排行第五了；而到仲述叔，乃久庵公 59 岁时所生，就排行第九。后津人都知五爷、九爷之尊称，却不知其所由来。社会习俗，时有变迁，留此，供为日后之考据耳。

先生幼年，颖异过人，稍长，性情刚直，好打不平。每路见不平，就要上前，为弱者析辩是非曲直。遇有强梁不逊，不服劝告者，先生即揎袖助拳，因此时常打伤人；被打的人，常来我家讲理，久庵公唯谦谢认错。但事后，对先生并不深责，常说："不可为此挫伤他的正义之气。"先生幼年时，正值家道中落，无力延师就学，而久庵公又因终日奔走操劳，不能携子教读。时有同族张竹坡者，家道殷实，其父在善堂里充董事，为他请了家馆老师，教他读书，久庵公商得该家同意，送先生到馆就读。不久，张氏家馆告停，先生因而失学。后来，有位刘先生办义学，设馆招收贫寒子弟，先生得转入该馆就学。以后刘先生身殁，先生怀念师恩，几十年来，一直与刘家通家往来不断。

北洋战败　心怀激愤

张锡祚

清室大臣李鸿章，因对外军事、外交的屡次失败，为挽救当时国家颓势，乃在天津成立北洋水师学堂，建立中国的海军基础。这个水师学堂请的是洋教授，教的是新学，用的是洋文，念的是洋书，开洋船，使洋枪、洋炮。总之，到这里来上学，叫作上洋学。当时一般人的思想还不大开通，清政府为了多招学生起见，不但学费全免，管穿管吃管住，而且每月津贴每人白银四两五钱。先生不满14岁时，考入了北洋水师学堂，在校五年，学习驾驶，每次考试都是名列第一。那时，因久庵公年事日衰，生计越感艰难，先生一方面要念书，一方面还要依靠津贴来养家，其负担是不轻的。

光绪二十年甲午（1894），先生以优等第一的名次毕业于北洋水师学堂。时值朝鲜东学党之变，清政府出兵平乱，日本也乘机出兵寻衅，遂引起中日甲午战争。战事既起，清政府的海陆军全部被击溃，清政府又急调北洋水师增援，先生参与了这一战役。第一艘兵船才出海，就被日舰击沉。消息传来，我全家大惊，久庵公为此曾废寝忘食，后来听说议和了，先生也满怀激愤地返师归来，全家惊惧心情，虽得稍安，但先生的爱国赤诚，却受到第一次打击，时年方19岁。

是年冬，娶宜兴埠安氏女。原来安氏女素患痨疾，病已垂危，安家为了冲喜，急于将女儿带病嫁出，进门来才五天就去世了。当时我家本已十分窘困，偏偏又增添了这一娶、一葬之累，旧时陋习，实属害人匪浅。转年来，先生奉派到通济轮上实习。这年又续娶王夫人，夫人生性勤劳，好整洁，对先生也深相器重，一生情好无间。

光绪二十三年（1897），承甲午败绩，国事日颓，英、德、法、俄、日等帝国主义列强，纷纷染指亚洲大陆，妄想瓜分中国，于是德、法、俄等先后强租了我国的胶州湾、广州湾和旅顺大连，又割台湾，让朝鲜给日本。英帝国则借口利益均沾，除强租九龙之外，还要强租威海卫。唯威海卫因甲午战败，已被日本占据，英帝乃约集其他各列强，强制日本先将威海卫交还中国，再由中国转租给英国。帝国主义强盗的协议既成，清廷乃派大员乘通济轮去山东，办理接收和转租手续，先生也随轮前往。船到威海卫的头一天，降下日本的太阳旗，升起中国的青龙旗；第二天，降下中国的青龙旗，升起英国的帝国旗。先生亲身参与了这一丧权辱国的接收和转让的仪式，真使他目击心伤，悲愤欲绝。

家馆为师　以教育图国强

张锡祚

先生随通济轮自山东归来后，纵观当时世界大事，深深认识到祖国若不力图自强，就无有自存之道，然而国事日非，也绝非一人之力、一事之功所能挽其危亡。我国人口有四亿五千万，但深病于“愚”、于“私”，纵然有广土众民，唯不去掉“愚”“私”，依然会受欺侮。今日要复兴中国，百年大计，在于创办新学，培植新人，非如此，“恩”“私”不能去也。于是，先生下定决心，毅然退役于海军，转而献身于教育事业，立下了兴办新学、复兴祖国的宏愿。

那时，天津有一位严范孙先生，名修，是清末翰林，道德学问颇为时人所景仰。戊戌变法前，曾任贵州学政，政绩斐然，以奏请废科举，开经济特科，闻名于时。政变后，辞官退隐家居，素慕先生之名，特设塾馆，礼聘先生，以新学教授严家子弟，是为严馆。先生平素敬重严先生之为人，视严先生为师，严先生也待先生如友，宾主之间，志同道合。从此，为南开学校之创办奠定了基石。严馆自光绪二十四年（1898）起，到光绪三十年（1904）南开学校成立，这六年的期间，是南开的胚胎时期。

那时，先生因积劳罹伤寒疾，病愈后又复发两次，后虽好转，唯身体虚弱乏力，久庵公曾劝先生吸食鸦片烟，以提神补气。三个月之后，先生体力康复，断然禁绝吸食鸦片，其果决坚强之处，实非常人所能及。先生的伤寒病刚好，适值义和团变起，八国联军于庚子年阴历六月十八日攻破天津县城，侵略军兽性发作，肆行烧杀抢掠，城门内外，死人遍地。先生侍奉着年迈的父母，率领着幼弱的弟妹，王夫人怀抱着一子一女，全家徒步逃往严宅避难。由于先生能通晓外语，遂留在严宅，支应寇兵的骚扰。直到北京议和，天津出榜安民，秩序才逐渐恢复起来。城陷时期，因死人太多，掩埋不及，曝尸日久，引起疠疫流行，先生全家先后均染上了瘟疫。疠疫流行初时，还能请得到医生，买得到药，到仲述叔染病时，就只能煎服久庵公的剩余药渣，幸尚痊愈。王夫人所生之一子一女才四五岁，后来也传染上瘟疫，卒以无医无药，均不幸先后死去。

变乱的次年，天津邑绅王奎章先生，也设馆延请先生教授他家子弟，是为王馆。王氏本为天津盐商，即所谓益德王家。这时，严、王两馆，共有学生十余人，先生分在上下午两处授课，这是南开中学的前身。

创办南开　愈难愈开

张锡祚

光绪二十九年（1903），先生与严范孙东游日本，参观博览会，同时考察该国的教育发展情况。先生和严范孙回国后，一致认为：要想富强中国，必先兴办学校，推广新学，启发民智，建设国家。遂决心创办中学。

光绪三十年（1904）秋，先生合并了严、王两馆，借用严宅偏院，辟住宅为教室，办起中学。当年招收学生70余人，初名私立中学堂，后改名敬业中学堂，次年又改称私立第一中学堂。经费由严、王两家拨助。中学之外，为培植师资人才，又设立师范班。二年以后，师范班学生毕业，学校从中挑选成绩优秀者四人，资送日本深造，为学校未来的发展做准备。光绪三十二年（1906），邑绅郑菊如先生捐助地名南开的空地（坐落天津城西南）10余亩，作为扩建中学之用。后由严、王二氏，及徐菊人（世昌）、卢木斋、严子均几位先生，共襄义举，集银2.6万两，建起新校舍，因地处南开，故改私立第一中学堂为南开中学。转年，复得袁慰亭先生捐助，又修建了一座礼堂。到此，南开中学已粗具规模。

先生既决心献身于教育事业，曾对王夫人说道："现在我决心终身从事教育事业，办教育是清苦事，事繁而收入少，家务之事，你能相助吗？"王夫人坚毅地答说："你能为国为民，办此大事，我岂不能克勤克俭地持家吗？不必担心。”先生得以专心从事教育事业达50年之久，夫人是颇著劳绩的。

南开中学建立后，以倡办新学，很有成效，一时社会上热心教育人士纷纷解囊捐助，因此，校舍得年年扩建，学生也年年增多。光绪三十四年（1908），先生被推举为直隶（河北）省代表，去美国参观渔业博览会，同时参观美国教育兴办情况；后又便道赴欧，考察欧洲各国教育发展情况，次年回国。

同年冬，久庵公逝世，先生哀痛倍加。久庵公因一生困顿，很想借先生的将来，一伸自己的平生志愿，所以对先生的爱抚、教诲不遗余力，有关人生处世之道，对先生指点尤多。常说：“人越是在倒霉的时候，越要勤剃头打辫。”先生平生也常引用这句话来鼓励自己，在遇到任何困难或挫折时，从来不气馁。久庵公的教育方法是：重实践，贵启发，循循善诱。先生的一生，受到久庵公的教导和影响之处为最多。

宣统三年（1911），天津提学使傅沅叔饬令将天津客籍学堂和长芦中学堂并入南开中学。原来两学堂的经费，每年白银8000两，也一并拨归南开中学支用，校名改为公立南开中学堂。同年，先生的好友范静生出任北京清华学校总办，约请先生兼任该校的教务长。先生到任后，对于清华学生的课业多有改革，深为该校的一些外籍教师所敬佩。半年后，先生为专心致力于南开教育，乃辞职回津。是年九月间（阴历）武昌起义，学生纷纷请假回家，学校课业因此停顿。1912年民国建立，颁布改元，采用公历，时乃旧历正月十三日，恰好是公历3月1日，而3月2日天津发生了兵变；到4月里，变乱平定后，南开才得开学。学校经费，月需银币1060元，由学务公所补助，学校还规定了每年10月17日为南开中学的校庆日。

1914年，直隶省工业专门和北洋法政两校的附设中学班，同时并入了南开中学，于是学校经费又有增加，校舍又有扩建。是年，先生兼任北洋女子师范校长。民国六年（1917），先生鉴于中学既已建立，并且逐渐有所发展，遂下定决心，创办大学教育。以前曾试办过专科学校和高等师范班，均因种种困难而暂时停办。先生为进一步研究大学教育，乃第二次去美国，入哥伦比亚大学师范班。同时，遍游美国各地，考察美国各私立大学的组织和设施。翌年冬，先生回国后就开始筹备大学部。民国八年（1919），北京各学校爱国师生发起了五四运动，天津各校学生纷纷响应，其中以南开中学学生和先进的教职员为主干，组织请愿和游行示威。那时天津警察厅长杨以德，竟派军警围捕请愿的代表，拘捕示威的爱国群众。南开中学的学生周恩来、马骏和教师时子周、马千里等 40 余人被捕，后经先生设法营救，才获得释放。就在这年的秋天，南开中学校舍之旁建起了一座楼房，随即聘请教授，招收学生百余人，设文、理、商三科，是为南开大学的雏形。那时，江苏督军李纯（字秀山，天津人），久慕故乡南开学校之名，后因病笃，遗嘱以家产之四分之一（折合当时银币 50 万元）捐赠给南开大学。先生得此巨款，即在天津城南八里台附近购地 400 余亩，建造大学校舍，两年后落成，南开大学乃迁入八里台新校址。继李纯督军之后，响应捐款的社会名流大有人在，李组绅捐助矿科常年经费，袁述之捐助建筑资金。即异邦人士，闻名捐款者也颇不乏人。秀山堂、思源堂等之命名，皆为纪念捐资助学的诸位先生。

1923 年，先生应社会人士之要求，增设南开中学女中部，在中学附近租用民房一所，招收女生 70 余人。二年后，又经各方人士捐助，在男中部操场之南购地 10 亩，建筑了女中部新校舍。

1927 年，先生鉴于东北各省蕴藏丰富，而东邻日本谋我甚急。于是在校内组织东北研究会，先生并亲去东北黑龙江考察，回来又组织东北考察团，到东北作实地调查，搜集资料，编写教材，作为中学部的地理课本。为此，深遭日本人的嫉恨。后来，1937 年 7 月 28 日的天津事变，南开学校惨遭日军炮火轰击，被夷为废墟，实肇因于此。

1928 年又成立了南开小学。同年冬，先生第三次出国考察教育，周游世界，环绕地球一周。所到之处，深受热烈欢迎，留学各国的南开校友，也都分别远道赶来，与先生欢聚，无论到哪里，都能看到南开的学生。先生最爱学生，爱青年人，他常说："我看见了青年人，就忘记了自己的老了。"这一年，先生得卢木斋资助，修建了一幢规模宏大的图书馆，可供藏书30万册，命名为木斋图书馆，以资纪念。

1929年严范孙逝世，享年70岁。严先生虽然生当清季，唯其思想之开明，迥非常人所能及。时先生在美未归，惊闻噩耗，倍感伤痛，益先生受严老人格道德熏陶之处甚多。那时奉军少帅张学良，敬礼社会贤达，与先生颇有交往。张学良在沈阳设立东北大学，规模很大，聘请先生为董事。先生推荐东北籍南开学生宁恩承为该校秘书长，又派专人去东北，对东北大学之校务整顿，多所擘画。张学良也虑及南开大学经费支绌，特捐助20万元，南开学校因此得力不少。

1930年在女中部对面，购地10亩，起建小学部校舍。到此，南开学校的大学部、男中部、女中部和小学部全部建成，规模齐备。各方社会人士慕名捐助者更多，如陈芝琴先生捐建南开大学女生宿舍楼；章瑞亭捐建南开中学部礼堂；还有傅宜生（作义）先生将小站营田1000顷拨归南大经租，所有租金，作为南大常年经费。这时，南开中学部由于连年购地扩建，中间又开辟了大运动场，连接着女中部，对面又设立了小学部，校舍绵延达一里，蔚然成为一片文化区。大学部自校门起，大道笔直，两旁绿树成荫，曲池芳荷，红楼相望，已成为津南的风景区了。先生平生殚精竭虑，为祖国之复兴，创办南开学校，培植人才，到此，已初见成效。平居时常对我们说："我死后，一定要葬在南开大学，我永远看着南开学校的存在和发展。"

力摒五病　修身正己

张锡祚

先生见及清末国势之衰颓，原因在于五病：曰愚、曰弱、曰贫、曰散、曰私。他创办南开学校，在培植学生时，要力矫以上“五病”。其教育方法，着重在下述五个方面：

（一）培养新道德，力矫时弊。严禁吸食鸦片、酗酒、嫖妓、赌博和早婚。学生有违犯者，即予开除，决不宽待。在教室楼门侧立一面大镜子，镜铭曰：“面必净，发必理，衣必整，纽必结。头容正，肩容平，胸容宽，背容直。气象、勿傲、勿暴、勿怠。颜色、宜和、宜静、宜庄。”是立镜以力矫当时颓靡不振之风，要求学生们随时精神饱满，生气勃勃。每星期三下午有修身课，给学生讲授读书爱国和做事做人之道，间或旁及国内外大事，有时也请些学者名流来校讲演，使学生接受新思想，增长新知识和提高新的道德观念。

（二）介绍西方科学，灌输新思想。在科学研究中，特别注重科学实践。南开中学创建一开始，就在国内外购置了大批实验仪器和教材，教给学生亲手做理化实验。这样的设备，颇受来校参观者的赞许。

（三）注重体育锻炼，培养强健的体魄。平时训练学生，首先在于加强课内课外的体育锻炼，有关各种体育设施、运动场地，都力求完善，在历年国内国际的各届运动会中，南开学生都有出色的成绩。在体育锻炼时，更重视体育道德的培养。南开中学初时每星期六下午还有一次全校学生大会操，加强训练学生们的组织性和纪律性。

（四）培养组织能力。为了训练学生的组织能力和办事能力，多方面指导学生在课外组织活动，组织各种团体，如：各种学术研究会，演讲比赛会，出版刊物，创办新剧团，成立音乐研究会，组织体育队等等，使学生在幼年时就能适应团体生活，加强团结思想。总之，要使每个学生，不但要会念书，也要会办事。

（五）灌输爱国思想。先生平日念念不忘图强雪耻（实际上是他爱国主义思想的具体实践），经常对学生们进行爱国主义思想教育，以便将来毕业离校做事时，不论什么事，都能联系到国家民族的利益。学生们从幼年就接受着这种教育，其爱国思想就会终生不忘。

先生从幼年承久庵公教诲，办学重实践，贵启发，并且常以“干、干、干”三字训导学生，他常说：“凡事必须亲自动手实干，才能懂，才能会，才能精。”先生还多次讲：“我是学海军的，对教育本是外行，但我有志于办教育，所以才研究教育，办教育。我是干中再学，学了再干，尽毕生精力于干、干、干，今天我已经由一个外行，变成一个内行了。又如我校的华午晴先生，他是严、王家馆的学生，没学过土木工程，但他能总管学校的建筑，连年修建，现在女中部的教室楼，就是他绘图设计的。该楼用地不多，楼上楼下，每一方寸之地，他都加以利用，虽一般的工程师，也不能过之。还有王九龄先生，他是师范班毕业生，没学过农林、园艺，但他管理学校的花木以来，经过处处向别人学艺，天天看书钻研，今天已成为一名花木专家了。”

先生又常说：“正人者，必先正己，要教育学生，必先教育自己。”有一天在中学的修身课上，先生看见一个学生食、中两指被烟熏得焦黄，指着他说道：“看你，把手指熏得那么黄！吸烟对青年人的身体有害，你应该戒掉它。”学生回答说：“你不是也吸烟吗？怎么说我呢？”先生当时很受启发，深感欲教育学生，必先教育自己，凡事都要以身作则，于是立即唤校工，将自己所存的吕宋烟全数取来，当众销毁。校工惜之，先生答道：“不如此，不能表示我的决心，从今以后，我与诸同学共同戒烟。”此后，南开在校学生，再没有吸烟的了，先生也终身不再吸烟。

敬业乐群　倡导话剧体育

张锡祚

南开学校为了培养学生的组织能力和团结精神，由学校派有专人指导，成立各种各样的课外组织活动，同学们可根据各人的爱好，自由参加。每天下午散学后，学生们就各自去参加课外活动了。这些课外组织有：自治励学会、敬业乐群会、青年会、童子军、新剧团、国剧社以及各种体育组织、各种学术研究会、演讲比赛会和出版刊物等等，其中以新剧团、体育会两个组织最为活跃。

南开的新剧团，成立于清宣统元年（1909）。最初的目的是锻炼学生的演说能力，并利用剧情，针砭时弊。最早上演的剧目为《用非所学》，由先生主编和导演，剧本描写一个学而不化、到处碰壁的人，很富于幽默感。先生对新剧团负责了启蒙第一课，以后即由师生共同创作，共同演出。剧本：集体创作有《仇大娘》《一元钱》《新少年》《一念差》《新村正》等。其后张仲述由美回国，他很喜欢研究西洋戏剧，编导了《人民公敌》《娜拉》《少奶奶的扇子》等。负责舞台布景的是华午晴，剧情报告则为章辑五。早期演员有时子周、马千里、周绍西、王祜辰、尹劭勤、伉乃如等；继后有周恩来、马骏和万家宝（曹禺）。以后，随剧团之发展，服装、道具、灯光、效果以及化装等，也都渐具规模，各有专人管理。剧团每在校庆日公开演出，一连两天，轰动一时。除校庆日之外，每周星期六或一般小的节日也有演出。学生们花费一角钱，买上一张票附带一包糖果，又看、又吃、又玩，师生同乐。那时，万家宝正在中学部读书，他受到不少的影响，他创作的名剧《日出》《雷雨》等，都曾在南开新剧团上演过。戏剧公演之同时，还不断穿插些相声、魔术等小节目。特别有一位同学姓杨（忘其名），他在读中学时，就常表演魔术（变戏法），后来，他升入大学攻化学，他利用物理、化学的实验，丰富了他的魔术内容，颇得观众的喝彩。那时南开的新剧团，实已超过了一般剧团的技艺水平。

后来，南开又成立了京剧社，在学校的节日也常常上演。每次演出时，先生总是坐在前排，聚精会神地观赏，直到剧终为止，不论台上演得好或不好，他都兴高采烈地为演员们打气。他常说："这是师生们在一起玩，不能要求太高嘛！"他平生的爱好，就是跟学生在一起玩。

南开的体育，也开展得最早。无论是田径，或是各种球类，包括篮球、足球、棒球、排球和网球等，以及武术会，都是很发达的。在历届华北或全国运动会上，南开都是享有盛名的。那时，先生总是担任着总裁判。田径赛里出现过"大金刚""二金刚"；篮球队里出现过南开"五虎将"，即李国琛、刘建常、王锡良、唐宝堃和魏蓬云等。他们五人曾代表中国参加过远东运动会。当先生看到这些神采奕奕、生气勃勃的年青一代各显身手时，从他微笑的面容里，可以看出他内心的喜悦。后来，在重庆南渝中学时，先生不惜出大力，修建了一座运动场，叫学生们在里面跑跑跳跳。他常说："这些孩子们像一群野马，哪能关在笼子里？"又说："有了好身体，才能有坚强的意志，担起建设国家的重任；身体若不好，就失掉做事的本钱，什么也谈不到了。"先生不仅重视男学生的体育，同时也重视女学生的体育。一切运动项目，也有女学生参加。要求男、女学生都是文武全才，这就是他的体育方针。

从九一八到七二八

张锡祚

1931年9月18日，日本侵略者在东北发动了事变，进占了沈阳，不久，日军又北上，攻陷了吉林，吞占了黑龙江。继而日军占锦州，侵山海关，犯热河，于是我东北大好河山，全部沦为敌有。日军掠夺东北得逞后，进而窥伺华北，经常在天津组织便衣队，用以滋事骚乱。那时，日本租界里的海光寺兵营，正处在南开大学部和中学部的中间，日本侵略者常常以军事演习为名，越出租界，一直跑进南开学校来打靶，对准教室楼架设机关枪，肆行寻衅，制造骚乱。南开师生，早已识破日军的伎俩，置之不理，照常上课。日军虽恨之入骨，也无可奈何。

南开学校虽处在急风暴雨之中，但仍然在不遗余力地发展着。是年，大学设工科和化学工程、电机工程两系。为了进一步提高学术研究，又增设经济研究所和化学研究所。

1934年是先生与王夫人结婚40周年的纪念。先生常说："我的一生事业，得助于夫人处良多。我每逢困难时，夫人则劝我不要气馁；遇有挫折时，夫人必鼓励我，有一番挫折，学校会有一番发展。"因此，在结婚纪念日的那天，先生邀请故旧友好、学校同人，各偕夫人来舍，举行茶会，以资庆贺。王夫人共生过七子一女，其中三子一女夭折，余锡禄、锡羊、锡祚、锡祜兄弟四人。时国民党政府初建空军，航校设杭州笕桥，在全国各地招生，四子锡祜应试被录取，同年毕业后，回津省亲，先生为引证岳母训子故事，勉励锡祜“尽忠报国”。

次年，清明日为先生 60 寿辰，南开校友和亲戚故旧们，齐来为先生祝寿。因这年又是南开学校成立 30 周年，校友会乃发起“三六”奖学金为先生寿。奖学金额预定为 3.6 万元，结果，共募得 6.9 万元，远远超过了计划数，即以此款全数，作为清寒学生奖学金。就在这年冬天，先生到四川游历，见到蜀中真乃天府之国，人文荟萃，物产丰饶，于是先生有在川省建立南开分校之意。先生又看到当时的华北局势，日趋紧张，应早做准备，为未来后撤时留有回旋余地。

1936 年春，先生派中学部主任喻传鉴到四川，视察川省教育。4 月间，在重庆沙坪坝购地 800 亩，随即鸠工破土。8 月间一部分校舍竣工，招录新生 200 余人，9 月间正式开学，定名为南渝中学。当时一般社会人士，莫不惊奇于建校之神速。到此时，南开学校由五名学生的严馆，经过 40 年来的苦心经营，已经发展到大、中、女、小、渝五部，在校学生 3000 多人。这一成绩，纯属时间的堆积而成，绝非一朝一夕之功。

1937 年 7 月 7 日，日本侵略者仍沿用其一贯的侵略伎俩，挑起了卢沟桥事变，7 月 28 日，战祸延及天津。在前一天（即 27 日）下午，有日本军车一辆，满载日本侵略军，自津南驶来，到八里台南大校门刹车，几个兽兵把校门外悬挂的抗日标语牌，用军刀砍下来拿走，临上车时又大声嗥叫，还有一个兽兵从车上扔到校内一支枪，然后狂傲地乘车散去。当时先生在南京，校内各部负责人见日本侵略兵来意不善，情势危急，时值暑假期间，校内仅少数住校生，还有部分教职员及其家属。学校紧急通知，限他们要在当晚前离开学校，迁往安全住处。学校虽已早在迁移，这时尚有部分图书仪器未及迁出，乃紧急转移。当夜即 28 日凌晨，日军果然在津发动了事变，由 28 日午夜到 29 日，日军从海光寺兵营，用密集的炮火轰击南开大学，彻夜未停。

第二天日机又来投掷大批炸弹。之后，有军车开进学校，把未炸平的楼房泼油纵火烧毁。中学部也遭到同样厄运。事后查明：大学部的秀山堂、木斋图书馆、芝琴楼女生宿舍、单身教授的宿舍楼和大部平房，均被夷为平地。中学部的西楼、南楼和小学部的教室楼，也化为一片废墟。大学部有大钟寺赠送的一口大钟，重 1.8 万斤，钟面镌有全部金刚经，是罕见的一件历史文物，也被日军拉走，熔作枪炮子弹，用来屠杀中国人民。当日，日本特务率领几个朝鲜浪人，还到先生家捉人。且幸家人已事先逃离，特务们遂把未搬走的衣物抢掠而去。先生在南京惊闻南开四部校舍被毁，异常愤怒，念及 40 年来惨淡经营，一草一木，莫非亲手建树，今朝日军入侵，一旦化为灰烬，不禁悲从中来。去见蒋介石时，蒋曾安慰他说："有中国就有南开。"这样就更触动了先生衷曲，但另一面也助长了他对蒋介石的迷信。先生的秉性毕竟是刚强的、乐观的，当时他坚毅地说："我深信中华民族是不会灭亡的。南开学校是为复兴祖国而产生，必然遭到日军所嫉恨，其被炸、被烧，固意料中事耳，只要中华民族存在，南开也必存在！我们继续努力吧！"

先生的精诚感动了当时的社会人士，于是大家都争先恐后地为重庆南渝中学捐款，在很短的时期内，添建了南渝校舍，学生名额迅速增加到 1500 多人。为了保存南开的传统精神，并符合各方人士和南开校友的心愿，把重庆南渝中学改名重庆南开中学。这个南开中学，成了战争时期中国学校的典范，它是战后中国复兴的象征。那时，所有到重庆来的国外人士，都争先参观重庆南开，会会张伯苓校长这个人物。

愈炸愈强　再炸再修！

张锡祚

七二八天津事变之后，八一三上海事变发生，中华民族的全面抗战开始了。王夫人偕我和长孙元竞，辗转逃到南京。因南京也是天天受空袭，先生决定入川。到达重庆后，定居重庆南开中学里的津南村。蒋介石听说先生抵达重庆，就把先生四子锡祜牺牲的消息电报通知了他。先生看过电报后，递给我，并神态镇静地说："你看看，老四殉国了。"接着又语气缓慢地说："我早就把他许给国家了，遗憾的是，他还没有给国家立功。"先生在敌军入侵，国家危困，南开被毁和幼子牺牲等沉重打击下，没有屈服，而是化悲痛为力量，努力发展重庆南开中学，实现其教育救国的夙愿。

1938 年南京国民政府迁移汉口后，成立了国民参政会，公推先生为副议长。

同年，国民政府教育部命令，南开大学、北京大学和清华大学迁长沙，合并为临时大学。继又迁往昆明，定名为国立西南联合大学。北京大学校长蒋梦麟，系先生的老友，清华大学校长梅贻琦，是南开中学第一班毕业生。先生与蒋、梅二氏，共任西南联大常委，先生力主合作到底。直到抗战胜利，三校复校时，三常委始终是和衷共济的。

原在塘沽的永利碱厂、久大精盐厂和黄海化学研究社，以及南京的硫酸锤厂，同在抗战中被敌摧毁。他们的总经理范旭东先生乃当时的民族工业巨子，也是先生的老友。三厂一社的负责人和工程技术人员以及一些老技工，统由范旭东率领，远程跋涉，来到重庆。先生为了给国家保留这些民族工业力量，特拨南中芝琴楼教室一部分和部分住宅宿舍，作为这三厂一社撤退后的集散处所，徐图恢复生产，免致人才星散。那时，全国各省各界的后撤人员陆续来渝，因而学校里学生日益增多，教室、宿舍都已不敷应用，校方颇感困难，先生唯勖勉同人："要从大处着眼，从全面抗战看问题，困难总会得到解决的。"

抗战期间，先生在重庆专心致力于南开中学的建设。几年的工夫，他把沙坪坝800亩荒地建成为一座大花园。他修建的计有：教室楼二，图书馆一，男生宿舍三，女生宿舍一，其余如医院、饭厅、浴室，以及教职员工住宅等等，样样齐备。另外，依山地起伏，开辟了一座雄伟宽阔的运动场，两旁砌有石看台，坡下凿有养鱼池，环绕池边，遍植蜡梅和栀子花，阵阵清香，熏人欲醉。图书馆前，一片青翠的柏树。外来参观的客人，无不惊奇道："沙坪坝变了，南开学校焕然新貌，张校长是一个魔术师啊！"先生听了微笑着说："不是魔术师，我是一个不倒翁，日本人把我打倒了，我随手又起来了，而且今天我在建设一个雄伟壮丽的教育基地，准备建设新中国。"但是，日本侵略者对于这个民族教育基地更加嫉恨，愈逞凶残，于1940年8月间，又以几十架飞机，围绕着这个毫无军事设施的教育基地，投下了大批巨型炸弹。日机撤离后，南开学校的损失虽很严重，但先生毫不在意，立刻派工整修，迅即复原，学生课业依然照常进行。当时，有人忧心如焚地说："日机若再来轰炸，怎么办呢？"先生坚毅地说："再炸再修！"先生的确是个不倒翁。

抗战初期，先生热心襄赞国事，凡有利于抗战之事，莫不大胆为之。那时有些南开同学和校友，向往延安革命圣地，请先生代为介绍。先生无所顾忌地一一给他们写了介绍信。中国的抗日战争，初时还得到过苏联空军的支援，后来却在独力作战了。而美国方面则屡屡将大量军火和废钢铁转让给日本，使他们肆意屠戮中国人。为此，先生于1940年元月间，发表了对美国人民的广播讲话，他郑重地声明："1. 中国为自由生存而战，准备一切牺牲，抗战到底！ 2. 日本如无国外的军火供应，它对中国的侵略力量，必将大大减小。3. 美国对于停止供应日本军火的任何行动，都将有助于远东局势的安定，维护世界和平。4. 美国与中国，有着传统友谊，美国又是爱好自由、民主、主持正义的国家，深信中国必会得到美国的援助。"先生的四点声明，获得美国的一般有识之士的深切同情。

抗战时期，先生的家就住在津南村三号，那是一所四开间的小平房，设备简单而朴素，经常有南开校友、老朋友和慕名人士来看望或访问他，先生总是盛情接待。国共合作时期，周恩来、邓颖超就是先生家的座上客，周恩来与先生有师生谊；邓颖超"五四"时期，在北洋女子师范读书，当时先生兼任该校校长，故与先生也是师生关系，彼此间有着深刻的认识和深厚的情谊。后来毛主席到重庆时，周恩来陪同毛主席曾来拜望先生，会面后，相谈甚欢。次日，先生还带着我们进城，到上清寺张治中宅回拜毛主席，适值主席外出，不遇而返。先生老友谭仲逵先生，是蚕丝专家，民初曾任北京大学教务长，与李大钊同时，当时任经济部技监，其夫人与汪精卫的妻子陈璧君是姊妹。谭先生携眷抵渝后，借住沙坪坝南开中学里，白天进城办公，晚上必来看望先生。先生惯例每晚必听广播，有时也和王夫人玩纸牌，谭先生每来，就喝茶闲谈或看报。后来汪精卫投敌，曾邀请谭先生出走，谭耻于当汉奸卖国贼，断然拒绝，先生大为赞许，并说："好的！好的！你只管在这里住下去！有什么事，我与你同当。"

自从国民政府迁到陪都之后，日本的机群就追踪而来。1939年5月3、4两日，日机编队来袭，那时，我国既无空军阻击，几门高射炮何济于事？敌机对准这个山城，狠狠地投下来无数的爆炸弹和硫黄弹，引起了全市大火，远在40里之外的沙坪坝，遥望山城火海，映得满天通红，当时被烧死的人要比被炸死的人多得多，真是一场浩劫！此后敌机天天来袭，重庆日日被炸，更有甚者，敌机一次连续轰炸了八天八夜，警报一直未解除。就这样我们抗战了八年，敌机轰炸了八年，直到最后两年，重庆的空袭警报次数才渐渐减少了。敌寇虽然如此凶残，但中国人民战志弥坚，每当解除警报时，人们便走出防空洞，一切工作照常进行，谁也没有因空袭而影响了自己的工作和生活。由于中国人民坚持对日抗战，引起了世界各国对中国人民力量的重视，美国总统私人代表威尔基和由吴努率领的缅甸访华团，先后到我国访问，他们抵渝后，都参观了南开中学，会见了先生。威尔基回国后，著有《天下一家》一书，书中极力推崇先生，他写道："他（指先生）气宇轩昂，有严肃、沉思的学者风度，但又具有爽朗的幽默感。……无论我们谈到战争或美国的大学，他的知识和判断，美国人士都是难以望其项背的。"

在日本侵略者发动了太平洋战争之后，美国对日本正式宣战，国际条件对中国的抗战非常有利，我们已不再是孤立作战了。先生看到当时国际形势的发展变化，精神非常振奋。有一次先生在校友会上讲道："当前国内形势很好，我精神倍感兴奋。我要为祖国、为南开再干 12 年，到 80 岁退休。"先生并常常告诫校友们说："我还没有老，希望你们谁也别说自己老！"当时先生已是 68 岁，将近古稀之年，但他的精神却是旺盛的，贯串着南开精神。国民政府，以先生终身从事于教育事业，功在国家，于 1944 年特颁布给予一等景星勋章。

与时俱进　倡导公能

张锡祚

在南开学校建立初期，先生为矫“五病”，树新风，制定了五项教育方针。而由于时代的变化，半个世纪以来，世界已由蒸汽机时代进入原子能时代了。时代在向前进展，先生的教育思想也是随时代之进展而进展的，他的五项教育方针，现已进入“公能教育”时期了。他在重庆南开中学运动场坡地上，用绿色的冬青草植成两行标语，即“允公允能”“日新月异”。这就是南开校训。

允公与自私是对立的，先生常着重指出：“允公是大公，而不是小公，小公只不过是本位主义而已，算不得什么公了。唯其允公，才能高瞻远瞩，正己教人，发扬集体的爱国思想，消灭自私的本位主义。”“允能者，是要做到最能，要建设现代化国家，要有现代化的科学才能。而南开学校的教育目的，就在于培养具有现代化才能的学生，不仅要求具备现代化的理论才能，而且要具有实际工作的能力。”这就是南开校训“允公允能”的真实含义。

为了赶上时代和跨过时代，先生又在大学部成立了经济研究所和各种理工研究所，号召学生向世界科学文化新的高峰进军。所谓日新月异者，即要求学生一天天在变，一天天在长，使每个学生亲眼看到南开学校也在时时变，天天在向前发展。先生常教育学生们说：“所谓日新月异，不但每个人要能接受新事物，而且要能成为新事物的创始者；不但要能赶上新时代，而且要能走在时代的前列。”这就是南开精神。

先生极其重视环境教育，他认为清洁整齐，生活有规律，事事有条理，这些对学生都能收到潜移默化之功。在先生指导下，不论是在大中女小各部，也不论是在天津或重庆，学校里随时随地地保持着清洁整齐，秩序井然。因此，所有在校学生、教职员工们，都是精神勃勃的。南开学校是私立的，一切经费和建设维护，都倚仗募捐来维持，所以平日对校舍的保护和维修特别注意，年年粉饰油刷，即或一块窗纱，一片玻璃，也是随破随修，地上永远看不见碎木块、烂砖瓦，使人踏入南开校门，便感到气象清新，生气盎然。

先生平日最注意于培植后进，选拔人才，不论谁有一点儿长处，他都要尽力奖掖，给以发展的机会。先生最能知人善任，他常说：“各个人都有他的长处，也都有短处，世间没有十全的人，我们使用人才，要尽量使他发挥所长，避其所短，在他长处得到发展时，短处就会退缩不显了。如果我们处处吹毛求疵，世间将无可用之人了！”先生的一生，不论对人对事，都着眼在明朗面上，这是一个教育家特有的性格。人们见了他，总要亲热地叫一声“老校长”，这是人们乐于受教的表现。

抗战胜利，南开复校

张锡祚

1945年8月，日本侵略者战败投降，我国宣布抗战胜利。先生闻讯后的喜悦心情自不待说，更重要的是他早已预作准备的大事——南开复校工作到来了。先生立即召集在校的基干同人，开会研究复校工作的安排、经费的筹措。大学部已改为国立，经费可由政府拨给，而中学部仍是私立，一切经费均须自筹。因此，这项复校工作不是一件小事，既要人力和物力，更要紧的是财力。且幸先生凡事机先，他深知南开的建立，全仗社会人士的玉助，南开的复校，也离不开社会人士的支援，所以他早已尽力联络各方面人士，呼请支持。他更明白，南开校友遍布国内外，这是很大的力量，所以他平日极关注校友会的活动，经常把复校计划详细地告诉校友们。今日复校工作开始了，只需再做一番呼吁和号召就行了。

大学部是整个由昆明迁回天津，除整修残存的废旧校舍之外，又由天津市政府在市内甘肃路拨给一所日本学校的校舍作为南大东院，招生开学。先生决定派喻传鉴、丁辅仁和王九龄三位老同人先到天津，筹备中学部的复校，具体工作由丁辅仁负责。在他们行前，先生只简单地嘱咐说："你们只扛着南开这面大旗去干吧！"第二年（1946）夏初，我回到天津，丁辅仁先生笑着对我说："你看啊！校长给了我这面大旗，我扛着它真是无路不通。刚回来，中学部这几所楼都破烂不堪，大礼堂里面空空洞洞，图书馆被寇兵用来作马棚。现在都修起来了，真是焕然一新。又在甘肃路接收了一所日本女学，作为女中部校舍。一切教学设备也全有了，大礼堂一排排的座椅能容纳两千人，这些东西，单是有钱是买不来的，我们只是跑跑腿，动动嘴，全亏这些位社会人士们、校友们，有出钱的，有出力的，没费什么劲，就把工作全办好了，这不是奇迹吗？”这一段复校史很顺利，大学、男中和女中都已恢复，只有小学部还没有恢复起来。

先生在抗战后期，患有摄护腺肿大病，虽经几次手术治疗，终未痊愈，因循到抗战胜利，决心出国做手术治疗。南京国民党政府拨给了一笔外汇，由长子锡禄陪同赴美。到达上海时，当地校友们热情地为他举行了一次盛大的欢迎会，因此，天天有客人来看望他，约请他，由于心情兴奋和身体劳累，病势又加重了。先生乃在医院里疗养了一个时期，旋即启程赴美。在美经外科手术，切除了全部摄护腺，不久就痊愈了。

先生出院后，住在仲述叔家。仲述叔小于先生 16 岁，幼年即事先生如严师，敬中生爱。成年后学哲学，博闻强记，最擅长演讲，久庵公逝世时，他年方 18 岁，次年就去美国游学，后来遍历欧洲和美洲各国，通晓各国情况，抗战前夕，曾访问苏联，他和周恩来最相契，校友们都称他为九先生。先生在纽约仲述叔家中，老兄弟俩欢聚畅谈，备极愉快。1946 年 4 月 5 日，是先生的 70 诞辰，一些侨居美国的中国社会人士和南开校友相联合，为先生祝寿。席间，贺客联名题词志贺，内容丰富多彩，其中以作家老舍（南开老教师舒舍予）和剧作家曹禺（南开学生万家宝）二位先生的贺词，最能道出先生的生平业绩。原贺词记录如下：

张校长七十大庆

知道有个中国的，便知道有个南开。这不是吹，也不是嗙，真的，天下谁人不知，南开有个张校长？！

不用胡吹，不要乱讲，一提起我们的张校长，就仿佛提到华盛顿，或莎士比亚那个样。虽然他并不稀罕做几任总统，或写几部戏剧教人鼓掌，可是他会把成千论万的小淘气儿，用人格的熏陶，与身心的教养，造成华盛顿或不朽的写家，把古老的中华，变得比英美还更棒！

在天津，他把臭水坑子，变成天下闻名的学堂，他不慌，也不忙，骑驴看小说——走着瞧吧！不久，他把八里台的荒凉一片，也变成学府，带着绿柳与荷塘。

看这股子劲儿，哼！这真是股子劲儿！他永不悲观，永不绝望；天大的困难，他不皱眉头，而慢条斯理的横打鼻梁！

就是这点劲儿，教小日本儿恨上了他，哼！小鬼儿们说："有这个老头子，我们吃了天津萝卜也不消化！"烧啊！毁啊！小鬼儿们连烧带杀，特别加劲儿祸害张校长的家！他的家，他的家，只是几条板凳，几件粗布大褂，他们烧毁的是南开大学，学生们是他的子女，八里台才真是他的家！

可是他有准备！他才不怕，你们把天津烧毁，抹一抹鼻梁，哼！咱老子还有昆明和沙坪坝！什么话呢？有一天中国，便有一天南开，中国不会亡，南开也不会垮台！沙坪坝，不久又变成他的家，也有荷塘，也有楼馆，还有啊！红梅绿栀，和那四时不谢之花。

人老，心可不老，真的！可请别误会，他并不求名，也不图利，他只深信教育青年真对，对，就干吧！干吧！说句村话：有本事不干，简直是装蒜！

胜利了，他的雄心随着想象狂驰，他要留着沙坪坝，还要重建八里台，另外，在东北，在上海，到处都设立南开。南开越大，中国就越强，这并不只是他个人的主张，而是大家的信念与希望！

他不吸烟，也不喝酒，一辈子也不摸麻将和牌九。他爱的是学生，想念的是校友，他的一颗永远不老的心，只有时候听几句郝寿臣，可永不高兴梅博士的贵妃醉酒。

张校长！你今年才七十，还小得很呢！杜甫不是圣人，所以才说："人生七十古来稀！"我们，您的学生和您的朋友，都相信，您还小得很呢！起码，还并费不了多大的劲，您还有三四十年的好运！您的好运，也就是中国的幸福。因为只有您不撒手南开，中国人才能不老那么糊涂。

张校长！今天我们祝您健康，祝您快乐！在您的健康快乐中，我们好追随着，建设起和平的、幸福的新中国。

大中华民国三十五年六月九日
学生曹禺
后学老舍
敬祝
纽约城

这首贺词写得非常的妙，也非常真实。先生说："这首诗写得很好，给我好好地保存着。"先生的一生事业，早已闻名国外，30年前，先生曾在哥伦比亚大学研究过教育，今天该校为了表彰先生的事业成就，特赠名誉博士学位，以志荣誉。

1947年春，先生病愈回国，乘火车返回故乡。天津的社会人士们闻先生归来讯，都出自本心地到车站欢迎，以至人山人海，路为之塞。先生这时已是72岁的高龄，但仍是雄心勃勃，他认为大学教育，可集中在天津办理，而中学教育则宜于分散设立，在全国几个大城市，使学生可以就近入学。他为此又想在东北和上海再设两个分校，得天下英才而教育之。在他的理想中，总是有做不完的工作。

风雨南开五十年

张锡祚

南开中学自从1898年的严馆时期，只有6个学生，二年后，合并严、王两馆，中学部成立，也只有学生73名，一直发展到全国解放前夕（1948），前后50年来，南开建成了大、中、女、小、渝五部，在校学生，计达4000余人，历年离校的校友，更不下数万人。中国自清王朝的覆没，到民国肇兴的半个世纪以来，由于列强的入侵和军阀的割据，战乱频仍。南开就是处在这种风雨飘摇之中。后来又惨遭日军的洗劫，天津南开虽全部被摧毁，而重庆的南开迅又开放出灿烂的鲜花。有全国人民都在爱护和支持南开，所以，她虽处在急风暴雨之中经受着种种困难，但仍有强烈的生命力，仍然是在成长、在壮大。先生常说："南开学校的诞生和发展，这是中国人民的愿望，不过是借我的手来完成它罢了。"事实的确是如此。

南开学校是由几个私人创办的一所私立学校，其经费的来源，主要是募捐。而当时的社会财富，都掌握在当权的统治者手中。由于连年内战屡起，国内政权屡变，当权统治者因而时相更替。政局一经变迁，募捐就得重新开张，另谋出路。先生对社会形势深有研究，认为不论谁当政，都管不到兴办教育，培植人才。只要在政治上没有露骨的表示，总会允许你存在。先生还认为：一个争权夺势者，不论他是怎样地作恶，但在得势之后，总喜欢落得个美名，也想把他的子女送进一个好学校，让他们夸耀他自己，让他们去学好。先生抓住了这两点，乃以兴办学校、培育新人和教育救国为题，劝说当权得势者，和他们交往，向他们募捐。另外，在政权更替之后，先生经常出入北京的教育部大门，找他们给拨补些常年经费。一般的民族资本家，都有着较开明的政治思想和较远大的眼光，他们认为捐资兴学是一个义举，是博得好名声的事，所以他们都是南开的同情者和支持者。至于一般的军阀和政客们，也颇为先生的真诚所感动，慷慨解囊，或在其他各方面给予援助。总之，钱不论是从哪里捐来的，但用来办教育，这对国家民族总是有益的。在整整 50 年的过程中，先生一直在献身于南开教育，也一直在为南开募捐。先生常自称，他是一个化缘的老和尚。先生平日生活朴素，总是穿一件蓝布长衫，有一次去北京教育部办理校务，另外还去给一个学生证婚，所以他换了一件缎子长袍。当他走进教育部时，就有人在背后指着他说："这个化缘的老和尚又来了。"也有人惊奇地说："这是张校长吗？今天怎么穿起缎子袍儿了呢？"后来因为他常常给学生们证婚，有些老学生就常送他些衣料，王夫人便给他缝制成新衣，笑说："给这个老和尚挂挂袍吧！免得叫人家看着太寒碜了！"

连年军阀混战，社会动荡不安，政局时有更迭，因此，先生的事业也屡次受到挫折。特别办理大学教育时，困难更多，因大学部学生较少，所收学费寥寥无几；教学设备，复杂而用钱多；教授工资高；再要增建校舍、添加设备等等，绝不是少量捐款所能解决的。况且一遇内战，社会各方面均会受到影响，募捐自会受到障碍，学校因经费无着，就得停课。南开大学部的建立，经过了两次挫折，后经李秀山先生的捐献，总算办起来了。本来李组绅先生每年捐献 3 万元的矿科，后来因民国十五年（1926）的内战，捐款停止，矿科也只好停办。先生只因心里有教育救国的坚强信念，他不避一切艰难，竭力设法支撑南开的存在。先生有时也急得长吁短叹，王夫人就劝说："你办南开学校，是为国为民办好事，自会有人相帮，凡事都会逢凶化吉，遇难呈祥，何必着急？”先生听后，精神就又振奋起来。

南开的基本干部，多是严、王家馆或南开早期毕业的老学生，师生间情谊深厚，过于父子。所以，南开的一切工作都能得心应手，同人们是紧密地团结在一起的。即使是外地人，进入南开工作的，只要经过一个时期，他也会溶化在这座大熔炉里。50 年来，南开之所以冲破所有难关者，主要原因在于她有一个坚强的领导，一个勇敢顽强的组织和一个纯朴为公的校风。

1926 年，南开中学的董事长、先生的老友颜惠庆博士，在北京组织摄政内阁，约请先生担任教育总长，先生以与严范孙先生有约“终身办教育，不做官”，婉言谢绝。同年，奉军进关，张学良又约先生出任天津市市长，先生也予辞谢。当时，舆论界有人评论说：“先生终身办教育，不做官，他不是革命家，而是一位事业家！”先生点头说：“对的，救国之道万端，端在各行其志。所谓见仁见智者，各有千秋。当日设若我作一位革命家，或早已成仁，今日已成为烈士了。哪里会有南开的存在？更哪会给祖国培养出这样多的人才呢！”

先生的一生事业中，几十年来，除致力于教育救国办南开之外，他一向是与人无患，与世无争的，但是树大招风，才多招嫉，先生也遇到过险恶的事。民国十六年（1927）前后，直隶督办换了奉系的褚玉璞，他是一个土匪出身的军阀，生性嗜杀。那时革命浪潮澎湃，北洋军阀到处逮捕、屠杀革命党人，李大钊和马骏就是在那时遇害的。褚玉璞的督办公署设在天津，督署有一个老头子参谋，他给褚献计说：“在天津市里，对社会最有影响的是张伯苓，他办的南开学校里，专出共产党，现在必先把他除掉才是。”褚听了，就同意地说：“好！就这么办！”当时褚的参谋长在旁，怒斥这个老头子参谋说：“你这个老混蛋，懂什么？张校长为人正直，他办南开学校几十年，从来不干预政治！”参谋长扭头对褚建议说：“天津的南开学校办好了，也是督办的功绩！督办应该好好地奖励他才是！”褚一听，又回嗔作喜，立刻派车接先生到督署谈话。那时，已是晚上 9 点钟了，汽车驶到先生家，听说先生还在南开学校参加游艺晚会，汽车又急驶八里台。当时家里人看到督办公署的汽车急如星火地来接校长，不知学校里出了什么事，心里都打起鼓来，怕是凶多吉少。但是先生却很坦然，他想，事情来了，怕也没用，只要能随机应变，自会转危为安。先生到了督署，畅谈了他的办学宗旨，老褚听了大喜，乐得他那老鼠胡须一翘一翘的，直到午夜，才把先生送回家，家里人心里的石头才落了地。事隔两天，女中部的一个学生，特来看望先生，她说："那个参谋长是我父亲，我每天回家后，都向他述说学校好，校长好……"

在重庆的时候，有一位老校友（在国民党政府任职）晚上来看望先生，见了先生他低声说："校长！听说二陈（陈立夫、陈果夫）对您不大好，请多注意！"先生答了一声"噢"，没说什么。过了些日子，有一天午后五六点钟时，先生在外面遇见陈果夫，便约他到家里谈话。进了门，他二人先谈了一阵三民主义，后来谈了些什么，就听不清楚了。临别时，先生送陈到大门外。陈走后，先生望着对面南开的校舍楼房，长长呼了一口气。回到屋里也是默默不语，郁郁不乐，仿佛是受到极大的委屈，又像是在说："我一切的委曲求全，都是为了南开呀！"

但是，不管是困难怎样多，也不论奋斗是多艰苦，然而时间是最公允的裁判，它对南开教育给了很高的评价。当时，不仅国内如此，即在国外一些不同制度的国家里，也同样是如此。抗战前夕，莫德惠办理对苏外交，一天莫同苏联驻我国大使加拉罕闲谈有关孩子们上学的事，加拉罕说："听说贵国有一个南开学校，办得很好，你为什么不送你的孩子到南开读书呢？"后来，这话传到先生耳里，他微微笑道："不管我的奋斗多艰难，但在当代世界里，到处都有我的知音人。"

三个月考试院长的前前后后

张锡祚

先生在南开学校创始时，就与严范孙订有“终身办教育，不做官”的约言，至于一些民意组织，先生还是肯于参加的。抗战时期他曾充任国民参政会的副议长和主席团主席。抗战胜利后，先生回到天津时，南京国民党政权要“行宪”，解散国民参政会，制定“宪法”，召开“国大代表会议”，同时在各省市也选举“国大代表”。当时，在天津市参加竞选的人虽然很多，但也必须抬出一个深孚众望的人物，好在南京“国民大会”上，占一个重要席位。因此，选举筹备会就搬出先生来，选举结果，先生得票独多。有些失意的党棍子颇为嫉恨，遂造谣说：“张某人的当选国大代表，是一票一元买来的！”先生听到这些谣言，笑道：“流言止于智者！”王夫人在旁大惊道：“这是真的吗？你哪来的那么多钱呀？”先生笑道：“我每月的几个薪水钱，不是都交给你了吗？除非是你给，我哪里有钱？”他笑了一阵后，又以幽默的口吻说：“这笔竞选费，可不少！若以每人一元计算，竟有几十万元之多，足够我再办两个中学啊！”后来南京国民党政府竞选“大总统”的戏又在紧锣密鼓地上演了，先生到了南京，有一个新闻记者问先生道：“张校长！你有意竞选副总统吗？”先生以幽默的口吻回答说：“国家行宪，实行民主，莫说副总统，就是大总统的竞选，我也有意参加。不过，现在我有南开，我还要办教育，所以我就不想参加竞选了。”

1948年国民党政府改组，原考试院院长戴季陶辞职，国民党政府各派系对考试院院长一缺，争夺甚烈，相持不下，蒋介石想把先生抬出来，平息众议，一连三次电报，约请先生出任考试院院长。当时天津市市长杜建时，原为蒋介石嫡系将领，蒋介石除直接电请先生专程赴南京之外，另令杜建时，就便面见先生促驾。杜奉命唯谨，每天下午七八点钟，必来到先生家劝驾，但是先生每天都是婉言谢绝。杜建时原也是南开的学生，与先生有师生之谊，深知先生性格，明知这个驾不好劝，但他又不敢不来劝。王夫人在每天杜建时别去后，就对先生说："你的年岁已经大了，不必再去了吧！"那时，先生常患头晕，我们请来南开校友景绍薪大夫，经检查确诊先生的血管有老年性硬化现象，景大夫也劝先生："校长，可以休息了，南京不必去了！"王夫人和景大夫的意见，先生都很同意，所以，一再嘱托杜建时，直接致电蒋介石，代为辞谢。蒋介石见先生辞意坚决，乃又写了亲笔信，令考试院铨叙部司长马国琳携函来津，面见先生，面呈亲笔信，敦请先生赴京就职。亲笔信的大意是：行宪后，把教育部划归考试院，请先生为全国教育事业设想，再多尽一分力量等语，触动了先生的胸怀，正所谓"君子可欺以其方"。但这中间还有一段隐情：原来，南开大学从并入西南联大之后，已改为国立，经费由教育部按月拨给；抗战胜利后，南大复校回到天津八里台，凡事都要用钱，而这项用款，理应由教育部支付，先生去南京见蒋时，提及此事，蒋答以一切事都好办，可是教育部却样样不好办。那时教育部部长是朱家骅，抗战时期的教育部部长就是他。他有个儿子在重庆南开中学读书，这个学生依仗权势，目空一切，屡犯校规，且又屡教不改。学校为维护校风校纪，就照章给予了开除的处分。为此，朱家骅像是挨了一记耳光，憋着这口气，把儿子领走了。俗语："不怕官，只怕管。"今天先生为了解南开大学的眉急，请教育部拨款，部长就不管南大国立不国立了，只要张校长来办的事，就样样不好办。这是"心里分"的别扭事，先生自不肯对蒋明说，现在蒋的亲笔信声称把教育部划归考试院，话虽简单，却恰恰击中要害。先生沉思了一阵，向马国琳提出三个条件，请转达蒋介石，如能应允，便可勉就。

先生的三个条件，内容是："1. 只同意担任考试院院长三个月；2. 南开大学的校长一职，还要兼着；3. 要请沈鸿烈担任考试院铨叙部部长。"先生的意思，条件里说得很明白：1. 只允三个月的考试院长，作为一个过渡，三个月之后，另请高明；2. 考试院院长，只能算兼职，可以算作公差，南开大学校长才是正职；3. 沈鸿烈是东北的海军将领，与先生是老同行，沈为人正直，作风纯朴，和先生气味相投。蒋介石见先生"勉就"考试院院长了，他自然就应允了三条件；随后又派张群北来，迎接先生到南京，就任了考试院院长职。但在先生就任后不久，南京教育部就免去了他南开大学的校长职，并任命何廉继任南大校长。何廉原为南大经济研究所所长，那时已脱离南开，正在美国讲学。

先生在南京，不到一个月就回津了。那是一天晚上，他回到家，进屋就坐在椅子上，脸色涨紫，紧皱眉头，我急问道："国民党政府怎么样？"他用手拍着椅子扶手，摇着头，狠狠地叹了一口气说："嗐！无官不贪，无吏不污！"他失望了！他是钻进傀儡戏的幕后，看穿了他们的真面目了。没多久，南京就来电催返，跟着又接二连三地电催，先生无奈，只得到南京去了。先生在南京住了不久，终以鸡鹜难以同群，乃决然避到重庆去了。先生在重庆，仍住在沙坪坝南开中学他的老寓所，并把王夫人和儿媳也接了去。

先生避居重庆后，南京政府仍屡次来电，催请速返，先生均置之不理。1949 年 1 月 15 日天津解放，后北平亦相继解放。同年 4 月，人民解放军横渡长江，迅即攻克南京，国民党的南京政府，又逃到了重庆。一时重庆市上，人心惶乱，特务横行。这时中国人民解放军正在分路向大西南进军。10 月，中华人民共和国宣布成立，全国解放近在旦夕，重庆的南京政府又慌忙地逃向台湾。蒋介石逃到重庆后，曾两次亲到沙坪坝津南村，催请先生回任，先生表示年老多病，请辞去考试院院长职务。蒋氏不准辞职，并一再要求先生离开重庆，去台湾或去美国，可自己选择。乘飞机如有顾虑，可在机舱设卧铺，夫人和儿媳都可随行；飞台飞美听便，至于住处和生活，自有妥善安置，先生始终不应。后来蒋氏又派蒋经国和张群先后来过三次劝行，先生仍然是婉言谢绝。

蒋介石飞离重庆后，蒋经国又来过一次，还是劝先生飞离重庆，最后并说："给先生留下一架飞机，几时想走就几时走。"先生仍以"不愿离开南开学校，更不想离开祖国"为词，拒绝了蒋氏最后的约请。按当时情景来看，先生的拒行可能非常危险，但先生是毫无顾忌的。这次辞职和拒行之所以如愿，多亏王夫人出面，夫人可称得起是一位贤妻良母了。记得抗战期间，有一次蒋氏设宴，招待社会贤达及政府要员，要求夫妇同出席。那时，蒋介石及孔祥熙等高官显宦的夫人都到了，一时宴会厅里，珠光宝气，富丽豪华。王夫人却衣衫朴素，与先生相偕，来参加这次盛会。席间，对任何人的应答酬对，都落落大方而态度稳重。当时颇有人感到惊奇，会后回到家时，先生还在盛赞哩。

是年11月，重庆解放。转年春天，有一天晚饭后，先生坐在门前闲眺时，忽然一阵口角歪斜，嘴里流出涎沫，王夫人急唤儿媳相帮，搀扶先生进屋，倒在床上。躺了几天，才渐渐恢复过来，这是先生第一次患中风症。

宁静晚景　故后哀荣

张锡祚

1950年6月，政务院总理周恩来派飞机接先生和夫人，同由重庆来北京，寄寓于傅宜生的西城酱坊胡同住宅。周总理以旧日师生情谊，前来看望先生，畅谈国内外大好形势，先生极为兴奋。同年秋回津，在大理道租了一所房子，与我同住。这时，先生已是75岁的高龄，但对国家大事，仍然很关心，天天要看几份报纸，接待来访的客人，在每一个星期里，他以两天的时间，分别约请老校友和老同事，来家吃饭、欢聚和畅谈。有时也去看戏。晚上便和儿孙们坐在一起，听听广播，讲讲故事。

年底，先生得了一次肺炎，肺炎才好，又患感冒，经过医疗，病虽然痊愈了，他的健康却已锐减了。过了春节，北京的长子和次子都带着全家来看他，他很高兴，要去戏院听河北梆子。1951年2月14日午后，有客人来访问，相谈甚欢，来客临走，他还送出门，回来已6点多钟。晚饭后，他坐在椅子上，忽然一阵口角歪斜，左臂麻木，我们急把他扶到床上睡下，神志似还清醒，但嘴已不能说话了。经医生急救，据说是脑栓塞，恐怕希望不大了。因喉咙麻痹，已不能进饮食，虽经鼻饲法，也效果不大，延至23日午后6时半，先生溘然长逝。时年76岁。

周总理闻讯后，专程来津吊唁，叹息先生死得太早了，日后新中国的伟大建设和伟大教育计划，先生是看不到了。远近的知交和南开校友，函电飞来或亲临吊唁。国外各地，凡有南开校友的地方，都在集会悼念先生。3月4日发引，参加丧仪的宾客近千人。先葬吴家窑永安公墓，后移津东杨家台祖坟安葬。先生逝世后，王夫人依三子锡祚奉养，身体尚健。1953年冬，陡患中风症，右侧身躯麻木，神志昏迷，经过抢救，虽已大有好转，但不能下床行动。病中颇蒙周总理和邓颖超的关怀照顾。自1953年得病，缠绵病榻，直到1961冬去世。次年春清明节，与先生合葬于天津市北仓第一公墓。为先生和夫人立碑，由老同学吴玉如书文，铭曰：

> 故南开大学校长张公伯苓，讳寿春，生于公元1876年。毕业于北洋水师学堂，曾与中日甲午之战。慨国事之日非，痛民族之濒危，奋志以教育救国。毕生殚精力无渝，先后50年。历考中外，不畏艰难，创立天津南开大学、中学、女中、小学及重庆南开中学。作育人才，力崇实践，始终以允公允能，日新月异为校训。自奉则绳检澹泊，待人惟和易笃诚。卒于公元1951年。夫人王氏，生于1873年，相夫教子，勤俭持家，公生平志业，亦赖于内顾无忧也。卒于1961年。

第　二　章

南开故事，
一生仅做一件事

四十年南开学校之回顾*

绪 言

本年（民国三十三年）10月17日，为南开学校四十周年纪念日，校友及同人佥以胜利在望，复校有期，值此负有悠久光荣历史之纪念日，允宜特辑专刊，一以载过去艰难缔造之经过，一以示扩大庆祝之热忱！嘱苓为文纪念，爰撰斯篇，以寄所怀。

南开学校成立于逊清光绪三十年（1904），迄今已四十年矣！此四十年中，苓主持校务，擘画经营，始终未懈，以故校舍日益扩展，设备日益充实，学生日益众多，而毕业校友亦各能展其所长，为国服务。凡我同人同学，值此校庆佳节，衷心定多快慰！而对于四十年来，为学校服务之同人、爱护学校之校友、与夫赞助学校之政府长官及社会各方人士，尤应致其莫大之谢忱！盖私人经营之学校，其经济毫无来源，其事业毫无凭借，非得教育同志之负责合作，在校或出校校友之热烈爱护，与夫政府及社会之赞助与扶持，决不能奠定基础而日渐滋长也！南开学校四十年之发展，岂偶然哉！

兹当南开四十周年校庆佳日，吾人回顾已往之奋斗陈述，展望未来之复

* 选自王文俊等编：《张伯苓教育言论选集》，南开大学出版社1984年版。

校工作，既感社会之厚我，倍觉职责之重大。爰将南开创校动机、办学目的及工作发展经过，作一总检讨。分述于下。

创校动机

南开学校之创办人，为严范孙先生。先生名修，字范孙，为清名翰林。为人持己清廉，守正不阿。戊戌政变前，任贵州学政，首以奏请废科举，开经济特科，有声于时。政变后，致仕家居，目击当时国势阽危，外侮日急，辄以为中国欲图自强，非变法维新不可，而变法维新，又非从创办新教育不可。其忧时悲世之怀，完全出乎至诚，凡与之交者，莫不为之感动。

光绪二十三年，英人继德、俄之后，强租我威海卫，清廷力不能拒，允之。威海卫于甲午战时，为日人占据，至是交还，政府派通济轮前往接收，移交英国。其时苓适毕业于北洋水师学堂，在通济轮上服务，亲身参与其事，目睹国帜三易，（按：接收时，先下日旗，后升国旗，隔一日，改悬英旗。）悲愤填胸，深受刺激！念国家积弱至此，苟不自强，难以图存，而自强之道，端在教育。创办新教育，造就新人才，及苓将终身从事教育之救国志愿，即肇始于此时。

翌年，苓离船，接严先生之聘，主持严氏家塾。严先生与苓同受国难严重之刺激，共发教育救国之宏愿，六年后（清光绪三十年 10 月），严氏家塾乃扩充为中学，此南开学校创立之缘起也。

办学目的

南开学校系由国难而产生，故其办学目的旨在痛矫时弊，育才救国。窃以为我中华民族之大病，约有五端：首曰“愚”。千余年来，国人深中八股文之余毒，民性保守，不求进步。又教育不普及，人民多愚昧无知，缺乏科学知识，充满迷信观念。次曰“弱”。重文轻武，鄙弃劳动，鸦片之毒流行，早婚之害未除。因之民族体魄衰弱，民族志气消沉。三曰“贫”。科学不兴，灾荒叠见，生产力弱，生计艰难。加以政治腐败，贪污流行，民生经济，濒于破产。四曰“散”。两千年来，国人蛰伏于专制淫威之下，不善组织，不能团结。因此个人主义畸形发展，团体观念极为薄弱。整个中华民族有如一盘散沙，而不悟“聚者力强，散者力弱”“分则易折，合则难摧”之理。五曰“私”。此为中华民族之最大病根。国人自私心太重，公德心太弱。所见所谋，短小浅近，只顾眼前，忽视将来，知有个人，不知团体。其流弊所及，遂至民族思想缺乏，国家观念薄弱，良可慨也。

上述五病，实为我民族衰弱招侮之主因。苓有见及此，深感国家缺乏积极奋发、振作有为之人才，故追随严范孙先生，倡导教育救国，创办南开学校。其消极目的，在矫正上述民族五病；其积极目的，为培养救国建国人才，以雪国耻，以图自强。

训练方针

南开学校为实现教育救国之目的，对于学生训练方针，特注意下列五点：

一曰：重视体育。强国必先强种，强种必先强身。国民体魄衰弱，精神萎靡。工作效率低落，服务年龄短促，原因固属多端，要以国人不重体育为其主要原因。南开学校自成立以来，即以重视体育，为国人倡，以期个个学生有坚强之体魄，及健全之精神，故对于体育设备、运动场地，力求完善；体育组织，运动比赛，力求普遍。学生先后参加华北、全国及远东运动会者，均有良好之成绩表现。但苓提倡运动目的，不仅在学校而在社会；不仅在少数选手，而在全体学生。学生在校，固应有良好运动习惯，学生出校，亦应能促进社会运动风气。少数学生之运动技术，固应提高；全体学生之身体锻炼，尤应注意。最重要者学校体育不仅在技术之专长，尤重在体德之兼进，体与育并重，庶不致发生流弊。故体育道德，及运动精神，尤三致意焉。

二曰：提倡科学。我国科学不发达，物质文明远不如人，故苓当办学之初，即竭力提倡科学。其目的在开通民智，破除迷信，借以引起国人对于科学研究之兴趣，促进物质文明之发达。今者科学与国防建设发生密切之关系，无科学无国防，无国防无国家，愈见提倡科学之重要。唯是科学精神，不重玄想而重观察，不重讲解而重实验，观察与实验又需有充分之设备。南开学校在成立之初，苓即从日本购回理化仪器多种，其后历年添置，令学生人人亲手从事实验。犹忆民国初年，美国哈佛大学校长伊利奥博士（Dr.Eliot）来校参观，见中学有如此设施，深为赞许，盖以尔时中学内有实验设备者，尚不多觏也。

三曰：团体组织。国人团结力薄弱，精神涣散，原因在不能合作，与无组织能力。因此学校对于学生课外组织、团体活动，无不协力赞助，切实倡导，使学生多有练习做事参加活动之机会。……

四曰：道德训练。教育为改造个人之工具，但教育范围，绝不可限于书本教育、智识教育，而应特别注重于人格教育、道德教育。是以苓当学校之初期，每于星期三课后，召集全体训话，名为修身班。阐述行己处世之方，及求学爱国之道，语多警惕，学生多能服膺勿失。

苓鉴于民族精神颓废，个人习惯不良，欲力矫此弊，乃将饮酒、赌博、冶游、吸烟、早婚等事，悬为厉禁。犯者退学，绝不宽假。在校门侧，悬一大镜，镜旁镌有镜箴，俾学生出入，知所警诫。箴词为：“面必净，发必理，衣必整，纽必结。头容正，肩容平，胸容宽，背容直。气象，勿傲，勿暴，勿怠。颜色，宜和，宜静，宜庄。”此与现时新生活运动所倡导者，若合符节。犹忆美国哈佛大学校长伊利奥博士来校参观，见南开学生仪态与在他校所见着不同，特加询问。苓乃引渠至镜旁，将镜上箴词，详加解释，伊始了然。后伊归国，告其邦人，罗氏基金团且派员来校摄影，寄回美国，刊诸报端，加以谀辞。盖以当时国人对于国民体魄，身体姿势，甚少注意矫正之故也。

五曰：培养救国力量。南开学校系受外侮刺激而产生，故教育目的，旨在雪耻图存；训练方法，重在读书救国。关于国际形势，世界大事，及中国积弱之由，与夫所以济救之方，时对学生剀切训话，借以灌输民族意识及增强国家观念。但爱国可以出乎热情，救国必须依靠力量。学生在求学时代，必须充分准备救国能力，在服务时期，必须真切实行救国志愿。有爱国之心，兼有救国之力，然后始可实现救国之宏愿。在平津陷落以前，华北学生之爱国运动，大半由我南开学生所领导，因此深遭日人之嫉恨。此后我南开津校之惨遭炸毁，此殆其一因。

上述五项训练，一以“公能”二字为依归，目的在培养学生爱国爱群之公德，与夫服务社会之能力。故本校成立之初，即揭橥“公能”二义，作为校训。唯“公”故能化私、化散、爱护团体，有为公牺牲之精神；唯“能”，故能去愚、去弱、团结合作，有为公服务之能力。此五项基本训练，以“公能”校训为指导原则。而“公能”校训，必赖此基本训练，方得实现。分之为五项训练，合之则“公能”二义。允公允能，足以治民族之大病，造建国之人才。四十年来，我南开学校之训练，目标一贯，方法一致。根据教育理想，制定训练方案，彻底实施，认真推行，深信必能实现预期之效果，收到良好之成绩也。

学校略史

南开学校成立于光绪三十年，但在学校成立之前，尚有六年之胚胎时期，即严、王两馆是也。此六年之胚胎时期，若与南开四十年之历史合并计算，则南开学校已有四十六年之历史矣！此四十六年之历史可分为四大时期：即一、胚胎时期；二、创业时期；三、发展时期；及四、继兴时期。兹分述如下：

（一）胚胎时期（清光绪二十四年至三十年）严、王二馆之成立

光绪二十四年，严范孙先生设立家塾，聘苓主讲，以英、算、理、化诸科，时号称“西学”，教其子侄，有学生五人。其后三年，邑绅王奎章亦聘苓教其子弟，有学生六人，取名“王馆”，盖所以别于“严馆”也。苓每日上午课严馆，下午课王馆，如是六年，迄于南开学校之成立。本期由严馆（光绪二十四年）而中学（光绪三十年）为期较短，发展亦少，是为南开之胚胎时期。

（二）创业时期（清光绪三十年至民国八年）中学之成立及其发展

光绪三十年，苓与严范孙先生东渡日本，考察教育，知彼邦富强，实出于教育之振兴，益信欲救中国，须从教育着手。而中学居小学与大学之间，为培养救国干部人才之重要阶段，决定先行创办中学，徐图扩充。归国后，即将严、王两馆合并，并招收新生，正式成立中学。校舍在严宅偏院，教室仅有小室数椽，学生七十余人，教员三四人，实一规模狭小，设备未完之南开雏形也。当时校名，初称“私立中学堂”，后易名“敬业中学堂”，旋复改称“私立第一中学堂”，因私人设立之中学尚有数处也。中学成立之四年，学生人数大增，以校舍逼仄，不能容纳，得邑绅郑菊如先生捐城西南名“南开”地数十亩为校址，遂筹经费，起建校舍。是年秋，乃由严宅迁入新校舍，校名改称“南开中学”，盖以地名也。

宣统三年（1911），天津客籍学堂与长芦中学堂并入本校，学生人数增至五百人。

民国三年（1914），直隶工业专门与法政学校两附属中学，亦归并本校，

于是学生益多。四年，徇中学毕业生之请求，增设英语专门科。翌年，复设专门部及高等师范科各一班。卒因经费困难，人才缺乏，致先后停办。六年（1917），中学日形发达，学生满千人。苓以办理高等教育两次失败，深感办学困难，乃于是年秋，第二次渡美，入哥伦比亚大学师范学院研究教育，并考察其国内私立大学教育之组织及其发展，为将来重办大学之借鉴。七年（1918）冬，与严范孙、范静生，孙子文诸先生偕同归国，一方竭力充实中学，一方开始筹办大学。南开历史，从此乃进入于大学发展时期矣。

中学在此时期中，年年有新发展。如购置新地，建筑新舍，几无年无之。虽经费时感拮据，多承徐前大总统菊人、陈前直隶总督小石、朱前巡按使经白、与刘前民政长仲鲁诸先生，或拨助常年经费，或补助建筑费用，倡导教育，殊深感激！严范孙、王奎章二先生之捐助常年经费，郑菊如先生之捐助南开地亩，以及袁慰亭、严子均二先生等之捐资起建校舍，均于南开学校基础之奠定，有莫大之助力也。

此期自中学创始（光绪三十年，1904年）至大学成立（民国八年，1919年），共十有五年。中心工作在发展中学，筹办大学，中间虽历经艰难挫折，仍能日在发展长进之中，可称为南开发轫时期，亦可称为南开之创业时期。

（三）发展时期（民国八年至民国二十六年）大学部之成立及其发展，中学部之继续扩充，重庆南渝中学之创立

民国七年冬，苓自美归国，一志创办大学，得前大总统徐公、黎公及李秀山先生之赞助，遂于八年春，建大学讲室于中学之南端隙地。是年秋，校舍落成，招生百余人，设文、理、商三科，于是大学部正式成立。九年，李秀山先生捐助遗产五十万为大学基金。十年，李组绅先生捐助矿科经费，于是大学又增设矿科，十一年，在八里台得地七百余亩，起建新校舍。翌年迁入。至是南开学校分为两部——中学部、大学部。全校学生合计一千八百人。十二年秋，因天津各小学毕业生之请求，添设女中部，招收学生八十余人，租用民房开学。于是南开学校扩充为三部——中学部、大学部，女中部，学

生又多增百余人。

十六年，苓以日寇觊觎东北甚急，特赴东北四省视察。归校后组织东北研究会，并派员前往实地调查，搜集资料，借资研究。于是南开学校深受日人之嫉视。

十七年，增设小学部，聘请美人阮芝仪博士为实验导师，从事设计教学法之实验。

大学成立既数年，基础渐固，设备亦臻充实，为提高学术研究，并造就专门人才计，二十年，添设经济研究所，二十一年，设立化学研究所。二者除调查研究外，并着重于专门技术之训练。至是南开学校扩充为五部——大学部、中学部、女中部、小学部、研究所，学生总数乃达三千人矣。

二十四年冬，苓赴四川考察教育，深感津校事业，仅能维持现状，而川地教育，尚可积极发展。且华北局势，危急万状，一旦有变，学校必不保。为谋南开事业推广计，并为谋教育工作不为时局变化而中断计，决意在川设立分校，于二十五年秋，招生开学。于是南开学校在重庆复增设一部。

此期学校各部颇多进展，经费之需要甚巨，各方面人士热烈赞助，慷慨解囊者亦至多。在大学部，有李秀山、袁述之、卢木斋、陈芝琴、李组绅、傅宜生、李典臣、吴达铨诸先生，以及美国罗氏基金团等，或慨捐基金，或资助常费；或出资建筑校舍，或解囊充实图书。尤以吴达铨先生所发起之“南大学生奖助金”运动，每生年得奖助金三百元，名额约三四十人，于清寒学生嘉惠尤多！在中学部，则有中华教育文化基金委员会之奖助经费。章瑞庭先生之独捐巨款建筑大礼堂，蔚为中学部最庄严最宏丽之建筑。而校友总会发起募捐运动，建筑科学馆，及奖助学生基金，成绩尤为圆满。至捐助女中及小学建筑经费者，此期有张仲平、王心容二先生；补助大学经济研究所常年经费者，则有美国罗氏基金团，中华教育文化基金董事会。

重庆南渝中学捐助开办费者，主席蒋公为第一人。其后有刘甫澄、吴受彤、康心如、陈芝琴与范旭东诸先生，捐助建筑费及仪器图书等。凡上所举，皆荦荦大者，其他热心捐助者为数尚多，不及备举，皆于南开学校各部之发展，赞助至多。此期工作，实可谓尽力至大，收效亦至宏也。

（四）继兴时期（民国二十五至三十三年）津校之毁灭，渝校之继兴，复校之准备

本期自民国二十五年迄于今，凡八年。在此期中，津校惨遭暴日炸毁已不存在，重庆南开逐年发展，继续南开生命，继旧兴新，此期可称为南开之“继兴”时期，亦即南开再造之准备时期也。

民国二十六年，“七七”变作，平津沦陷，南开于七月二十九日及三十日，大部校舍惨被敌机轮番轰炸焚毁，是为国内教育文化机关之首遭牺牲者。时苓因公在京，以数十年惨淡经营之学校，毁于一旦，闻耗大恸！时主席蒋公慰苓曰：“南开为中国而牺牲，有中国即有南开。”语至明断而诚恳。蒋公对南开之爱护备至，即此可见。苓深受感动，自当益加奋勉，为南开前途而努力也。

当津校被毁之日，我重庆南渝中学，成立已一周年矣！民国二十四年冬，苓游川，即决定设一中学，乃于翌年春，派员来渝，选购校址，督造校舍。首蒙今国府蒋公，慨捐巨款，补助开办费用，于是第一期校舍建筑，乃按预定计划完成。是年秋，招收新生二百余人，正式开学，命名为南渝中学，盖取南开在渝设校之意。二十五年秋，苓第二次入川，为学校筹募经费，组织董事会，聘请吴达铨、张岳军、吴受彤、刘航琛、康心如、何北衡、胡仲实，胡子昂、卢作孚诸先生为董事，又完成第二期校舍建筑计划。及后华北事变，津校被毁，而我南开学校犹能屹立西南后方，弦诵弗辍，工作未断者，皆当年准备较早之故。社会一部人士，辄以为重庆南开学校系于津变后而迁川者实误矣！唯因有南渝，津校一部员生于平、津战役序幕初展时，即相率南下，辗转来川，得照常工作，继续求学，而南开团体，得以维持不散，是则可谓不幸中之大幸也。

嗣后京、沪沦陷，各校仓促迁川，痛苦万状。佥以南开学校于战前早有准备，树立基础，深为称羡！一致誉苓眼光远大，有先见之明。其实华北之岌岌可危，暴日之必然蠢动，举国皆知。不过苓认识日本较切，而南开校址又接近

日本兵营。倘有变，津校之必不能保，自在意中，故乃早事准备，及时行动耳！但蒋公在抗战前，即认定四川为我民族复兴根据地，建设四川即所以建设中国，故乐于助苓在川设立分校，其眼光为何如哉！

南开大学被毁后，教育部命与北京大学及清华大学合并迁往长沙，称临时大学。后复迁至昆明，改称西南联合大学。苓与蒋梦麟及梅贻琦二校长共任常委，彼此通力合作，和衷共济。今西南联大已成为国内最负盛誉之学府矣！

二十七年，校友总会建议南渝更名南开，以示南开学校之生命并未中断，乃将南渝中学更名为重庆南开中学。是年因战区学生来川者纷请入校，学生人数增至一千五百余人。

二十八年，南开大学经济研究所在重庆复课，招收研究生十人。正式开始工作。

二十九年，重庆南开临时小学成立，学生百余人。

自二十八年至三十年，重庆受敌机威胁，惨遭轰炸，即教育机关亦难幸免。本校二次被敌机投弹，而以三十年八月为最烈。敌机以南开为目标，投落巨弹二十余枚，一部校舍或直接中弹，或震动被毁，损失颇巨，但事后即行修复，敌机威胁虽重，学校工作终不因之停顿。

三十三年，校友总会发起募集“伯苓四七奖助基金”运动，成绩美满，募得六百余万元。是年特设清寒优秀学生免费学额多名，青年学子受惠实大。

现在国运好转，胜利在望。建国治国，需才孔多。将来全国复员时，苓誓为南开复校，地点仍在天津，大学要设八里台，科系须增加；中学仍在旧址，力求设备充实。在北平及长春两地，并拟各设中学一所，至重庆南开，则仍继续办理。将来各地中学学生，经过严格基本训练后，再择优选送大学再求深造，定可为国家培养真正有用之人才。至于复校详细计划，尚在缜密研讨之中。唯念南开得有元首之奖掖，邦人之提携，将来复校工作，前途绝对乐观，可断言也。

总上所述，南开学校四十年来，由私塾而中学而大学；由全盛而毁灭而继兴，中间经过多少困难，经过多少挫折，但复校之志愿未偿，南开之前途正远，兴念及此，不禁感慨系之！

工作检讨

南开四十年，不敢自诩成功，但征诸各方对南开之反应，实予苓以莫大之鼓励。兹分述之：

（一）学生成绩。南开创立，历史较久，学生亦众，且多优秀青年，任选任拔，以教以育，此实为我南开学校特具之优越条件，因此教学易而收效宏，费时少而成就多。出校校友，现在政府各部门、社会各阶层中服务者，为数亦至众。举凡党政外交、陆空部队、交通电信以及教育、新闻、戏剧、电影各界，无不有我校友侧身其间。其服务能力，负责精神，有足多者，以故社会人士时予好评，而政府长官亦深加器重。以学生成绩论，南开教育似已稍著成效，并已得社会之承认也。

（二）社会信仰。南开学校，历年来深得社会之信任与重视。家长每欲送其子女来南开，谓之“得入南开，便可放心”。以是每次招考，报名者辄四五千人，而取录有限，欲入者众，学校每苦无以应付。学校每有所求，又深得学生家长与社会各方之赞助。在津有“三六”“三七”两次募款，成绩均至佳。而今春校友总会发起之“伯苓四七奖助基金”运动，原定目标为四十加七十，即一百一十万，取庆祝南开四十周年与苓七十生辰之意。继增至二百八十万元，后改为四百七十万元，最后结束时，总数量超过六百万元，此时完全出乎吾人之意料，创造了国内教育捐款之最高新纪录。此一事实，实足以验证社会人士对我南开有良好之反响与热烈之爱护。其所以能如此者，当由于吾人之工作，已深得社会人士之信任与重视耳！今后吾人更应如何加紧努力，倍加奋斗，以期无负社会之厚望也！

（三）政府奖励。南开系私立学校，各部经费历年受政府之奖励补助至多。“七七”事变后，南开被毁，承政府重视，命与北大、清华合并，为西南联大之一部。重庆南开，历年来参加毕业会考、大学升学考试、学生作业竞赛，均以成绩优秀，屡受政府之褒奖与嘉勉。国际友人有来渝参观战时教育时，政府当局必令南开妥为招待，隐然认南开为中国战时中等教育之代表，实予学校以莫大之光荣。今年元旦国民政府以苓终身从事教育，为国造士，特颁一等景星勋章，深觉奖逾其分！然由此亦可证明政府对我南开教育之成就，寄以莫大之激励也。

发展原因

南开学校系私人经营之事业，经过四十年之奋斗，得有今日之发展，推厥原因，实有多端。例如吾人救国目标之正确，“公能”训练之适当，与夫学生之来源优秀，校风之纯良朴实，皆为我校发展之重大因素，而尤觉重要者，约有三点：

（一）个人对教育之信心。苓于教育事业，极感兴趣，深具信心，故自誓终身为教育而努力。今服务南开，匆匆已四十年矣！忆昔北洋政府时代，武人专权，内战时起，学校遭遇之困难与挫折至多，深感政治不良，影响教育之苦。但苓艰苦奋斗，从不气馁。当十五六年之交，政府谬采虚声，拟苓以教育总长，及天津市市长等职，因志在教育不在政治，均力辞不就，仍一心办理南开。因是个人事业赖此得以保全，而南开校务，亦因此而得发展。及今思之，犹有余欢！迨后北伐告成，国内统一，全国国民，在“一个政府，一个领袖”之下，振奋团结，同心力强，实为我国五千年来未有之大团结。国运丕新，气象焕发，益信国家教育必能配合政治之进步，再以教育之力量推动政治，改进政治。更信南开教育事业，适应国家之要求，必能人才辈出，扶助国家，建设国家。此苓对教育之信心，亦多数同人所同抱之观念。足以数十年来孜孜矻矻，锲而不舍，卒有今日之小小成就，个人对教育之信心，遂以促进南开教育事业之发展，此其一。

（二）同人之负责合作。窃以筹办学校，厘定计划，其事易；至计划之如何求其全部实现，训练之如何求其发生效力，其事难。要非赖全体同人之负责合作，努力推动不为功。我南开同人，皆工作重，职务忙，待遇低薄，生活清苦。但念青年为民族之生命，教育为立国之大计，率能热心负责，通力合作。因此学校人事之更动少，计划之推行易，青年学生日处于此安定秩序，优美环境中，自必潜心默修，敦品励学，养成一种笃实好学之良好校风，因以增高学校教育之效果。此同人之负责合作，实有助于南开之发展者，此其二。

（三）社会之提携与赞助。私人经营之教育事业，要得社会人士之赞助与提携，方能发育滋长。而南开学校自成立以至于今，得社会赞助之力尤独多。回忆四十年来，我南开津渝两校之发展，例如校地之捐助，校舍之建筑，校费之补助，以及图书仪器之扩充，奖助金额之设置等，无一非社会人士之赐，社会实可谓为南开之保姆，而南开实乃社会之产儿。过去南开发展，全赖社会之力，今后复校工作，更非赖社会人士之热烈赞助，加倍提携，绝难望其顺利进行，圆满成功。一部南开发展史，实乃社会赞助之记录册也。此社会之提携赞助，有助于南开之发展者，此其三。

结　论

南开学校四十年奋斗之史迹，略具于斯。当年创立，系受国难之刺激，而办学目的，全在育才以救国。至于训练方针，在实施“公”“能”二义，借以治民族大病。回忆严馆成立之初，学生仅五人，中学成立时，亦仅七十三人。经过四十年之惨淡经营，教职员同心协力，学生逐年增加，设备逐年扩充，至抗战前，大学、中学、女中、小学、研究所学生，超过三千人，而规模之宏大，设备之充实，在国人自办之私立学校中，尚不多觏。至重庆南开，创始于军兴之前，成长于抗战之中，规模设备，在后方各中学中，亦属仅见。盖南开过去，无时不在奋斗中，亦无时不在发展中，日新月异，自强不息，为我南开师生特有之精神。南开学校在过去，如可认为对于救国事业稍着微绩；则在将来，对于建国工作，定可多有贡献也。

苓行年七十矣，但体力尚健，精神尚佳，不敢言老。今后为南开，当更尽其余年，致力于教育及建国工作。南开一日不复兴，建国一日不完成，苓誓一日不退休，此可为全体校友明白昭告者也。

兹值南开四十周年校庆之辰，回顾既往奋斗之史迹，展望未来复校之大业，前途远大，光明满目。南开之事业无止境。南开之发展无穷期，所望我同人同学，今后更当精诚团结，淬砺奋发，抱百折不回之精神，怀勇往直前之气概，齐心合力，携手并进，务使我南开学校，能与英国之牛津、剑桥，美国之哈佛、雅礼并驾齐驱，东西称盛。是岂我南开一校一人之荣幸，实亦我华夏国家无强之光辉也。

复校大业，千头万绪，工作至繁，需款尤多，届时苓拟另行发起募集“南开复校基金”运动，深望政府长官、社会人士以及国际友人，仍本以往爱护之热忱，多予积极之援助，斯则苓于回顾南开四十年发展史迹之余，所馨香祈祷，虔诚期待者也。

与张校长相识的二十六年

王文田

中学的第一届学生

当伯苓校长决心从事教育救国的时候，适有天津士绅严范孙先生（名修，1860年生于直隶三河县，1929年3月15日卒于天津，原籍浙江慈谿县，后迁津。清翰林，曾任贵州学政、学部侍郎。）主张维新，提倡革新教育。1898年礼聘伯苓校长在私宅设立家馆，以新方法教其子弟5人，取名严馆。教英文、算学与理化诸科，兼指导学生各种运动，如跳绳、跳高等（用两把椅子架一鸡毛掸子，作为跳高的用具）。稍后，除严氏子弟5人外，先后又陆续加入严馆者约有10人。

1900年即严馆开办后两年，天津邑绅王锡瑛[①]先生（字益孙，天津人，为天津八大家之一），亦请伯苓校长在家设塾，教其子弟6人，名为王馆。两馆分上下午由伯苓校长授课，学生逐年增多，设备及教授法均不完备。1904年2月，严先生与伯苓校长和张建塘先生3人同去日本考察教育，该年8月一同返回，携回所购许多教育资料及各种仪器标本等。回国均感觉到：要使

① 应为王奎章，即王锡瑛之父。

教育完善，必须有一正式学校的组织。于是创设敬业中学（后改名私立第一中学堂），择定严先生私宅偏院为校址。除了严、王两馆已有的学生合并外，又招考新生，分为高级师范班与中学班，计有学生共73人。于1904年10月17日开学（后来就定10月17日为南开校庆日）。每月经费纹银200两，除伯苓校长外，还有吴芷洲、胡玉荪两位教员，美国籍与日本籍教员数人（名不知）。1906年高级师范班毕业（两年毕业），毕业学生共有10人如下：陶履恭（孟和）、韩振华（诵裳）、严智惺（约敏）、周旭（绍曦）、孟广进（琴襄）、武浚源（问泉）、邓召棠（荫卿）、韩萌朴（质夫）、时作新（子周）、林函（次和），该班毕业后，就专办中学。

1908年夏，中学班第一班毕业，该班毕业共有33人，其姓名如下：梅贻琦、罗浚瀛、刘文澄、张彭春、朱凤钧、顾寿颐、刘福年、高兆夔、曹鸿藻、穆家珍、李麟玉、卞肇新、黄树年、武登明、王正钧、安真祥、汪启智、金廷玺、金邦正、范濂清、王震、张树珊、展树勋、姜绍荣、王恩震、喻传鉴、魏有万、李克歧、刘恩洪、陈恩瑛、卞藩昌、郑钟彝、王奎瀛。

迁址南开，因地得名

严宅的新式中学堂扬名津埠，学生投考者逐年加多，原址不能容纳。1906年天津邑绅郑菊如先生，以西南城角一块空地，约有10亩，捐给学校作校址，该地名南开洼，学校接收该地后，就开始建筑校舍，建筑费亦由严先生筹募。首次建筑大楼一座，取名范孙楼。

1908年秋新校舍落成，即迁入开学上课，因地名“南开”，逐改校名为“南开中学”。校务由伯苓校长主持。华午晴、王虎忱、尹先生（名记不清）、孟琴襄、伉乃如等诸位先生分担学校行政各部门（后来邓道儒先生亦曾任校长室秘书职，由哪年开始至哪年止记不清了）。

1908年伯苓校长赴美考察教育，与孙子文同行，孙氏系考察水产。1909年伯苓校长受洗礼成为基督徒，此时他已与基督教青年会有了联系。

1915年南中教务主任由喻传鉴担任，后来赴美考察教育一年，回国改任校务主任。1924年训导主任由雷法章担任，后兼教务主任，至1932年，雷氏离校去青岛市任教育局长。

南开中学各门功课的专任教员，都是选聘各著名大学优等毕业生任之。对于课业方面督促认真。管理方面亦非常严格，对于学生品格极为注重。

伯苓校长最早倡导话剧，约在1916年左右，演出《一元钱》《一念差》。本来该两剧没有剧本，由演员（师生合演）共同商议一个轮廓，决定出整个剧情，由演员自行编对白，再由伯苓校长一面导演，一面修改，就形成《一元钱》与《一念差》两个剧本。剧中女主角由周恩来扮演。这是公演话剧的开始。

1917年学生已满千人，是年秋伯苓校长赴美，入哥伦比亚大学师范学院研究教育，并考察美国私立大学之组织；学校校务由张彭春暂行代理。张彭春对于戏剧与文学特别有研究。伯苓校长在此时倡导话剧尤为热心，即派张彭春领导学生组织话剧社，研究剧本、布景、道具、灯光等。1925年曾公演易卜生的《傀儡家庭》，1926年又公演易卜生的《人民公敌》等，女主角由万家宝（笔名曹禺）扮演。均由张彭春导演，成绩斐然。

1926年创办社会视察，由陆善忱主持。因伯苓校长认为课室里的书本教育不够，应将所学能应用在日常生活上去，才是真正的学问，亦就是教育的目的。于是发动高中学生去社会各阶层团体、机关，如工厂、银行、政府行政机构、市场组织、劳工组织等参观视察；对于实际情形如发生怀疑，或有不解之处，可向各该负责人提出询问，记录下来，回校后师生将各问题提出，共同分析、研究、讨论，然后再编成报告，以资参考。

伯苓校长在每周集会中常对学生们讲："中国像一盘散沙，自私，不团结……要想革除此种恶习，由你们现在开始训练，要养成团体生活的习惯，有容纳他人意见的精神，以公的利益为前提。……"所以特别鼓励学生课外活动，如全校性的自治会，小型的各种课余的班级比赛、音乐会、摄影会、武术团、出版刊物等。就个人兴趣与能力，尽量使其自由发展。凡是学生提出任何兴趣组织（只要对于学生身心有进益的），校方与各专任导师，都尽力协助，使其增进。对于体育提倡尤力，每周除了正式体育课外，每班分组还有课外运动。体育课主任由章辑五（河北省立高等工业学校机械科毕业、美国纽约大学硕士）担任。

伯苓校长在集会中常如此说："中国人的病是穷与弱，要想中华民族不被称为东方病夫，必使每一个人有强壮的身体与充分的智能。你们在课堂里要取得智能的充实，在你们的日常生活中要锻炼身体壮健……"所以每天下班后，大小操场都无空隙。学校对于体育的设备，可谓应有尽有。南开学校运动的记录，无论在天津还是在华北、全国，甚至远东，每次比赛的结果不敢说都是冠军，但很少落在他校之后。因伯苓校长一向极力提倡体育，所以曾充全国、华北运动会的总裁判，全国、华北体联会的常务委员，全国体育协会的副主席。

南开大学逐步壮大

1918 年严范孙、范静生（名源廉，湖南湘阴县人，前教育总长）两先生一同赴美，与已在美之伯苓校长晤面后，共同考察美国私立大学之组织与发展。是年冬伯苓校长与严、范两先生一同返国。严先生与伯苓校长积极筹募得 8 万银圆，开始策划开办大学。决于翌年（1919）春，在中学南端的空地建筑教室楼。是年秋该楼落成，曰南楼。聘凌冰（字济东，河南固始县人，曾在南开中学肄业 3 年半，后留学美国得博士学位）担任大学主任。招收学生 40 余人，设文、理、商三科，由史宜宣、邱宗岳、李道南分别教授各门功课，大学正式成立。

是年（1919）上海圣约翰大学赠予伯苓校长名誉文学博士。

1920年李纯（字秀山，天津人，前江苏省督军）死时，在他所留的遗嘱内，指定其财产中之50万银圆（实际仅得现款10万银圆与不兑现的200万银圆“九六公债”）捐助南开大学。1921年李组绅先生捐助经费，增添矿科，由薛桂轮主持该科，以后因经费支绌与教授缺乏，于1925年停办。

后来中华教育文化基金董事会、管理中英庚款董事会与美国洛氏基金会亦各发专款补助南开大学。1922年在天津南郊名八里台获得地皮约836亩（为有捐助地139亩，价助地158亩，永租地539亩），开始建筑教室楼与办公室（占地3079平方米）一座，命名秀山堂；又建筑教职员宿舍（占地646平方米）、学生宿舍（占地1316平方米）及职教员眷属住宅（占地593平方米）大小共11所。

1923年袁述之先生捐款7万元设置科学馆（占地2652平方米），该馆于是年秋建筑完成，取名思源堂（因袁先生捐此款，以纪念其老母，故取名思源）。

该年（1923）夏，文理商三科第一班学生毕业，共有21人。

该年（1923）秋大学部迁往八里台新校舍上课。1925年大学部经教育部核准立案。1926年底凌济东离校南下，遂取消大学主任制，改由各系主任与由校长聘请之教授组织评议会，校长为评议会主席，设秘书一人，由伉乃如兼任（原为注册课主任），秉承校长之命，处理日常事务。

1927年伯苓校长看出日本帝国主义觊觎东北日益迫切，深为焦虑，便携同教授萧叔玉等去东北三省，亲自视察，由太平洋学会研究组两次资助，组织东北问题研究会，由萧叔玉主持之。傅恩龄负责处理日常事务。关于东北人口、资源、商业、工业、农业、交通、移民等问题，都有详尽的报告，以资研究。伯苓校长鼓励东北籍学生毕业后回乡工作，且常常找些东北籍学生聚叙。

该年商科组织社会经济研究委员会，由何廉（字淬廉，湖南邵阳人）

主持。

1928 年卢木斋先生（名靖，湖北沔阳人，直隶第一任提学使）捐款 10 万银圆建筑图书馆（占地 920 平方米）。是年秋建筑完竣，名木斋图书馆。

伯苓校长于是年又赴美考察教育与募款。回国后对于学校设备益加扩充，各学系课程亦加充实，将文、理、商三科，改为文、理、商三学院。

文学院院长萧叔玉，该院分三系：政治系（主任徐谟）、历史系（主任蒋廷黻）、经济系（主任萧叔玉兼）；

理学院院长邱宗岳，该院分四系：数学系（主任姜立夫）、物理系（主任饶毓泰）、化学系（主任邱宗岳兼）、生物系（主任应尚德）；

商学院院长唐文凯，该院分四系：财政系（主任何淬廉）、银行系（主任唐文凯兼）、统计系（主任何淬廉兼）、商学系（主任忘记其姓名）。

每学院各由学生组织一个学会，即：文科学会、理科学会、商科学会，作为学生课外研究与活动中心，并经常举行演讲会辩论会，商科学会且主办实习银行与合作社及调查工作。

评议会秘书自该年（1928）改由黄钰生（字子坚，湖北沔阳人，原为教育心理教授）兼任。伉乃如专任注册课主任。

1929 年陈芝琴先生（天津人）捐款建筑女生宿舍，名曰芝琴楼。至此南开大学粗具规模。不幸于该年 3 月 15 日南开学校创办人严范孙先生病逝，享年 70 岁，全校师生哀悼至极！总算严先生亲眼看到他的理想一步一步地完成。

1931 年商学院与文学院的经济系及社会经济研究委员会 3 个机构合并改组为经济学院，院长由何淬廉担任。该院分两系：商学系和经济系。

该年（1931）由美国洛氏基金会拨款，资助成立经济研究所。教授一面任课（任课时间每周不超过 6 小时）一面做研究工作。

是年 9 月间国际联盟教育考察团（由英、法、德、波各一人组织之）来中国考察教育。其中的英国团员为著名经济学家唐纳。当考察团到津时，请唐纳参加经济研究所第一计划书的讨论与修正。

经济研究所为适应中国经济和社会问题的需要，一方面训练专门人才，一方面从事调查与研究工作。该所贡献甚多，出版品计有中文与英文刊物。

……

1932 年设化学研究所，由张克忠（字子丹，天津人）主持。该所工作除专题研究外，还与黄海工业化学研究社（社长孙学悟）合作。

1935 年经济学院设研究班，两年毕业后得硕士学位。该班直至抗战胜利后停办。第一班毕业生有 4 人。

1936 年何淬廉任行政院政务处处长，离校后由方显庭代理，李卓敏与吴大业、陈振汉辅助之。

由 1919 年至 1937 年，在这 18 年期间，南开大学逐渐发展，由原设的文、理、商三科扩充为文、理、经三学院；由 40 余学生增加至 500 余学生。图书仪器大量添置，教授亦逐年增多，南开大学已成为国内优良大学之一。南开大学前后教授姓名，现在就我所记忆与另行搜集者，有下列各人：

文学院：凌济东　史宜宣　萧叔玉　蒋廷黻　李　济
徐　谟　萧公权　梅汝璈　汤用彤　林同济
张忠绂　翟毅夫　冯柳漪　张彭春　黄钰生
王赣愚　刘崇鋐　张纯明　柳无忌　司徒汝坤
蔡维藩　司徒月兰　余协中　陈　逵　高宗武
段茂澜　邹宗彦　罗皑岚　梁宗岱

理学院：邱宗岳　姜立夫　饶毓泰　薛桂轮　竺可桢
李继侗　杨石先　应尚德　张克忠　卢祖贻
王恒守　孟广喆　张洪元　张希陆　张友熙
刘晋年　蒋硕民

经济学院：李道南　唐文凯　何　廉　方显庭　张平群
姚松龄　陈序经　李卓敏　李庆麟　丁　佶

孙祖瑞　袁贤能

南大毕业生在各方面服务的成绩，均很优异，近年在美有特殊贡献的，如陈省身（南大数学系毕业，后得德国汉堡大学博士学位）、吴大猷（南大物理系毕业，后得美国密歇根大学博士学位）等尤为国内外各界所注意。

“我答应你们一定办女子中学”

1922 年我在天津女子小学毕业。当时颇感未有适宜的女子中学继续升学之苦，加以当时若干同学受到五四运动潮流的影响，认为男女教育应有同等机会。适值其时，听说南开学校的大学部迁往八里台新校舍，于是当时各女子小学校的毕业生，联合数十人签名，给张伯苓校长上书，要求在大学部的旧址（南楼），即男中部的南端，设立女子中学。上书原稿无存，大意是：（一）女子教育与男子教育同样重要；（二）天津缺少女子中学；（三）南开大学即迁往八里台新校舍，原址可充作女子中学校址之用，不必另起炉灶，同时职教员可在男女中两部兼任，如此经费所用无多……。上书投过后逾两三星期左右，张伯苓校长回信，要我们派代表于某日（日子记不清）去南开中学校长室会面。即公推王毅蘅、陈学荣和我三个人为代表，我们三个人按着指定的日期时间去南开中学。我们三人走进校长办公室内，看见办公室桌前坐着一位魁伟壮健、体格高大的长者，抬头看见我们三个小孩子进来，即刻站起来，满面和蔼慈祥，而诚恳亲切地用手指指着旁边的几个椅子对我们说：“好，好，你们坐下谈。”我们三人都坐下了，他老人家又坐回原来的椅子上，便开口先向我们说：“我看见你们给我的信，你们有这种勇气，我很高兴！我一定答应你们办女子中学。不过大学部的原址，另有用途，我一定想别的方法就是了。”说到这里稍停，又接着说：“你们有什么意见只管说。”我们三人彼此看了一下，异口同声地说：“谢谢张校长！我们希望愈早愈好，什么时候开始招生，我们就来报名投考。”伯苓校长哈哈大笑用诙谐的口吻说：“你们几位要捷足先登，做女中部的开国元勋。”紧接着问我们三人：“现在在什么学校读书？”又一个一个问我们的姓名。我们各自回答完毕之后，心内充满愉悦，我们站立起来，向这位和蔼可亲的长者一同深深一鞠躬，离开校长办公室走了。

1923年秋学校租妥六德里（由南开中学向东行，约有一里之遥）张宅一个小跨院，充作女中部校址，开办初一、二年级两班，招考学生共有78人，我们签名要求成立女中部的学生中，被录取者仅有10人（当然不是全数都来投考）这10个人的姓名如下：

顾光灿　张海惕　王守媛　石裕华　华冰如

林懋志　华采菱　陈学荣　王毅蘅　王文田

该年秋女中部正式成立，女生管理员为潘丽荪女士。

1924年在男中南校更南端之旷地开始建造女中校舍。1925年秋新校舍落成，迁入新校舍上课，除初一、二、三年级各有甲乙组两班外，高中一年级分文、理各一班，计有8班，共有学生200余人。

高中文理两班理化试验室与男中部分班共用。文科有些课目，如政治、经济、商法等，与男中部同班授课。政治班由师长黄肇年先生领导男女学生，共同举行模仿会议。有一次模仿会议中，讨论女子参政问题时，双方争辩甚烈，像真的政治议会一般，训练学生所学能有所用。各种课外活动的组织，虽是分别进行，实际上与男中部同样分门别类的样样都有。

每年10月17日校庆时，男女中与大学三部师生，同时在范孙楼举行庆祝。上午集会，由伯苓校长报告南开创办始末及训词，次为创办人严先生训话，其训词很短。再次即校董或名流演讲。会毕后，全校师生午餐吃炸酱面与寿桃（馒头做成桃形）以示庆祝。下午各部开放，外宾与各部师生彼此参观。晚餐系毕业生与出校学生举行聚餐。晚间举行游艺大会，三部师生各显其能，演话剧，或全套平剧、唱歌、舞蹈、弹琴、奏乐、口技、相声等等，极一日之盛。男女合演一剧约在1926年与1927年间起始。

1928 年女中部第一班毕业共有 19 人，我即其中之一。

小学部的设立与南开体系的完成

1928 年在女中校舍对面建筑小学部校舍，设立小学部。该部主任由钱女士（名记不清）担任。后由马恩华继任。学生共招收 50 多人，分为一、二年级两班。阮芝仪博士（美国人）为实验导师，从事设计教学法的实验。

到 1932 年南开已完成完整学校体系的建设——小学部、男中部、女中部、大学部与研究所——全校学生总数已达 3000 余人。

1934 年 10 月 17 日为南开学校 30 周年纪念日，伯苓校长以从事 30 年教育之经验，规定“公”“能”为校训。

创办人与校董

民国二十五年（1936）《南开同学录》载有：南开学校创办人及校董与其他董事名单，兹特照录于下：

（一）创办人：严修（范孙）、徐世昌（菊人）、王锡瑛（益孙）。

（二）校董（名次先后以姓氏笔画多少为序）：王秉喆、卞肇新、（俶成）、卞寿孙（白眉）、李金藻、胡适之、范旭东、陶孟和、阎书通（子亨）、颜惠庆（骏人）。

（三）南开大学矿科创办人：李晋（组绅）。

（四）矿科董事：王正廷（儒堂）、王宠佑（佐臣）、李晋、翁文灏（咏霓）、张新吾（星五）、张轶欧（翼后）、严智怡（慈约）。

（五）商学院董事：卞白眉、卞肇新、李绶（组才）、周作民、马寅初、张锦镳（伯龙）。

（六）经济研究所董事：王景春、吴达诠、金叔初、胡适之、范旭东、陶孟和、张伯苓（当然董事）、刘鸿生、穆藕初、张公权、颜惠庆。

一生服务于南开学校的几位职员

喻传鉴，名廛涧，浙江嵊县（今嵊州市）人，南开学校第一班毕业生，北京大学经济系毕业。后在某银行（名不知）任职半年（1915）左右，即由伯苓校长约来担任南开中学教务主任。曾赴美考察教育一年，由美回国后改任校教务主任，最后兼任男女中部校务主任，直到 1949 年仍为重庆南开男女中学校务主任。

华午晴，天津人，自 1908 年起，担任南开中学会计事务，最后担任整个南开学校（小学部、男中部、女中部、大学部）会计课主任，兼建筑课主任。抗战时期在重庆仍继任男女中学部会计主任。不幸于 1939 年患脑出血病逝于重庆，灵柩葬于重庆南开中学校内西南隅。

孟琴襄，天津人，为 1906 年的师范班毕业生，自 1908 年服务学校事务方面的工作；继为男女中小学与大学整个南开学校庶务课主任，直到 1949 年仍担任南开大学的事务主任。

伉乃如，天津人。天津直隶高等工业学堂化学班毕业。1908 年南开中学成立后，担任化学教员，后兼任校长室秘书。南开大学成立后，专任大学部注册课主任，抗战时期在重庆专任校长室主任，不幸于 1948 年夏患胃溃疡症逝世于津门。

以上 4 位先生，都是一生服务于南开学校勤苦耐劳，赤胆忠心，不计报酬，不顾毁誉，爱学校胜于爱自己的家，确是伯苓校长从事教育的基本干部，亦是南开学校发展中的无名英雄。我怀念伯苓校长，亦同样怀念这几位先生。

这几位先生把一生血汗捐献给南开，他们的功劳确是不可泯灭。

南开校友总会的成立

1928年伯苓校长由美考察回国后，在津校友举行欢迎会时，正式成立南开校友总会，公推阎子亨为校友会主席，并推定卞肇新、黄子坚、邓宗善、冯子持4人为执行委员，又决议：（一）每年4月5日伯苓校长寿辰为校友春季聚会日期，10月17日为秋季聚会日期。（二）由校友筹募资金建筑校友楼。于1929年春在男中部院内偏南处，开始建筑校友楼。是年秋该楼建筑完竣，名为瑞庭楼（这位瑞庭先生[①]的姓不记得了。因为他捐募最多，故以其名为该楼之名），该楼内有礼堂、游艺室、饭厅、阅报室与办公室（专办校友会事）。另有宿舍，以备各处校友来津时住宿之用，主席阎子亨每周必到会所两三次。由陆善忱担任校友会总干事，处理日常会务。

重庆南渝中学的分设与天津南开大学的被炸

1935年华北局势日益危急，伯苓校长深为忧虑，决定作迁校的准备。先派张彭春赴各省勘查适宜地址，数月后张氏回校报告各地情形，认为重庆地方适宜。继之伯苓校长又亲自去重庆，选定重庆近郊沙坪坝。伯苓校长回津后，又派华午晴、喻传鉴两人去重庆沙坪坝购地，开始动工与建校舍，1936年校舍落成，命名南渝中学，该年秋招生开学。校务由韩叔信主持。

1937年“七七”事变爆发，平津相继沦陷。南开大学于7月29与30

① 瑞庭先生在即章瑞庭（1878—1944），曾捐助南开学校教育基金10万元。

两日被日军以轰炸机低飞狂炸，木斋图书馆与思源堂（科学馆）全部被炸毁，秀山堂（教室与办公室）、学生宿舍及教职员住宅等，亦损失惨重。当时伯苓校长因公在南京闻耗后，默然良久，深痛30余年的心血被敌人毁于一旦，痛心疾首而愤慨地说："敌人只能摧毁我南开的物质，毁灭不了我南开的精神。"蒋先生深深同情伯苓校长，恳切地安慰他说，"南开首先为国牺牲了，此后有中国就有南开！"伯苓校长得此安慰更加奋勉。不幸不久，又听到四子锡祜驾机去前线作战、在江西途中失事殒命的噩耗。老先生相继遭受两个意外而沉重的打击，精神上虽然依旧振奋，而身体却不能支持了，稍稍静默一下，便涔然泪下地说："我这个儿子为国牺牲了，他已经尽了他的责任。"因此在京卧病逾月（病中曾给家人写信说：锡祜不幸的消息，不要告知母亲）。病愈后就由南京直往重庆南渝中学居住，天津南开各部职教人员及眷属亦陆续到渝，住于南渝中学内的津南村（教职员住宅区）。

西南联合大学时期

1937年南开大学被炸以后，教育部令南开大学、北京大学、清华大学三校合并迁往长沙。11月初开学，校名改为长沙临时大学。不久又奉命迁往昆明，校名改为国立西南联合大学。伯苓校长与蒋梦麟、梅贻琦两校长同任常委。伯苓校长因常住重庆，派由黄子坚在昆明代理。三校和衷共济，成绩甚佳。

1938年7月6日第一届国民参政会开幕，伯苓校长被任为副议长。

南开在重庆的新生

是年（1938）南渝中学改名为重庆南开中学。1939 年经济研究所亦在沙坪坝中学内恢复工作。小学亦于是年在沙坪坝招生开学。当时男女两部学生共有 2000 余人。该年重庆遭受日机恶性大轰炸时，沙坪坝的新校舍内，亦落下巨型炸弹数十枚，一部分宿舍与讲室亦遭损失，幸未伤人。轰炸后即急速修复，一日虽是数次报警，课业始终未曾中断。

1939 年盐务署长缪爽秋先生委托伯苓校长在自流井代办中学一所。伯苓校长就调派韩叔信开办自流井中学。重庆南开中学校务仍由喻传鉴继任。

天津南开男女中和重庆南开男女中，功课全是同样认真，校风朴实，所以每年毕业的成绩均极优异，参加优良大学的入学考试，多被录取。南开中学毕业后升入各大学或转往国外深造后，再回国服务政教工商新闻各界为数甚多，不胜枚举。其中大学教授，再任大学校长，如李麟玉（任北大教授，北平中法大学校长）、梅贻琦（任清华大学教授，清华大学校长）、钱思亮（台大校长）等皆是。

1940 年、1942 年与 1946 年伯苓校长均连任国民参政会主席团主席。

抗战胜利后的复校

1945 年 8 月 15 日，日本无条件投降。胜利后南开即准备复校工作，大学部派伉乃如、中学部派丁辅仁两人赴津成立复校筹备处。伯苓校长于 1946 年因患病赴美就医，病愈后于该年 6 月 4 日接受美国哥伦比亚大学赠予的名誉文学博士学位。是年夏伯苓校长在华盛顿旅馆浴室中，滑倒摔伤脊骨，经医生疗治痊愈后，始由美国回国返津。

南开学校除收回天津各部原有八里台大学校舍及城内中学校舍外，还接收六里台旧中日中学（土地约136亩），作为大学教职员眷属住宅，改称北院。又在城内接收迪化道旧商业学校（日本人所办的）作为大学政经学院（原为经济学院），称为东院。又在旧商业学校隔壁，原为日本人所办的淡路小学，作为女中部校舍（旧商业学校与淡路小学两处共有土地约35亩）。大学校舍未被炸毁而尚余存部分经日军盘踞8年，破坏奇惨，由6月开始，草草修缮填补，勉强备用，称为南院。

该年（1946）教育部令自该年起，南开大学改为国立，伯苓校长仍任南开大学校长。南开、北大和清华三校分7处招生。10月三校公布录取新生名单。南开大学与天津南开中学（按天津南开中学与重庆南开中学仍为私立）于10月17日南开校庆同时开学。在开学那天，伯苓校长异常兴奋，向着全校师生与在津所有校友誓言“南开还要长，还要更长。我要继续再为南开努力干15年……”等语。

南开大学改为国立后，分为三处四院：秘书处，秘书长黄子坚；教务处，教务长杨石先；训导处，训导长先为傅恩龄后改为王文田代理；文学院，院长冯柳漪，设中国文学系、历史学系、外国语文学系、哲学教育系四系；理学院，院长邱宗岳，设数学系、物理学系、化学系、生物学系四系；政经学院（原为商学院，嗣改为经济学院），院长由陈序经代理，设政治学系、经济学系（设有经济研究所）、商业管理学系、银行货币学系、统计会计学系五系；工学院，院长张克忠，设机械工程学系、电机工程学系、化学工程学系（设有化学工程研究所）三系。

全校教授共47人，副教授31人，专任讲师16人，教员18人，助教44人，合计共有157人。到1948年大学部学生共计有1325人。

1947年伯苓校长当选天津市行宪国民大会代表。1948年3月28日伯苓校长出席首届行宪国民大会，同年6月接受蒋先生的敦促，伯苓校长出任行宪后第一任考试院院长。到任不久旋返津料理南开各部校务。抵津门后，奉到教育部公文略谓：“南开大学校长张伯苓辞职照准”云云。伯苓校长电召在美的何淬廉来津代理校长职务。何氏接伯苓校长电后，即于9月间到校，伯苓校长整装准备返回南京。

在伯苓校长要离津的前两日，我下班后去伯苓校长家道别，看见伯苓校长精神稍有不振，身体亦渐消瘦。谈了一些学校的情形，伯苓校长与张师母坚留我吃完饭再回校。在吃饭时，伯苓校长对我说："我离津去南京，你们都要努力地干。……"没有想到，这次与伯苓校长同桌共餐是我与校长26年来师生晤谈最后的一次。

吃完饭，我要回校时，伯苓校长又告诉我说："守媛养病费，我已交给史学曾（复员后南开中学会计主任）那里，你每月由他那里领取30元（金圆券）给她送去，告诉她好好养病。"提起这件事来，实令人难以忘怀。特略述其经过如下：所谓"守媛"，就是王守媛女士，她是我在南开女中同班的同学，她是一个品学兼优的学生（是天津邑绅王君直之侄孙女），不幸读到大学两年级后，就患严重的肺病，稍后她的母亲病故。抗战军兴，许多故旧都纷纷离津逃往后方，只留下她一人卧病在北平北海疗养院里。抗战胜利后，我在平津两地到处寻找她，终于辗转得到她的下落。她是卧病在她的姨母家，我便即刻去看她。彼时她身体枯瘦如柴，环境窘困万状，可谓贫病交加，见此，我禁不住落下泪来。她告诉我在抗战期间家庭的变化及其生活的情况。我问她："你一个人每月生活及养病费用至少需要多少？"她算了算回答我说："每月只要30元就可维持最低的生活。"有一天在伯苓校长家里，伯苓校长问起来，我把她生活的苦况详详细细地告诉了校长。校长听完之后马上就说："你不要管了；我每月帮她30元。"当时就交给我30元钱，要我给她送去；并且还说："你告诉守媛，好好安心养病，我每月一定照付30元。"一直到伯苓校长要离津去南京前两天，还没有忘掉这件事，并已安排妥帖。伯苓校长11月离开天津后，我只在史学曾处代领取过一次，王守媛女士就在12月间去世了。

何淬廉于12月1日亦离津过平南下，后即赴美。黄子坚（南大秘书长）、杨石先（南大教务长）与我（南大代理训导长）三人留校，共维残局。1949年1月15日天津解放后，公布取消大学训导制，我才解除职务。于2月中（日子记不清）由津搭英轮赴港，再转往广州，从此离开我的母校与我的家乡！

1951年润章（外子）与我在巴黎时，忽接天津友人来信略谓：伯苓校长于1951年2月23日因患脑出血逝世于津寓，灵柩暂厝于天津吴家窑永安公墓等语。噩耗传来，不胜悲痛之至！

怀念张伯苓与南开“特色”

吴大猷

笔者于民国十年（1921）至二十年（1931）间，在南开中学四年、大学四年，毕业后在大学任教二年，这十年决定了我这一生的为人和工作，故我想写一短文，略讲南开大学的“特色”和对张校长的怀思。

经费困难　仍办“平民”学校

南开大学是天津严范孙、范静生、张伯苓所创的一个私立大学；民国八年（1919）成立时约有100人，到民国十二年（1923）第一届毕业生只有21人；到民国二十六年（1937）抗战前夕，第十五届毕业生60余人，学生总数亦只420余人，所以它是一个很小的大学。开办时由社会人士捐助8万元；李纯的遗嘱捐基金50万元（实收到10万元）；他的理科得袁述之氏捐7万元，美国罗氏基金会先后捐14.5万元；中华教育文化基金董事会捐16.5万元；民十年（1921）至十四年（1925）得李组绅氏捐办矿科款15万元；图书馆得卢木斋氏捐10万元，书2万册；李典臣氏赠藏中文典籍700册，这差不多是南开大学首10余年全部所得。

校舍由开办时在南开中学旁的一座小楼，至民国十三年（1924）迁入在八里台由捐、购、租的地700余亩，在抗战前夕的大建筑思源堂（科学馆）、秀山堂、芝琴楼、木斋图书馆、男生二宿舍楼等，南开的经费，学宿费为一主要来源，学费每年60元，宿费两学期30元，这与国立大学（如北大）之学费每年约10元比较，自是很高的，但与教会大学（如燕京、岭南等）比较，则是“平民”化的了。这样的学宿费，四百个学生所缴的学宿费，只够10来个教授的薪金，笔者没有该时教授的总数的资据，估计或40余人，学校的经费是如何筹措来的，不甚清楚，可能得助于中基会给予理科的补助（具上文）。在抗战前，国内（北平、上海）有许多的私立大学，是借学生的学费维持的（如北平的民国大学，容纳投考国立大学落榜的学生，人数颇大）。南开虽经费困难，但从来未有多收学生之意。

高水准的教师及课程

南开于民国八年（1919）至十八年（1929）期中，学生由数十人至二三百人，设有文、理、商三“科”[民国十年（1921）至十五年（1926）间曾设矿科]，各科有各部门的教授及课程（但不分“系”），例如理科有数学、物理、化学、生物四部门。[民国十八年（1929）遵教育部令，始将“科”改为“院”。]每“系”教授只有二至三人，助教一至三人，学生三数人至十余人不等。每教授授课三至四门；每二年将课程轮调，使二、三年级同习某些课，三、四年级同习某些课。每一课程上课时间部分排在星期一、三、五，或二、四、六。教学的读参考书及习题要求均甚严：例如每一数学课，必有习题；星期一课的习题，学生务须于星期三的课前交卷，而教授则必于该星期五课时（由助教）阅毕发还，余类推。物理课程的实验，皆须作详细的报告。这样的训练。学生当时从未以为苦，后来且多感念。

民国八年（1919）南开大学创立时，国内已有大学多所，其最著者如北京有北京大学及后师范大学的前身“高师”；天津之北洋大学；南京之中央大学的前身东南高师；唐山及上海之交通大学；上海的圣约翰大学等，南开以无何财力的私立学校而思与这些学校争一席之地，若不是张校长对教育的信心，是不敢尝试的。

张校长先聘南开中学早年的学生、哥伦比亚大学教育学博士凌冰为大学主任，旋即在美聘梅光迪、余日宣、司徒如坤（文科）、李道南、史泽宣、孙垒（商科）、邱宗岳（化学）、应尚德（生物）、姜立夫（数学）、饶毓泰（物理）、司徒月兰（英文）、蒋廷黻（历史）、薛桂轮（矿）、李济（人类学）、杨石先（化学）、徐谟（政治）等诸教授，就笔者记忆所及，随聘萧公权（政治）、黄钰生（心理）、何廉（经济统计）、汤用彤（哲学）、陈礼（物理）、徐允钟（化学）、萧蘧（经济）、李继侗（生物）、钱宝琮（数学）、唐文恺（商）、冯柳漪（哲学）、张忠绂（政治）、刘晋年（数学）、张克忠（化工）、段茂澜（德、法文）；稍后有熊大仕（生物）、张洪沅（化工）、方显廷（经济）、陈序经、李卓敏、陈振汉、吴大业（经济）、谢明山（化工）等多人。这些人中，有在校时即是极优异的教授，更有许多后来在学术上成“大师”的，在社会上成大名的。兹举一例。在南开大学创始初年，邱宗岳师讲授化学课时，适美国罗氏基金会某君来参观，听邱师讲课，惊赞不已，该基金会旋捐 10 万元为建科学馆之用，又 2500 千元为购置设备之用。民国十三年（1924）八里台新校址之科学馆（思源堂）落成，该基金会复赠一美籍物理教授来校，协助建立物理实验室。理科承邱、姜、饶、陈、应、徐、杨诸师的经营，建立甚高之课程水准，乃先后获中华教育文化基金董事会的补助 16.5 万元。各科教学仪器设备及外国期刊，该时或仅次于清华而已。

南开大学的规模，已如上述，但享有的声誉，却与它的规模不成比例。卢沟桥事起，政府（教育部）即决定将北京大学、清华大学及南开大学南迁至长沙（北京其他大学迁陕之城固等处）。以学校的历史、规模、师资阵容、在社会上的声望言，南开实不能与北大、清华比拟；政府的重视南开，是由于什么考虑呢？无疑地，我以为是它的教授和课程的高水准。它在早期的十数年中，毕业生之于学术、事业有成，闻名于社会的，就记忆所及，有张平群（外交）、张克忠（化工）、郦堃厚（化学）、郑通和（教育）、张兹闿（财经）、查良鉴（法律）、汪丰（外交）、刘晋年、江泽涵、申又振（数学）、宋作楠（会计）、殷宏章（生物）、吴大猷（物理）、崔书琴、成蓬一（政治）、陈省身、吴大任（教学）、吴大业（经济）等。上节所述的教师阵容和这些学生，是南开声誉之所由来也。

抗战中断了南开的发展

民国二十六年（1937）卢沟桥事起，7月29日日机对南开大学作低空轰炸，除思源堂及教员住宅（平房）外，其他建筑物皆夷为平地，两大荷花池及本道，后皆为敌伪以土填平，诚伟大的工程也。初，民国十六年（1927），张校长感到日本觊觎我东北日亟，于赴东北四省视察后，回校组“东北研究会”，由教授组团赴东北调查实况，搜集资据。此事深招日人仇视，故日人占据天津后，即图将他们视为“抗日中心”之“南开”，从地皮上完全的“灭迹”。张校长甚有远见，先于民国二十五年（1936）在重庆沙坪坝建一南开中学分校，称“南渝中学”。及抗战军兴，南开大学奉教育部令，与北京大学、清华大学集迁长沙，旋迁昆明，组成国立西南联合大学，为抗战期中我国学术重心之一。

民国三十四年（1945）抗战胜利，三十五年（1946）南开大学在天津八里台复校，改为国立，是年春我返校一游，除思源堂仍在外，只有敌伪后建一楼，黄土荒凉，昔日之水木楼馆均荡然无存。近年南开大加扩充，然抗战前经营十八载的“南开大学”，已不可复存矣。

南开的回忆

笔者自14岁至24岁在南开中学、大学至任教的十年，是性格习惯的成形、求学基础的训练的重要时期，现在回溯这段时期，情感的因素，在所难免，但近年来目睹台湾的大学情形，有时不由己地与自己所受的教育情形相比较，现在试着以隔了六七十年的时间距离，尽可能地撇开情感的因素，客观地看看南开和张伯苓校长。

“南开”起自1898年，天津严范孙（1860—1929）氏聘张伯苓（1876—1951）氏为家庭教师，经1904年的改名“私立中学堂”“敬业中学堂”“私立第一中学堂”，至1908年改称南开中学，至1911年学生增至500人；1917年学生增至1000人。南开大学创办于1919年，南开女中部始于1923年。至此，全部学生达2000人。1928年增设小学部。1932年，全校学生达3000人。1936年，设分校“南渝中学”于重庆沙坪坝，1938年更名“南开中学”，学生增至1500人。

上述的学生人数数字，按目前台湾学校的以万数计者，是微不足道的，但在抗战前的大陆，南开中学是属于“大型”的了。一个孩子在南开中学，一年的学、宿、膳、书籍、衣物所需，至少是250元，在大学则至少300元。这不是农村家庭所易负担的，但这比教会大学如燕京、岭南大学等的费用则又低得多了。南开学生的家庭，连带着学生自身，是朴实型的多。这，加上南开中学的着重严格的管理，大学的着重学业，和学校一般的“保守”风气，乃反映于南开学生在社会的表现——在学术、技术、公务工作上者多，在政治上的少。

南开大学在学术上的成就，或可由下举事见之。民国三十七年（1948）中央研究院举行第一届院士选举，首由各大学校院、专门学会、研究机构及学术界有资望人士，分科提名候选人，约400余人，继由评议会审定候选人150人，最后由评议会选出院士81人。此81人中有南开师生9人：姜立夫

（数学）、陈省身（数学）、吴大猷（物理），饶毓泰（物理）、殷宏章（生物）、汤用彤（哲学）、李济（人类考古）、萧公权（政治）、陶孟和（社会）。后在台湾，更有南开师生被选为院士者有蒋廷黻（历史）、何廉（经济）、钱思亮（化学）、梅贻琦（教育）四人。联合报王震邦先生曾指出，中央研究院六任的院长，有两位是受南开教育的人云。

上举之饶、汤、李、萧、蒋数人，皆先在南开大学任教而后为他校所罗致的。这更表示一极重要点，即南开在声望、规模、待遇不如其他大学的情形下，借伯乐识才之能，聘得年轻学者，予以研教环境，使其继续成长，卒有大成，这是较一所学校借已建立之声望、设备及高薪延聘已有声望的人为“难能可贵”得多了。前者是培育人才，后者是延揽现成的人才。我以为一个优良的大学，其必需条件之一，自然系优良的学者教师，但更高一层的理想，是能予有才能的人以适宜的学术环境，使其发展他的才能。从这观点看，南开大学实有极高的成就。前第二节所略举的教授，聘来时多初由外返国，然不数年即以教导后学，或从事研究，蔚成大师者名，如邱、姜、饶、蒋、杨、萧、何、汤、李、张等（就早年的教授言）。萧公权一代政治学家，汤用彤佛学大师；何廉可能是在国内引入市场指数调查者，后在南开办经济研究所；蒋廷黻在南开以领先研究我国（鸦片战争始）外交史闻名；李继侗在国内实验研究未昌时，在南开从事植物的光合作用。这些都是曾在南开成长的。

从不欠薪的南开大学

民国十八年（1929），南开大学十周年，正值盛年。时清华大学成立了四年，在其积极发展中，由南开聘去蒋廷黻、萧蘧、李继侗三人。同年饶毓泰师得中基会研究奖助金赴德；陈礼师就工业工程师职；萧公权、汤用彤亦就他校聘。初，在北洋政府期间，内战外侮频繁，北平学生运动风气甚盛，北京大学且有欠薪若干个月只发薪数成之事。南开从不欠薪，又偏处天津郊外，受政治、战争的影响较轻，故能在动荡环境中维持其学术安定成长。及国民政府成立，社会大定，国立的大学如北京大学、清华大学、中央大学等皆有改进发展，在学校规模、经费上，皆强于南开。又民国十七年（1928）冬，张校长赴美，翌年秋始返校，微闻十八年（1929）春在校长离校期间，校方在调整薪金上略有不周，引致不愉快事，为少数教授离去原因之一云云。此可以道听途说视之，但南开大学则确有如遭大劫之感。

深具人格魅力的老校长

“南开”是我国教育史中罕有的一个例子，它由家塾，而中学、大学、女中、小学而分校，好像一个大家族，家长只有一个人——张伯苓。我们有几个著名的大学，亦有些许大名的教育家，比如北京大学，它有过蔡元培、蒋梦麟、胡适校长，但他们中任何一人都不“代表”“北大”，如“张伯苓”之“代表”南开然。张氏不仅是创办整个南开；他坚守“教育救国”的目的，全部献身于学校五十多年；我们可以说，南开的师生对社会、学术的贡献，间接地都是来自张校长。我在这里只说一点实而不华的话。

张校长是在早岁即有一个明晰目的，即是终生从事教育。救甲午之战揭露出的弱国。他虽然在哥伦比亚大学随杜威学教育，但他从未以教育家自居；他是一个意志坚强的实行者，从来不说空泛的话；他对校务，完全赖几位忠心耿耿的同人；南开的财务为华午晴；南开中学的教务为喻鏖涧；南开中学的庶务为孟琴襄；南开大学的注册干事及机要秘书为伉乃如；大学教授的延邀，最早期委之于凌冰，后乃各院系的推荐。

教务方面的事，早期（国民政府成立前）政府似未有划一的规定制度，课程及毕业所需学分等，皆由学校自行制定。在南开，每学期注册时，注册课印就由各院系拟定必修、预修、选修的课程及授课时间。南开的教授，绝无兼任兼课的；学生除球队及运动会外，甚少如目前台湾的所谓社团活动。学校无“训导”或军事教官，亦从未有学生与校方争执或对抗之事。

校风简朴安宁，原因之一，乃教师学生人数不大，偏颇之见，不易滋长也。另一原因，乃来自张校长。校长不大问校内事，盖他劳心的是为学校筹款。又在国民政府成立之前，平津乃战争频仍之地，应付当权军政首长，殊费心力也。偶有学生问题，则多化解。校长的坚定信念、经历和人格，形成了一种自然的尊严，在学生面前呈现的是一个魁梧的身躯，严肃而带慈祥的脸色，许多问题都自然地化解了。

校长从无借教育以进身仕禄之思，家庭度一极简朴的生活，奔走南开中学与八里台南大间，一人力车而已。在南开只支象征性的月薪约百元，盖有天津电车公司致送的“董事”月薪三百元也。抗战事起，南开中学之能到后方者，纳入重庆沙坪坝之南渝中学；大学师生则由长沙至昆明，并入国立西南联合大学，张校长感于蒋委员长的号召，任国民参政会的副议长，抗战胜利后，民国三十七年（1948）张校长为考试院院长。时国共战事日逼，校长体力渐衰，翌年辞考试院院长职，旋于四十年（1951）脑出血，逝于天津，享寿七十六。

向张校长求办南开女中

黄勖志*

1923年5月间，天津一些具有高小毕业程度的女青年，在升学的路途上徘徊、苦闷。对于女生升学，在重男轻女的封建社会里，家庭中的思想束缚和经济问题是严重的障碍，而可上的学校也少得可怜。那时，偌大的天津城里，中等女子学校，公立的只有河北天纬路直隶省立（现河北省）第一女子师范学校。另有天主教办的贞淑女师范和圣功女师范，基督教办的中西女子中学。还有一所小规模的严氏女中学。这所学校，原是严范孙老先生在他家开办的南开中学，后南开中学迁新址，即在原校址开办了严氏女中学。我是严氏女中学的毕业生。当时我任天津中等以上学校学生联合会评议长和天津女权请愿团交际委员长，正搞女权运动。一些女青年如华采菱、沈希泳、陈学荣等人向我打听严氏女中学何时招生，她们准备报考。我向严老先生一打听，他说："你们是我空前绝后的女中学生了，限于财力、精力，不拟继续办下去了。"女青年们听到这种答复大失所望。当时我想，女子读书问题是我们搞女权运动的重点，于是便展开了女子读书运动。我们召集女青年座谈，大家认为：上严氏中学比较理想，可惜停办了。中西女子中学是洋人办的，费

---

* 作者系20世纪20年代天津中等以上学校学联评议长、天津女权请愿团交际委员长。

用很高，普通人家的孩子上不起。所以我们请求教育当局开办女子中学，以培养女子人才。其次，请南开当局开放南开中学添设女中学部。因为南开当局多年热心教育，成绩卓著，而且它的大学部已招收女生，有理由增设女中学部，以培养那些准备升学深造的女子人才。为此，参加座谈会的人员，联名函请南开张伯苓校长添设女子中学。

正在这时，卢硕棠（即召亭、少亭）在天津直隶省立高等工业专门学校机械系上学。因为从五四运动至当时，他都同我在学联活动，知道我当年夏季毕业，他即在《新民意报》上用卢硕棠的名字发表了一封给我的公开信，内容说理在妇女运动开始，力争女权，但妇女首先要有知识和能力，才能担任一切工作。你们必须争得和男子享受同等受教育的权利。还说，你今年中学毕业了，应该升学，还要联系那些需要读书的女青年，向所有校名上没有标明“男子”字样的学校去报名，把它们的大门敲开……

当时普通学校虽然没有标明“男子学校”，可实际上是男校，女生根本不能进去读书。

卢的信刊发后，不仅使我受到启发、鼓舞，增强了力量，而且对天津女青年们也如同打了一剂强心针，使大家胆子壮了，把读书运动开展起来，像浪潮汹涌澎湃。

随后北洋大学的同学也给我来信，欢迎我和即将升学的女同学去敲开他们学校的大门，开放女禁。

当时社会舆论对我们是鼓舞和支援的。《新民意报》自动在副刊上增添“女子读书运动”专栏，专载这项运动的消息，我也随时提供有关的信息。

女权请愿团还决定：1. 呈直隶省教育厅厅长张瑾，请即在天津成立省立女子学校，培养女子人才；2. 竭力支持女青年们向南开请求办女子中学；3. 请教育厅和直隶省立高等工业学校开放该校，开办附属中学织染班，即招收女生；4. 函请北洋大学当局在当年秋季开始招收女生。

给张校长的信发出不多日，我们见到张校长。他老人家很慈祥，见我们是一群女孩子，对我们说："你们来信要求我们增办女中学，我们看了信，也研究过了，可是我们不是负责地方教育的，也没有聚宝盆，财力是不足的啊！"老人家说到这里就笑了。我们即说："以校长和各位老师热心教育多年，成绩卓著，只登高一呼，即有人支援了。校长和老师们为国家育才，既培养男青年，也应该培养女青年人才呀，何况大学已招女生，更应该办女中来培养准备升大学进行深造的女生人才了。"接着张校长还询问了各人的志愿和当时已具有的学业程度。老校长很高兴地说："你们说得很好，让我们再研究研究，待有办法即通知你们吧。"

一个月后，南开当局就在六德里租赁民房，成立了南开女中学部，招收初中一二年级新生，与男校同时开学。这项消息刊登在《新民意报》"读书运动"专栏内，并载招生简章。全天津女青年们看到这个消息，欢跃得沸腾起来，纷纷涌向南开中学报名参加考试。至此南开女子中学诞生了。

女权请愿团给北洋大学当局的关于在当年秋季招收女生的公函最终没有答复，我和其他女青年便升入南开大学。

对高等工业学校和该校附中织染班招收女生的要求，因教育厅不批准而无结果。

我在南开园的教书生涯

何　廉

我于1926年六月中旬搭乘“加拿大皇后号”轮船从温哥华开往上海。抵达日本横滨时，收到一封天津南开大学商科主任的来函，聘请我担任财政学与统计学教授，月薪现洋180元。那时中国大学当局往往凭借朋友关系对海外留学生的成就、学业及行止了如指掌，并尽力设法将最佳人选延聘为本校教师。许多南开教授尚在美国就学时，我就认识了。同样，我还认识几位在上海暨南大学的。我在离开纽黑文之前，曾接到过暨南大学的聘请，月薪为现洋300元，我只答应回中国之后，再作考虑。

在某种意义上，南开的聘约似更为可取。京津地区系中国文化中心，教育水准较全国其他地方均胜一筹。权衡之下还是忍痛放弃暨南丰厚的薪水，决定去南开。于是电报南开接受聘请，在神户上岸，取道朝鲜，进入东北，直奔天津。

南开大学创办于1919年，是在南开中学的基础上创办起来的。创办人张伯苓是中国现代教育最杰出的先驱者之一。张伯苓开办南开中学，校址在著名学者兼士绅严修的寓所的后院。严修是翰林院学士、著名教育家，曾任直隶（河北省）督学使，并在清政府任过教育部副部长（学部侍郎）。他身居高官，曾一再提倡废除科举制度，而清政府对他废除科举以及进行其他改革的建议拒不采纳；他才知自己在教育上的设想无法实施。戊戌变法失败后，他退职为民，隐居天津。

张伯苓1894年毕业于北洋水师学堂，1894年参加中日战争，在一艘海军练习舰上当了几年见习军官。他在海军中任职期间，对中国在马关条约中蒙受的奇耻大辱，以及列强随后对租界地的掠夺，均耳闻目睹，刻骨铭心。威海卫易帜时，他正在场，亲眼见日本旗降落而以英国旗取而代之，皆非中国所有，他痛心疾首！张伯苓坚信中华民族若在当今世界中生存，必须依靠新型教育培养一代新人。他离开海军练习舰之后，决心献身于以现代教育救国的事业。严修请他到家中教私塾，为其本家及亲友子弟讲授“西学”，即英文、数学以及科学原理。这正是求之不得的好事，他就这样开始了他毕生从事的事业。

张伯苓1898年在严修家办学时只有学生五人，到1919年就发展成为有一千多名学生的闻名全国的学校了。那一年，在南开学校体系中又增加了包括文、理、商三个科的南开大学，作为南开中学毕业生进一步深造的场所。到1926年，仅仅七年时间，南开大学就已经成为全国公认的高等学府之一了。它包括四个科——文、理、商业、矿业——学生总数超过了五百人。

大学校园位于天津南郊，离南开中学有三英里左右。校址原先是一大片水洼地带，风景秀丽。几座新建的教学大楼、学生宿舍以及全校员工生活区的建筑点缀其间，虽然处于中国北方最大的通商口岸的京畿地区，校园倒是一派田园风光。

1926年南开大学的全年预算超过了现洋五十万元。据我回忆，其中大约十分之一用来充实图书馆。教员之间意气相投，关系十分融洽。除去讲授中文课和中国文学课的教师外，所有的教员都是从美国“留学生”中延聘的。大家都很年轻，平均年龄30岁左右，其中大部分在美国就学时就是朋友了。行政部门的人员大部分是张伯苓在南开中学的学生，是在长时期为学校服务中提拔起来的。他们对学校和校长都忠心耿耿，工作埋头苦干，极其自觉而且工作能力很强。

1926年7月中旬，我刚到达天津不久就去校长办公室拜谒张伯苓校长，他十分热情地接待了我，我立即被他的堂堂仪表所吸引。因为他比一般的中国人都要高大魁梧得多。当时他50岁左右，神采奕奕，生气勃勃。多年来，我与他的交往发展到十分亲密的程度，对于他的为人，我了解的也比较多了，张伯苓成了鼓舞我工作的动力。他的语言质朴、真诚、恳挚，他是个有感染力的著名演说家。然而在私人交谈中，他总是全神贯注地听着，很少开口。该他说话的时候，他就直截了当地表明自己的观点；回答别人的提问，非常认真仔细。他把权力下放给各系教师与行政人员，可是从不推卸自己的责任。尽管他克勤克俭，但为了学校花钱，他却绝不怕超过预算允许的范围。凡是为扩展学校而进行新的筹划的时候，资金的匮乏绝不会妨碍他把规模设想得更宏大一些，对未来他总是乐观的。

我拜见张伯苓的那一天，他带我登门对严修做了一次礼节性的拜访。严修当时已年近古稀，隐居在家。在退隐期间，严修虽然深居简出，远避尘嚣，却总是乐于与张伯苓议论学校大事，并为之出谋划策。我对他的初次、也是唯一的一次拜访中，就能深切感到他对南开大学的热爱以及他与张伯苓之间的相互信赖与尊重。

中国从1903年以来，政局一直混乱，动荡不安。在此期间，南开的学校体系却迅速地、按部就班地发展和完善起来。这在很大程度上应归功于两位领导人，严修与张伯苓亲密无间的合作。他们是中国最优秀的智慧与道德传统的最名副其实的代表。严修是大名鼎鼎的学者与哲学家；张伯苓是出类拔萃的创业人才与管理专家。他们又都是忧国忧民的爱国者。他们教育青年要有使国家富强的不可动摇的决心和坚定不移的信念，他们对于新时代的新知识的深刻了解与兼收并蓄的胸怀，以及他们在京津一带德高望重的社会声望，都是这个由私人开办的现代最大的教育机构之一获得成功的关键因素。

我被这种气氛所激励，作为商科的财政学与统计学的教授，我的教学生涯开始了。20 年代南开大学的教授生活是简朴、充实而繁忙的。在严修和张伯苓的荫庇之下，南开在内战以及日本人侵入华北的不断威胁之中依然安定平静、蒸蒸日上。当政府机构由于缺乏国库和地方的正常资助造成财政困难的时候，南开都能通过捐款收入、基金捐赠和私人资助维持住局面。此外，这里薪金水准很低，却可以按时如数照发。南开的生活费用是极其合情合理的。教工的房租是低廉的，我住在大学教工区的一所配有家具的四间一套式的房子中，每月现洋十八块钱。教工之间的社交活动很少，不正当的消费开支既被禁止也不存在，我们衣着简朴，生活节俭而又心满意足。校园的气氛可谓简朴、安定、满足。

一位教授负责的教学包括四门每周三个学时的课程，每周总共十二节课。要胜任这么重的教学任务，备课工作是极其繁重的。回想起来，我们每个人确实都是以一种献身精神工作的，大家都全力以赴，尽量当好年青一代的师表。我们的全部心血都倾注到学生身上，把所有的时间都花在南开校园，教授中没有一位到别处兼职的。

我第一年教的四门课是“经济学”“财政学”“统计学”和“公司理财学”。我的学生和南开的所有学生一样，都是从像南开中学和扬州中学那样当时在中国的好学校的学生中认真挑选出来的。他们来自全中国，出身各异，有商人、地主和官僚。他们的社会观和经济观大体相同，因为他们都经过了现代化的良好的高中教育，接触过比较先进的思想，他们都受过良好的语言和数学的训练。

在开始教学工作的时候，我在我们学校有个比较有利的条件：在美国的那几年中，我有了一些积蓄，到了天津之后，我就用这些积蓄找了一名助手协助我收集教材。我从事统计学研究时帮我做些计算、绘制图表的工作。华文煜是我的第一位助手，也是我统计工作的弟子。他是一名高中毕业生，我每月付他现洋 20 块钱，还管吃、管住。1927 年春天，我以同样的报酬雇了一位名叫李惠灵的年轻人。他也为我工作了一年，和我同居一室，作为我的弟子，学会了统计方法。

华文煜埋头工作，自觉而勤奋，在第一年我就问他是否愿意上大学。他很渴望上大学，我帮助他在当年进入了南开。这样一来，他就不能再全力以赴地帮助我了。因此他介绍了两位同学给我，我给生物学教授李继侗推荐了一名；另一名是李惠灵，就开始和我一起工作。华 1927 年进入南开大学，1931 年毕业，在南开经济研究所当了几年助理研究员，然后进入了银行界。李作为新生进入南开是在 1929 年，1933 年毕业，成为一名记者，现在他在联合国秘书处的中文翻译部工作。看到这两位年轻人的勤奋好学为自己创造了接受高等教育的机会，我是非常满意的。

1927 年春末，北京的中华文化教育基金会的社会研究部需要一名研究导师，国立北京大学社会学教授兼系主任陶履恭（孟和）邀请我担任此职，对此邀请我的直觉是不以为然的。我的根本兴趣在于使大学中的教学与研究相辅相成。对独立的研究机构的高级职务本身，我并不感兴趣。我坚信研究会使教学生动活泼，而教学有益于研究工作的丰富多彩和不断深入，而中国由于缺乏足够的训练有素的人才，当务之急还是在大学中教学与研究并举，使年轻人在学业和工作能力上都得到最好的训练。由于这些原因，后来我谢绝了一个类似的邀请。那是 1928 年夏季，中央研究院社会研究所成立时邀请我参加。然而对于陶教授的邀请很难一口回绝，部分原因是那里的高薪（比我在南开的薪水的两倍还多），部分原因是工作和职责都更自由自在。此外，陶是张伯苓在严修家的最早的五名学生之一，又是南开大学校董会的成员。他被公认为当时文化界的领导人物之一，在京津学术界享有很高的声誉。

犹豫不定之中，我去找张伯苓征求他的意见。他作为中华文化教育基金董事会的成员，已经知道了这项邀请以及任职的薪金。他像往常一样诚挚地接待了我，可是一直沉默不语。然而当我把我对此邀请的直接反应，以及我难以做出决定的情况讲给他听的时候，他站起身来，极其热切而真诚地说，我应当留在南开，因为南开比中华文化教育基金会更需要我。他答应对陶教授说明我的情况，并且提出从大学预算中拨一部分款项供我下一学年研究之用。他还建议减少我的授课时间。我深受感动，当即决定留在南开。我向他建议在南开成立一个研究机构，他同意了，并且叫我准备一份书面建议提交大学校董会决定。

这就开始了我教学生涯的一个新时期，我的时间越来越多地花费在行政和研究工作方面。我为张伯苓准备了一份备忘录，其中我提议在南开设立一个社会经济研究委员会，不属于任何学科，主要的研究任务是探讨和评价中国的社会、经济和工业存在问题的实况。提案很快就提交大学校董会并获得了批准。为了委员会的工作，大学从1927—1928年度预算中拨出现洋五千块钱。我被任命为委员会的主任导师并兼任商科的财政学和统计学的教授。我用一半时间从事研究，另一半时间做教学工作。

我去北京拜访陶教授，向他解释我实难接受他的邀请。他理解我的处境，对我的想法表示赞赏。我还代表委员会向他请教用什么方式可申请获得中华文化教育基金会的资助，他答应帮助我，我照他的话去申请，结果获得了4000块钱的资助。

在头一年，大学社会经济研究委员会手中有将近一万块钱现洋的研究经费：大学预算拨款现洋5000块钱，中华文化教育基金会资助现洋4000块钱，以及我在前面章节中提到过的费希尔教授的赠款500美元。按照当时中国的标准看来，这笔款子是颇为可观的，是出乎我的意料之外的，我大喜过望。

由于陶履恭的帮助，南开建起了一个独立的研究委员会。陶是一位爽朗豁达、聪明睿智的正人君子。在年龄和学术研究上他都是我的前辈，我曾多次得到他的帮助，获益不浅。在以后的几年中，我们交往频繁，共同讨论中国的社会与经济研究中的问题。我是中华文化教育基金会社会研究部的咨询委员会的一名成员，他是该部门的负责人，直到1930年与中央研究院社会研究所合并，我们成了亲密的朋友。然而我们都不自觉地成了同行间嫉妒的牺牲品。“北大”派（他是成员之一）控制中国高等教育的“唯我独尊”的政策及其某些领导成员党同伐异的作风使得教育界的“少数派”（我是成员之一）忧心忡忡，深为不安。这对在后几年交往中我和北大的陶教授的友谊产生了不利的影响。

1927 年 7 月 1 日南开大学社会经济研究委员会在秀山堂的一套宽敞的办公室里，正式开始办公。秀山堂是李纯将军的纪念大楼，也是大学的主要办公楼（李将军是天津人，曾任江苏省督军，他在自杀以前留下遗嘱，将他的一半遗产捐赠给南开大学）。委员会最初的人员有：我做主任，两位大学毕业生做研究助手，还有几位实地调查员，包括直到 1928 年才进入南开的李惠灵，以及很少的几个属员。

这一阶段委员会承担的工作是，一方面收集与中国经济有关的以各种文字写成的材料，这些材料最后经整理编成了《南开中国经济文集》；另一方面做经济统计资料方面的编制与分析工作。

我的教学任务规定为每周六课时，包括三门课：两门学期的课程“统计学”和“财政学”和全年的课程“经济学”。这几门课我一直教到 1931 年，行政工作的压力使我必须把“财政学”让给李锐，并将“统计学”让给了吴大业。这两位都是我在南开的学生；后来他们分别到哈佛大学和伦敦政治经济学研究院进修。在教学和行政工作之外，我还要参加委员会的一切研究计划以及我本人的教科书编写和物价指数编制工作。

1928 年北伐成功之后。中国进入到国家重建的新阶段，并且开始将注意力集中到工农业发展方面。学术讨论围绕着一个以农业为主的国家开始工业化的问题。在这个关键时刻，我决定让委员会通过对中国工业化的程度与影响进行探讨，来开展研究工作，就以天津地区作为专门的研究对象。由于在这方面未受过训练，我觉得最重要的是能邀请一些经济史专家或工业经济专家来指导这项研究工作。我在耶鲁的同学和密友方显廷在克莱夫·戴伊教授的指导下刚刚完成了经济史的博士论文，这时正在返华途中，他对于 19 世纪 50 年代的英国工业结构很有研究，而中国的工业在 20 世纪 20 年代末期的情况颇有与其相似之处。我向张伯苓校长推荐由他担任研究委员会的研究主任兼文学院经济系的经济史教授。张校长对我的推荐十分赞同，并且提议在12月方到达时，由我去上海接他，我照办了。方在上海接到了许多聘书。他只接受了我们的邀请，和我一起来到了天津。1929年1月上旬，他就走马上任了。

方在南开从1929年一直待到1948年，这年他转到联合国远东经济委员会任研究主任。在这20年间，他是我最亲密的益友良师。南开经济研究的发展、成功很多应归功于他做的工作。

事情本来一帆风顺，但到1928—1929年委员会发生了财政困难。随着研究范围的扩展，开支也大大增加了。中华文化教育基金会的那一点津贴已中断了。那时想要从金融机构和工业部门多集一些资金是不现实的，然而我并没有完全失望。我们只有依靠唯一可靠的资金来源——大学经费。张伯苓校长一直鼓励我并且竭尽全力地支持我。他那永远乐观的精神犹如春风一般，使他的同事们感到愉快，受到鼓舞。

1929年6月，北京协和医学院的罗杰·格林代表他的朋友斯坦福大学的食品研究所主任卡尔·阿尔斯伯格，向我提议搞一项为期三年的研究合作，研究东南亚从自给自足到专供销售的农业商品生产的趋势。津贴为每年，7500美元，出差和生活另有补助。我对于合作很感兴趣，可是又离不开南开，于是我写信给阿尔斯伯格说明我对于合作的兴趣以及我难以离开南开的处境。我直言不讳地问他，食品研究所是否能信任南开的规划，我作为导师将对委员会的成果负责。我以为我的建议与他的提议并不一致。出乎我意料的是阿尔斯伯格的回信使事情大有希望，他答应在秋季开过太平洋关系协会的京都会议之后，到天津来与我讨论这个问题。

9月，詹姆斯·T. 肖特韦尔教授和太平洋国际学会秘书长爱德华·C. 卡特携家眷到南开来访问我们，在天津停留了许多天。我有机会使他们了解南开，特别是了解委员会的工作。他们对于我们的研究目标很感兴趣。我把卡尔·阿尔斯伯格对我的提议和我对此事的反应告诉了他们。他们认为我确实离不开南开。肖特韦尔教授知道阿尔斯伯格获得那项规划东南亚农业生产的基金的来源，他还在无意中说道，对于具有同等国际意义的华北地区也应当有个规划。

肖特韦尔教授和卡特先生邀请我的妻子和我（我们于8月刚结婚）陪同他们访问北京。我们作为他们的客人住在北京饭店。一天，在讨论社会与经济研究中的问题时，我建议对山东、河北的人口向东北边疆迁移进行研究——研究其迁移和定居的情况。20世纪20年代末期从华北向东北地区每年迁居的数量是惊人的，这是在中日争夺的最关键地区具有重大意义的人口移动。肖特韦尔教授被我的提议所激动，请我准备一份关于这个题目的备忘录。他要在太平洋国际学会的国际研究委员会在奈良为京都大会召开的预备会议上与阿尔斯伯格讨论这个问题。张伯苓校长和我已经被指定为出席京都会议的中国代表团的成员了。肖特韦尔教授劝我提前动身去日本，以便使我也能够参加在奈良的国际研究委员会的会议。

结果令我称心如意，在奈良的太平洋国际学会的国际研究委员会的会议上，建议每年拨款7500美元，为期三年资助我指导下的对山东、河北向东北边疆人口迁移运动的研究，建议另外每年拨款5000美元，资助一项为期三年的对华北工业化的研究。该研究以天津地区为主要对象，由方显廷指导。这两项提案均委托大学的社会经济研究委员会全权处理所拨款项，这次拨款对于委员会和我们个人来讲都是巨大的鼓励。

到1929年，南开又面临新问题了。在南京国民党政府治理下，公立大学从1928年开始接受国库的正常拨款。中国的高等教育的情况日趋正规。国立清华大学在罗家伦校长治理下，处于飞速发展的阶段。由于有庚子赔款这一得天独厚的资金来源，清华在学院建制上拟定了一系列发展规划，为教授们提供了充裕的基金，兴办图书馆和购置试验设备。教学任务减轻了，薪金提高了。最重要的是为教授们规定了每七年出国休假一年的制度。

在政治动乱之中，处于“世外桃源”的南开却蓬勃发展了近十年。现在，在全国比较和平稳定的局面中，南开就不能再指望在与世隔绝的状况中继续发展下去了。1929 年夏季，许多工作多年的骨干教员，包括萧蘧、蒋廷黻、萧公权和李继侗，一起离开南开，去清华了，给学生的工作和学校的名声都造成了不可挽回的损失。由于南开拿不出那么多的薪金，让他们复职简直是不可能的。

这种情况使张伯苓大伤脑筋。我了解他的困难处境，对于离去的同事我也深感同情。他们曾忠诚地为南开工作过，薪水刚够维持温饱，很难有积蓄。而他们的家庭规模越来越大，消费日益增加，他们趁机到其他有关机构就任报酬更丰厚的职务，也是理所当然的。我本人则已骑虎难下，只能尽力而为，为南开的继续生存而奋斗。

1929 年，南开教员中发生的危机激烈地反映在对于当前事务的重新评价与对于发展计划的重新设想上。张伯苓校长常常把我叫到他的办公室讨论学校的问题。清华不择手段地招聘教师，大大地激怒了他。我告诉他，在招聘教师上，竞相增加工资是不可避免的，而我们在这方面的一贯道德准则必须重新考虑，重新评价。对于南开的资金匮乏以及在一个根本谈不上工业化的社会中提高薪水的困难均深有体会。出于他坚强的信念和天生的乐观主义精神，他决心不向困难低头。他坚信像南开这样的私人机构在中国的高等教育事业中理应占有一席之地。问题在于私立的南开如何在为国服务中发挥最大的作用。他承认南开竞争不过国立清华和国立北大，然而我们有必要去竞争吗？我们难道不应当决定停止竞争，争取互相合作，同心协力，取长补短吗？南开坐落于商业都市天津，天津还有个成为华北大工业中心的前景，南开应当把重点放在培养企业人才和工程技术人才上，而当时的国立清华和国立北大尚未包括这两个领域。在我们讨论中产生的这个想法，促使张伯苓校长千方百计地加强商学院，并且一旦有可能，就建立一所工学院。

到了 1930 年春天，张伯苓校长要我在大学社会经济研究会之外，再主持商学院和文学院经济系的工作。我体会到他对我的信任，但是感到这样一来，责任太重大了。我需要考虑一段时间，才能做出决定。我和我在京津的亲密同事和朋友们交换了意见。他们一致劝我接受这个聘请。我自己则认为这个聘请既是个挑战，又是使大学经济学教学合理化的一个绝无仅有的好机会。通盘考虑过后，我去拜访张校长，接受了他的聘请，并提出三项建议，即：一、把商学院、文学院的经济系和大学的社会经济研究委员会合并，采用南开经济学院这个新名称，承担起教学与研究双重任务；二、根据每门课程教学的需要，按照精减课程、突出重点的要求，重新改编大学的经济学与商业方面的教材；三、为经济学院组织一个独立的董事会负责政治指导与寻求新的支持赞助。张伯苓校长完全接受了我的建议。不久，大学校董们也批准了这些建议。

想象中会给南开带来危害的竞争不仅给南开的任务带来了可喜的变化，而且导致了南开经济学院的成立。大学的社会经济研究委员会通过与商学院和经济系合并，从研究机构变成了兼做研究工作与培养大学生工作的机构。为了突出重点与合理化的要求，重新制定了课程安排。

在 1930—1931 学年中，南开经济学院正式开始工作。由于是一种一半教学，一半研究的体制，员工薪金也有某种程度的提高。在新的教学人员的招聘上，我们很少遇到困难。在 1927—1928 学年，社会经济研究委员会开办时仅有一名主任和两名研究助手，发展到 1936—1937 学年，经济学院的工作人员扩充到 32 名，包括 10 位教授，9 名讲师，5 名教员和 8 名研究助理员。聘请来校的，多是在国外得过博士学位的，其中来自耶鲁大学的有方显廷、张纯明，哈佛大学的有丁佶，伊利诺斯大学的有李适生（庆麟）和陈序经，加利福尼亚大学的有李卓敏和林同济，还有哥伦比亚大学的林 ×× 以及纽约大学的袁 ××。后来研究所的毕业生也有益于教学与研究两部分人员的扩大。这些人，包括那些出国研究生：有上哈佛大学的吴大业、陈振汉、吴保安和胡光泰，上康奈尔大学的叶谦吉，上威斯康星大学的杨叔进，上剑桥大学的宋侠，以及上伦敦大学的李锐、冯华德和杨敬年等。

经过一个阶段，经济学院扩大了大学本科。注册的新生从1931—1932学年的69人到1932—1933年增到139名，1936—1937年度达到了172名的顶峰。经济学院的研究内容最初只面向城市，到1931年秋季，扩大了研究范围，研究方向也转移了。三项针对农村方面的研究课题是经济学院实地考察的主要内容。这些课题涉及农业经济、乡村工业和华北地区的地方政府与财政。在新开辟的研究领域中取得了更令人满意的成果。由于研究机构的不断扩大，由于教学与研究紧密联系在一起，研究的范围也扩大到包括资料的调研和教科书的编纂等工作。回想起20世纪30年代早期天津的南开校园，研究气氛是很浓的。经济学院中教职员工们的刊物引起了广泛的注意，师生们的工作兴趣都大大提高了。

然而经济学院的经费经常朝不保夕，总是靠不住的。由于教学与研究范围的扩展，开支也加大了。要进行实地考察的新的研究项目比起老的研究项目的开支要大得多。1930—1931年的年度预算大约是现洋10万元，1935—1936年度则超过现洋30万元。大学每年为经济学院拨款为现洋10万元左右，所以它还得寻求新的资金来源来填补所需总数的二分之一到三分之二的不足部分。经济学院的董事会以颜惠庆博士为董事长，包括中国工业和金融方面的头面人物。在1930年秋季的第一次董事会议上，批准了一项提升10名教授和为20名学生提供奖学金的计划。计划向工业和金融组织建议，对教授的职位和领奖学金的具体个人不要采取在中国难以行得通的基金的方式，而采取每年赠款的方式。颜博士建议董事会成员应当向各个组织与个人提出建议，然后由张伯苓校长和我来做下一步的工作。回想起来，在1930年冬季，只用了很短的时间就做出了决定；支持提议的教授职位与奖学金。然而做出决定仅仅是经费运动的开始。募捐来实现这些决定则要经历一个旷时日久、徒劳无功、有时还要忍受痛苦的过程。

在当时，中国还处于前工业化的社会中，做任何事都主要依靠私人关系，而且往往受地区的限制。在筹集经费的活动中，我们与京津地区的组织与个人打交道的麻烦比与上海、南京一带的要少一些。在京津地区那些与张伯苓和我本人有过私人交谊的组织和个人比那些只是间接地知道我们和我们工作的人，在态度上总要更积极一些。对于研究所的支持贡献最大的组织中，有华北的“四大”商业银行——金城银行、盐业银行、大陆银行和中南银行——在这些银行的经理之中，有很多是我本人的朋友；坐落在塘沽的久大精盐公司和永利化工厂都是一位著名的湖南人范旭东开办的，他也是我的一个私人朋友；在华北开办纺织、水泥以及煤炭业的天津退休文武官员对于张伯苓和他的工作都非常熟悉。我们研究所的董事之中有许多来自上海、南京地区的杰出的工业家和金融家，如张嘉璈和穆藕初，但是要在上海地区帮助我们的努力都落空了。南方的“三大”商业银行——上海银行、浙江实业银行和浙江兴业银行——我们每次与他们打交道都大失所望。

后来在战争时期，我有缘在重庆与张嘉璈和陈光甫结成密友。我问他们为什么南开想在上海的金融和工业组织中征募基金会这样困难。他们回答说根本原因就是地方性。因为一家上海的工业企业或银行去支持天津的一家教育机构是不可想象的。经济上的地方主义原则居然殃及慈善事业！

在大多数情况下，捐款的保证是从对其个人或专业业务上有所酬报为默契的，这就为研究人员特别是我增加了大量的额外工作。由于捐款总是一年一个样，基本来源无法确保，有时真让我这个直接负责人无所措手。

1931 年夏季，当我在上海千方百计地寻求对研究所的财政援助时，我接到方显庭的电报，催我返回天津会见洛克菲勒基金会的 S. M. 冈恩，他是从香港来天津看望我们的。冈恩先生从 1917 年至 1927 年一直在欧洲负责洛克菲勒基金会的国际卫生工作。1927 年他成为基金会的副主席，1930 年成为社会科学部的副主任。1931 年他本来打算在夏天返回美国，可是基金会社会科学部的主任 E. E. 戴博士请他取道远东返回美国，顺便在天津逗留一下，看一看我们南开的经济教学与研究工作。尽管当时长江地区正在发大水，我还是设法立即返回了天津。

冈恩先生一到天津，我就和他见了面。他告诉我戴博士从他的朋友欧文·弗希尔那里知道了我和南开的工作，想要进一步了解。我借此机会让他了解到我们工作的详细内容以及我们的期望和困难。他在天津逗留了数日，反复研究了我们的工作、困难和需要。冈恩先生是一位经验丰富，富于想象，极其热情而又通情达理的人。他对我们的工作和存在的问题都深表同情。他动身之前对我说，“何——我可以称呼您为‘何’吗？你们在这个发展阶段中的问题是个定期增加财政支援的问题。我们会给你想办法的。你尽管推行你的计划好了。”我很受鼓舞。通过他的推荐，南开经济研究所得到了洛克菲勒基金会一笔为期五年，从 1932 年至 1937 年的拨款，为我们的毕业生到国外继续深造学习增加了奖学金的数量。洛克菲勒基金会的拨款，在我们年度预算最高峰时，差不多相当于三分之一的款项，确实为我们研究所开展工作带来了非常必要的稳定性。战争时期，这项拨款虽然数额少了一点，却一直维持拨到 1948 年。

1935 年南开经济研究所加入华北农村建设协进会，我被选为该会主席。这导致研究所（包括培养研究生在内）的规模的进一步扩大。研究所农村调查的内容增多了，研究生的课堂教学与参加实地工作结合起来了。根据协进会的任务，1935 年秋季开办的研究生班有 11 名学生，都是从全国主要大学毕业生中通过竞争考试挑选出来的。这样挑选出来的学生每人都由洛克菲勒基金会提供奖学金。这第一班的学生还能在中日战争爆发前不久完成学业。第二班的学生有六名，是在 1936 年以同样方式挑选出来的。到 1937 年夏季，在日军摧毁了南开大学之后不得不解散了。

我在南开大学的第一个十年到 1936 年夏为止。由于当时形势所迫，做出一项决定：由南开准假，让我参加南京政府的工作。任命 1929 年进入南开的方显廷代替了我担任研究所代理所长。在战争期间，他都在南开担任这个职务。当中国学术界处于最困难时期，就由他承担起应当由我承担的责任。

抗战期间的天津南开中学

张国贤

七七事变，点燃了中国人民抗日的烽火。日本侵略军攻占天津之际，曾对南开大学、南开中学、南开女中、南开小学进行疯狂的轰炸，南开学校随天津沦陷而停办。此时远在重庆沙坪坝的南开中学（渝校）依然弦歌不辍，人们都认为是南开中学“迁移”到重庆了，1945 年天津南开中学复校，是把重庆南开中学“搬回原地”。这个认识是错误的。天津南开中学被毁，并没有“搬迁”到大后方。日本投降后，重庆南开中学也没有“搬回原地”，而是继续办下去。

从 1937 年到 1945 年长达 8 年之久的抗战岁月，天津南开中学处于蛰伏状态，事实上并未停止活动，而是先办了“特别班”，又成立了留守处，继而把南开中学教师中的骨干集中到英租界的浙江中学，成为不挂南开牌子的“南开学校”。在八年抗战中他们含辛茹苦地度过了艰难岁月。之后筹备复校，恢复了昔日的辉煌。本文仅就当年卧薪尝胆、默默耕耘，为实践张伯苓校长爱国、救国、建国主张而从事教育工作的南开前辈事迹，整理成篇，记载他们的功勋，给后学留下一些鲜为人知的史料。

侵略者对南开中学的摧残

七七事变后，日本侵略军在北支驻屯军司令官香月清司指挥下，自塘沽登陆，占领了天津市，并于7月28日在东马路至日租界举行入城式。接着，香月清司置国际公法于不顾，悍然下令110师团首先对南开学校进行毁灭性的破坏。7月29日清晨，日军炮队在海光寺北支驻屯军司令部和六里台日本人创办的同文书院（即“中日中学”），将炮口对准仅二里之遥的南开大学进行连续轰击，日军飞机从附近的青龙潭机场（今水上公园一带）起飞，进行空中侦察，并为炮击指示目标。从29日晨至30日中午，整个南开大学变成一片焦土，秀山堂、木斋图书馆、男女学生宿舍、东西柏树村教职工宿舍，校门附近的单身教员宿舍均被夷为平地。思源堂亦严重受损。与此同时，30日下午日军飞机还轮番轰炸了南开中学的南院、男中部教学楼（即南楼）和单身男教师宿舍西楼、女中部教学楼和小学部教学楼均被炸起火。每次敌机都是三四架结伴轮番投弹空袭，达十数次之多。南开中学亦罹浩劫，遭到战火洗礼。当时我住在西马路城隍庙街井家胡同，居室屋瓦及门窗玻璃，为炮弹冲击波所震撼，飒飒作响。仰望南天，一片火光，惨不忍睹。英法租界内的楼顶上站满了人，数以万计的市民目睹了日军野蛮暴行。国家危亡，民族灾难，骤然降临，民众眼看乡梓沦入敌手，饱受蹂躏，无不悲愤填膺。

7月30日夜幕降临，估计日军不会再度进行夜袭的时候，南中教务主任关健南带领着因暑期交通中断而被截留在津的十几名外省住校学生，到近邻电车公司去躲避战火。由于日机投弹，把男中部西北角的院墙炸开一个豁口，师生们穿过它逃到仅有一墙之隔的比国电车公司的车库内，在电车车厢中躲避。电车公司和南开中学近在咫尺，为了防止日机误投，在屋顶上用彩色绘制比国国旗，并插布制国旗，以资识别。利用日、比并非交战国的关系，借以获得保护。当然，除电车公司外，英、法租界也是如此，例如英租界就是在伦敦道和伦敦桥道口（今成都道西安道东口）公厕旁的空地上，用彩色绘制大英联邦的米字旗，作为标志。

关健南和十几名学生安全转移到比商电车公司后，即通过内部专线电话，同居住在同仁里 2 号的校务主任喻传鉴先生通话，报告学校被毁及留校师生已转移到安全地带的情况。喻主任遂将附近几户教师家属也转移到电车库，暂避战火。好在市内交通断绝，电车公司的车辆也都空着，于是便成了师生及家眷的临时宿舍。各户教师的住房及私人财物都交给同仁里传达室校工保管。

华北地区的 8 月正是雨季，天上阴霾密布，不时有多架敌机往返盘旋，投掷炸弹，轰隆之声不绝于耳。还有阵阵大雨。更值溽暑熏蒸，入夜蚊蚋肆虐，南开人备尝兵燹乱离的艰辛。

8 月 2 日，校务主任喻传鉴派几名校工把困居在电车公司的几户家属护送到西北城角严范孙先生家暂避。8 月 5 日，又由几名校工手持通行证，分批地再将这些人护送到英法租界。护送人员中有一位老校工叫徐鹤安，他对学校感情极深，因为他于 1904 年学校创建时即在学校服务。由他领路，从河北经意租界绕过解放桥，进入法租界内。沿路看见不少死尸横卧街头，惨不忍睹，见者无不悲叹落泪。

一星期后关健南找到自己的家属。他把家人临时安置在张学良将军公馆的一间下房里住了 3 天。因为张学良将军的一个晚辈（排“阁”字辈的）和关健南之幼子是同窗好友，所以夤缘得以暂栖斗室，借获喘息。8 月中旬，再次转到新学书院（现为市第十七中学）的学生宿舍里住了两周。一方面是由于暑期放假，校舍空闲，可以暂时借用。更主要的则是新学书院和南开中学校际关系良好；黄道主任和关健南主任私交亦笃，方得以短期借住。然而两周时间倏然即逝。转瞬即届月底，该校开学在即，关健南全家只得再次搬出，在营口道离和平路有几步之遥的一处楼上，借了两间小屋住下。这样，关健南一家奔波了一个月，总算安顿下来，自己开伙做饭，结束了颠沛流离的生活。

在这期间，关健南先生一直按照喻主任的指示，处理善后工作。学校因战争破坏和敌军军事占领，继续办学已不可能。加之日军敌特在全市范围大肆搜捕抗日爱国的教职工和学生，所以学校决定停止办学，对学校全体职工（包括主任在内）每人发给两个月的工资，作为遣散费，学生被通知到当时的英租界六号路（原名广东道现改名唐山道）的浙江中学筹备处去领取肄业证书以证明学历，以便投考或转学他校。浙江中学的校长姒艮成（号兼山）是南开校友，所以南开中学得以借用浙江中学筹备处的地址办公。

日军占领天津后，对抗日爱国人士进行搜捕，暗杀抗日人士之事时有所闻。南开学校在天津素有抗日爱国之美誉，所以日本人恨之入骨，对南开员工亦从事侦察搜捕。因此在 1937 年夏秋之际，有相当多的南开骨干教师不得不携带眷属辗转入川，陆续集中到重庆沙坪坝，和张伯苓校长、喻传鉴主任相聚，继续为培育英才而辛勤工作。他们有伉乃如、华午晴、孟琴襄、孟志荪、刘兆吉、陆善忱、郑新亭、傅恩龄、俞霭青、丁辅仁、李尧林（巴金之二哥）等，南开师生员工则由黄子坚组织到长沙市，与北大清华联合成立长沙临时大学，后来再迁至昆明，合组为西南联合大学。

其他家在外地的南中教师，有的辗转回原籍去了。如华粹深先生，即回北京，一度在焦菊隐、程砚秋创办的北平中华职业戏曲学校执教。另外一些因各种原因无法离津的教工，或避入租界，或暂时家居不出。南开中学似乎不存在了。

南开“特班”的建立

南开中学停办后，南开师生流离失所，包括南开师生在内的各校师生，不少人避入租界，一时又难以转学或插班，面临失学失业之苦楚。这时，地处英租界墙子河畔的耀华学校办了一个“特别班”，吸收从市区避入租界的学生就读。由于主持人是原南开中学的教务主任关健南，所聘教师又都是南开中学的优秀骨干教师，所招的学生基本上是南开中学避入英、法租界的逃亡学生，所以尽管名义上是耀华学校所办的“特别班”，实质上是为南开学生办的，所以天津市民和南开师生习惯地称之为“南开特班”。

“特班”负责人关健南担任教务，师资的阵容有杨坚白、徐凌影、任镜涵、孙养林、顾子范、刘崇、李尧林、柴伯勋、尹绍询、杨叙才等十多位教师，以及梅松樵等为后勤人员。

耀华学校之所以毅然收留南开师生，是有渊源的。两校素称兄弟学校。事变前，在全市会考中互争伯仲，在球赛场上彼此争雄，这种友谊竞赛，对各自的教学工作，互有促进。至于两校校长，友谊亦笃厚。

因此在南中被炸毁之后，赵君达（天麟）校长慨叹南开师生所面临的国破家亡的凄惨岁月，同情这所爱国抗日学府，毅然决定在耀华开设“特别班”——“南开中学临时教学班”，这样南开中学一千多学生有了就读的地方。

“特班”与“正班”存在着很大区别。“正班”是主位，他们是原耀华学校的教学班，原封不动，照该校的教学计划进行正规授课，而且是在白天上课。南开师生则是客位，只能利用“正班”课余（午后 4 点）和晚上教室的空闲时间，安排教学活动。“特班”之所以“特”，就“特”在这里。

南开师生一千多人，从初一到高三共 6 个年级，分别编序为“特一班”到“特六班”。女生人少，男生人多，但仍分班上课。“特班”每天上课 4 节，每节 45 分钟（正班为 50 分钟），体育课则排在星期日上午。每班每周仅上一个学时的体育课。只是在暑假将近，为了班际比赛，才在星期日多给一些练球的机会。实际上这是我市教育史上最早的“二部制”中学，但却是两个学校互相衔接起来的“二部制”。一座教学楼，从清晨到晚间，先后被两所学校所使用，其利用率是惊人的。这是非常时期的非常办法。其所以称为“特别班”，也在于此。

“特班”的学费，每学期法币40元；耀华“正班”的学费，每学期是45元。但两校的教师待遇却是悬殊极大。当时薪酬标准，教“三班主科”为一个专任，“正班”教师每月95元，而教“特班”的南开教师月薪仅为60元，相当于“正班”的2/3。在那国难当头，烽火连天，米珠薪桂，物价腾飞的年月，以如此菲薄的工资，来应付战争期间的困窘生活，南开老师的困难是可想而知的。

“特班”的教学条件十分简陋。高中部的3个年级上生物课、化学课和物理课，借不到实验室，学生无法做实验，只能靠任课教师随堂演示，同学们挤在讲台前围观而已。

耀华学校“正班”的学生入校后，校门紧闭，等候上课的“特班”学生不能进入。“正班”同学下午放学时，为了不影响出入，“特班”的学生要站在校门对过儿的河堤上（如今的南京路，当年是一条墙子河河道）。等到校内学生走净，门卫这才招呼“特班”学生入校。这些门警都是英国工部局派来的，他们身材魁梧，穿着警服，对待“正班”学生笑容可掬，卑躬屈膝地送往迎来。但对那些无车接送、衣着寒酸的南开“特班”学生，就会态度严厉起来。南开人就是在这种困窘环境下完成学业的。他们尝尽了人情冷暖，阅遍世态炎凉，在逆境中接触到社会的种种事物，促进了他们觉悟的提高，较早地在思想上成熟起来，因而很多“特班”的南开毕业生为各大学争相录取，并有很多人坚定地走上抗日道路，为民族解放事业献出自己的青春和力量。

1938年初夏，英国工部局警务处侦知日伪将对南开“特班”有所行动，除把情报迅速报告给工部局官员外，还把情况及时地通知赵君达校长。赵君达是工部局华人董事，警务处特为他派去了一部专用汽车，接送他上下班，又提供了一名随从警卫，以资防护。在此时他的任伪职的表兄弟高凌霨，也听到一些风声，曾特地到他的家去关照。

南开师生就是在这风声鹤唳的情况下继续学业的。1938年的暑假临近了。“特六班”（即在耀华就读高三的男女生）进行毕业考试后，和原南开中学的教师们合影留念。第一排是老师们的座位，关健南是“特班”负责人，坐在中间，学生分别站在后排。照相时，赵君达校长站在相机旁观看。这时，忽然有一位耀华正班的同学，也在用相机对着大家取景，并在左边、右边各拍照一次。但他似乎不是在为“特班”师生拍照，总是把相机镜头对准赵校长，好像别有企图。当时的南开人充满了警觉，立即提示关健南先生，将该同学的相机扣留，交给耀华学校，后将胶卷冲出，发现照片的重点确实集中在赵君达身上。

为保护赵校长的安全，以防不测，工部局警务处和耀华学校都做了安排。然而经过一段时间，事转寂然，以为这可能是虚声恫吓，觉得不再需要英国工部局的汽车接送了。因此，只留警卫人员照常随身护卫。但罪恶的魔爪却悄悄地从黑暗角落里伸了出来。

1938 年 6 月 7 日清晨 7 时，赵校长让他的幼子赵寿岗给“飞艇汽车行”打电话，叫一部出租汽车。平时叫车时，都很顺利，唯独这一天，多次拨号，不是叫不通，就是支吾地问答说：“一会儿就去。”结果等候很久，也雇不来车。估计这是敌人掌握了他出行的规律，对车行进行了控制。由于没有车代步，只好步行上班。刚从英租界伦敦道（今和平区成都道）的家中出来，就被身后两名骑自行车的匪徒开枪击中。

赵校长应声倒在血泊中。赵君达校长被刺的噩耗传来，耀华师生热泪盈眶，南开“特班”师生齐声哀悼，社会各界更是义愤填膺，悲恸不已。送葬之日，天空阴沉，浓云密布，南开“特班”和耀华两校师生，咸认为“天为之泣”。当时正在汉口组织“保卫大武汉”的国民党“中央政府”，以特例向耀华发来唁电，对赵君达校长的抗日爱国事迹进行褒奖。中华人民共和国成立后，1992 年 2 月民政部特别追认赵君达先生为革命烈士。

1938 年 6 月赵君达校长因抗日遇刺身亡。南开“特班”就在这样严峻的、充满血腥的政治高压下，度过了一个漫长而压抑沉闷的暑假。新学期开学时，“特班”学生中的“特六班”（即高三的 37 班）毕业了，其余各低年级的同学，或者入耀华的相应各年级，或转学他校，南开“特班”正式宣告结束。在“特班”执教的原南开教师，一部分被耀华学校聘任，但大多数接受浙江中学的礼聘，成为抗战时期集中南开精英最多的地方。此外还有几位受喻传鉴先生委托，成立了“天津南开中学留守处”。

南开学校留守处和兆祥杂货铺

1937年夏秋之际，喻传鉴主任帮助南开学校的一些骨干教师辗转入川，到重庆沙坪坝继续为培育抗日救亡的英才而辛勤工作。大部分因种种原因羁留津门的教师，先后集合到耀华学校“特班”任教。教务主任关健南先生仍在“特班”担任教务。此时，喻夫人尚未离津，她仍住在英租界19号路（今河北路）顺和里15号。已经进入冬季，关健南先生只在“特六班”教高三国文课，喻夫人特地到关先生家中，让他负责南开学校的天津留守工作。对他说：“关先生的薪水定为80元，不要到外面去教书了。”从此，关健南先生担任留守工作。他的国文课也由南开中学老教师任镜涵先生接替。

留守处开始时，仍然借用“浙江中学筹备处”的地址办公。后来改为租用民房。但不管在哪儿办公，最多一年就要更换地方，这样可以避开日伪的注意，因为日本人是最忌恨南开学校的。

留守小组的成员还有梅松樵（原南开中学会计）、韩茂之（原南开大学会计）、徐鹤安（南开中学老校工）、朱星樵（原南开中学斋舍管理员），十分精干。

1938年秋季，喻夫人携女赴渝，关健南遂以“关秉乾”的名义承租下顺和里15号喻夫人的住所，全家搬到顺和里居住。1939年天津大水灾后，顺和里2号有一户住一楼的居民搬走，房子腾空，关健南先生全家遂再次迁到2号居住。

留守人员的具体工作内容有三：

（一）保护校产

七七事变后，喻传鉴主任已预见到战事有扩大的可能，为了应变，提前把重要的校产，包括档案、契约、房产产权证明、文件、资金等全部转移，存放在金城银行的保险库内。该行的股东及职工有很多是南开校友，对母校怀有深厚的感情，基于爱国爱校的凝聚力，义不容辞地负起保存校产的责任，这些资产作为物质基础，为南开学校的延续及战后重建，起到重要的作用。

转移出来的文件、契约、账簿、资金，虽然存入银行，但需要专人负责管理。留守小组就承担起这个艰巨任务。这些留守人员，忠于职守，廉洁奉公，勤俭可靠，是经过学校多年考验、可以充分信赖的南开人。他们以爱国爱校的忠诚品质，以自己正直无私的操守，为张伯苓校长多年苦心经营的校产而兢兢业业地守护着，以确保这些资产不落入敌人的魔掌。

（二）注视南开各校址的劫后变化

南开学校是张校长和广大同人历尽艰辛建设起来的。南开人珍爱校园里的一草一木，兵燹浩劫，使得南开人含泪离去。特别是奔赴后方，分散各地的南开人更加关心它的情况。留守人员就是要经常巡视和了解各部校舍的变化，并把信息传达到各处。

具体担当巡视任务的，就是那位老校工徐鹤安。他已是快60岁的老人，每隔三四天利用回家的机会，装扮成做小买卖的，挎个小篮，特意到南开中学附近走街串巷，去实地踏查。徐师傅的工作既困难又危险。因为南开中学被占领后，四马路和二纬路天兴里以西，整片地段被划为禁区，沿街的门户都被用砖砌死，路口设有两重电网，还有日军岗哨把守，禁止行人通过。见到中国人走近就开枪射击。被占领的南中校园，范孙楼被日军用作临时陆军医院的病房；西院成为马厩，还在院内埋有“皇军”的“爱马之墓”；四斋成了硝皮工厂，院内砌着硝皮用的水泥池子；而中楼则是刑讯和囚禁抗日志士的水牢；瑞庭礼堂成了仓库。基于这些原因，作为要害的禁区，日军警戒森严，要想看到学校房屋，必须从三马路太平里胡同口进去，然后再进到四合里的里面观察。每次徐鹤安老人从矮墙头向里窥探，还要防备日军从校园里发现自己，以免招致横祸。他见到范孙楼里有端着药品盘子的女护士出入，因此推测范孙楼已被当作医院病房了。

太平里内有一个伪警察派出所，时刻有伪警察出入，陌生人很容易被发现而遭到逮捕，徐师傅就是在这样恶劣的条件下，冒着随时被捕的危险整整为南开做了 8 年巡视学校旧址的工作。

（三）联系留在沦陷区的教职员工，照顾奔赴大后方的职工亲属

比南开学校任何物质财富更为宝贵的是南开人，是那些执教多年、德高望重、蜚声教育界的老教师。为躲避日伪抓捕，骨干辗转到了大后方，而羁留在沦陷区的人更多。留守小组经常鼓励这些同人，给予照顾，保持联系，以便在胜利后，延聘他们返校执教。

例如，原南开中学卫生室的护士郑子斌老师，沦陷期间不任伪职，不到敌伪机关团体里去找工作。为了维持生计，宁肯在法国菜市的猪肉案子上帮忙，整理猪肉。有一次关健南先生的长女关雅到菜市购物，临行前关先生嘱咐女儿去看看郑子斌是否还在那里。关雅在市场内果然见到了郑先生，回家后她向父亲讲了郑先生的情况。由于郑先生在沦陷期间保持坚贞的爱国操守，所以光复后又被请回南中校医室。

当时部分教职工骨干赴川，但大多数人的眷属仍隔绝在沦陷区内，在敌人的刺刀下，为生计奔波，彼此分隔，互相思念，精神极度焦灼痛苦。南开留守小组就要千方百计地设法替双方传递平安家信，以慰远人。同时也向后方介绍天津市民的生活情况。虽然是民间琐事，但也冒着极大的风险。

由于战争关系，物资缺乏、物价腾贵，尤其是太平洋战争爆发后，日伪搜刮苛刻，通货膨胀，民不聊生，英、法租界相继被“接收”，南开中学所遗留的资金日益支绌。从 1938 年起，关健南的薪水难以足额发给，原定每月 80 元的月薪正式停发，改拿生活补助费 20 元，因此就需要自己去找工作来维持

生活了。其他小组成员也面临同样的困窘局面。于是留守人员便集资办起一个兆祥商行，这是一个小杂货铺，地址就在英租界 9 号路（今唐山道副食品门市部所在地），卖些小食品、文具，以及日用小百货等。关健南任经理，韩茂之任会计，梅松樵任售货员，徐鹤安除售货外，还兼值夜班。韩茂之的侄子 30 岁上下，负责跑外、上货等。徐鹤安家住城里，三四天回家一趟，都是步行来回。每次回家必绕道到西南城角的南开旧址附近去探看，并把信息带回。兆祥杂货铺开业之初，南中存留的资金已经用罄，留守小组连每月 20 元的生活补助也拿不到了。但这些人仍然坚持为母校服务，辛辛苦苦、默默无闻，无偿地奉献。

留守小组写信给重庆南开学校当局的信函，都由关健南先生执笔，然后委托一些校友冒着生命危险，避开敌人搜捕，穿越火线，辗转带到山城重庆。鉴于当时形势，信函的内容不能直来直去地写，只能用商业语气暗示一些情况，彼此即可领会。对于老校长，更不能直书其名，只能委婉地呼为“老掌柜”。受信单位也是写给重庆某处的一个商号的，双方都是商业机构，就不致引起日本人的注意。

不挂南开牌子的“南开中学”——浙江学校

抗战爆发前，在英租界 19 号路有一所办了多年的浙江小学（今河北路小学），它是由浙江旅津同乡会筹建的，专收其乡梓子弟。经费由浙江籍商贸界金融界人士提供，校长由姒艮成（号兼山）先生担任，他是浙江同乡会的董事，由他聘请了原南开中学教务处的教务员王秉三先生担任校务主任。浙江小学每年都有毕业生，毕业后要报考其他中学，颇多不便。因此他们希望像广东同乡会建立广东中学（今第十九中学）那样，也建立一所浙江中学，以便旅津浙江同乡的子弟能就近升入具有高水平的教学质量和良好校风的自办学校。于是姒艮成先生就着手筹建浙江中学，校址在和平区唐山道与营口道之间的沈宅大院里（即今唐山道邮电学校原址）。礼聘邓庆澜先生为校务主任，并由刘百高先生任教导主任。所聘教师基本上是南开中学的骨干，并且也都是南开的历届校友，如吕仰平、华世五、刘荫西、刘问凯、杨坚白、罗融硕、于鹤年、齐植桦、郝孟约、顾子范等。

还有不少优秀教师被礼聘到浙江学校，例如沈慧儒，她是沈钧儒先生之妹，是天津著名的教育家，后来任市二十中学校长。桂叔超，讲授数学，有著述多种，由商务印书馆印行，在教育界享有很高的知名度，中华人民共和国成立后调到市一中任教，后来调到天津师范大学任数学系主任。黄兢履，教授语文，他是安次县士绅，1919 年北京大学毕业。治《汉书》，藏书极丰，日军攻占廊坊，把他的藏书抛到院中，点火焚烧。他从火堆中抢出几本劫后残书，愤慨地写上“鼠啮虫咬”以示痛恨心情。每天步行到校上班，从不乘车，边走边吟咏古人诗句，最能表达他心况的就是“千古艰难唯一死，伤心岂独息夫人”这两句，充分反映了他颠沛流离的生涯和痛恨日本侵略军的心情。顾道馨，南开校友，曾在浙江中学任职，现为天津市历史博物馆资料室主任、民俗学专家，精德文，有不少关于清代服饰的专著在香港出版，为费孝通先生所器重。

从上述教师的资历，可知姒艮成校长是如何重视师资队伍的。他们都是南开被炸后集中到耀华学校的南开“特班”的。由于赵君达校长遇刺，敌伪穷凶极恶的侦察和压制，“特班”解散。恰逢浙江学校筹办，因此都被邀聘过来，只有少数人被耀华吸收，或在耀华、浙江之间奔走，分别在两处兼课。因此，浙江学校为南开保留了大批骨干，南开团体得以维持不散，浙江学校全部按南开的学风、校风建设，成为租界区内颇有名气的学府。从 1938 年筹备时起，直到 1943 年，这 5 年时间里，学校的声誉鹊起。然而，1940 年太平洋战争爆发了，日本军队及居留民团立即接收了英国租界，成立“极管区”（因是日军“极”部队接管的），从此逐步加大了对租界区的政治压迫。浙江学校被迫开始增授日语课，并由日伪派来斋藤教官，名义上是教学生队列和“拔慢步”，实际上是侦察师生是否搞抗日活动。太平洋战争初期，日本军事进攻比较顺利，每次有所进展，必大搞游行以示庆祝，像“攻陷香港”“进据马来”“接管安南”“戡定缅甸”“占领马尼拉”等，都要让中学生穿上“协和服”，打上裹腿，头戴“战斗帽”，穿行市内，男生有“鼓号队”领路，女生则是“笛鼓队”先行，队长持指挥刀喊口令说是“新民青少年团”游行，以宣扬日本的“国威”，真是气焰嚣张、不可一世。以后战局发生逆转，日军由进攻转入防御，处处被动挨打，“大东亚共荣圈”摇摇欲坠，报纸上不断传来“守岛官兵全部玉碎”的消息。尽管沦陷区人民在脸上笼罩着淡漠的表情，但内心深处却满怀希望和喜悦。

狡猾的日伪当局当然会觉察到这一点，他们在军事上愈是不利，就愈要搞“治安强化运动”和“肃正思想”，来镇压抗日人民，派来“教谕”来监视老师们，威胁爱国知识分子，当时有不少中学教师被捕杀。与此同时，逼着中学生去“勤劳奉仕”，以冲击正常的学习秩序，胁迫青年既为其搬运侵华军用物资而充当劳动力，又达到其实行愚民政策，奴化中国人的卑鄙目的。

这时在浙江学校任教的南开同人们，又是怎么样了呢？邓庆澜先生隐退了，辞去校务主任的职务。刘百高先生也被迫离开教务主任的岗位，顾子范、杨坚白、华世五等教师每天辗转几个学校兼课来维持生计，受尽了煎熬。

这些南开校友、南开教师，始终保持着民族气节，守职尽责，不和敌人合作。他们始终保持师道尊严，自重自爱的情操，为青年学生做出了榜样。

抗战胜利后南开中学复校纪实

1945 年 8 月 15 日，日军宣布无条件投降。从此，结束了他们奴役中国、称霸亚洲的帝国美梦，全国人民沉浸在胜利的狂欢中。

10月2日喻传鉴主任受张伯苓校长委托，自重庆飞抵天津，筹备复校。天津各界人士极为鼓舞，南开校友更是额手称庆，奔走相告，殷切地盼望着南开中学早日恢复。校友们纷纷拜访了喻主任，通过他探询阔别已久的老校长及重庆南开师生的健康与生活情况，亲人感情，至为真挚。

10月3日喻主任亲自到顺和里去看关健南老师，适逢他为学校留守小组的联络工作外出未归。当晚，关健南按照喻主任留下的地址，带着4个孩子一道去拜谒，向他详细地汇报了留守小组的工作情况。喻先生非常关怀羁留在天津沦陷区的南中师生及校友们的生活情况，仔细地询问了南开学校校舍被损毁的程度。10月4日，喻主任指示在津南开职工研讨复校计划及步骤。面对当时百废待兴的局面，拟先行恢复男中部，招收高中一年级、初中一年级各两个班。

喻主任又借耀华学校校室，邀请了阔别8年的留津驻守人员及教职工等聚晤一堂，举行了“话旧图新”茶会。到会者有杨坚白、顾子范、刘百高、廖蔚棠、吕仰平、刘惠民、丁学强、杨叙才、夏乐真、沈希泳、刘崇一、尹建常、任镜涵、陈戈平等老师。这些教育界名宿保持民族气节和爱国情操，忍耐饥寒，不变夙守，在敌伪高压迫害下始终不离清贫的教育岗位。喻主任热情地向与会者致以亲切的慰问，号召大家为重建南开而贡献力量，并当场确定负责筹备招考新生的分工问题，解决考场等实质性措施，从而使复校工作得以顺利地开展起来。

10月5日，喻主任邀集校友多人，勘视抗战初期饱尝炮火轰炸、旋又遭到日军占领和破坏的南开废墟。

10月6日，举行“欢迎新校董及还津师长”校友大会。南开人胜利后第一次欢聚一堂，共商争取社会各界支持母校复建工作的大计，为筹措财力、物力而出力。到会者踊跃，盛况空前，气氛亦极其热烈。

自10月7日起，恢复工作即进入落实阶段。一切筹备事务，均分头进行。这时，黄子坚先生受命接收伪天津市教育局，并出任胜利后第一任教育局长。

黄先生抵津后，立即召关健南老师到市教育局担任他的秘书，并派他到南开区六里台去接收地处海光寺的敌产同文书院，以该地为南开中学复校的办公地点。

由于日本军国主义的破坏，西南角的南开学校校舍修复尚需时日，为争取早日开学，决定暂用同文书院作为校址，并接收该校之图书、仪器、设备。

1945 年 10 月 17 日上午 9 点，在海光寺新校址举行复校典礼，并在校门口高高悬挂起“天津南开中学”的校匾。会上，喻主任传达了张校长的训示：“南开过去为抗战而牺牲，今后更为培育建国人才而努力。”重申了南开人的决心。同时，邀聘了关健南主持教务，梅松樵、韩茂之、李丹忱分别担任出纳、会计和庶务工作。

17 日晚 7 时，天津南开校友会在光明影院主办了“纪念南开学校建校 41 周年庆祝会”。光明影院经理冯紫墀是南开老校友，慨然允诺，停止晚场电影，腾出场地供校庆使用。尽管他提供了一切方便，影院门口仍然站满了人群。因为校友们纷纷携眷参加，赴会者“络绎不绝，通衢为塞，广堂盈溢，喜色溢眉宇，欢声震屋瓦”，到会者竟达千人之多，座无虚席。加之路上行人围观，街头簇拥着人群，使交通为之中断。交通警察只得增加值勤人员，并采取禁止行车的措施，这情景在次日的《大公报》的第一版当作头版头条的新闻予以报道。

庆祝会进行中途，播音器播放了张伯苓校长从重庆向全国校友祝贺“四一校庆”的讲话。这个讲话是被安排在广播电台的晚间新闻节目中的。在广播中，老校长亲切慈祥而又熟悉的声音响于耳畔，分散在全国各地的南开校友和全国人民，都在这个广播节目中收听到老校长的热情讲话，从而受到极大的鼓舞。在会上，喻主任向天津校友们介绍了重庆南开中学的建设、教学及生活情况，介绍了天津人士所关注的老校长近况，给予天津南开人以极大安慰。喻主任还在会上庄严宣布 1945 年“四一校庆日”为南开中学复校日。具体的恢复工作随即进入紧张阶段。

“四一校庆”的全部纪念活动，由当时的天津市地方电台向全市做了实况广播。除转播了张校长向全国南开校友的讲话和喻主任的讲话外，还播放了由吕仰平等四位校友合唱的校歌，他们引吭高歌，会场内的校友千余人竟翕然相和，气氛热烈。在其他节目表演之后，还有朱作舟演出京剧《金钱豹》，这是一出高难度的武打剧目，扔叉接叉，十分精彩。抗战爆发前夕，最后一次校庆就是朱作舟校友表演的这出拿手剧目；胜利后，他一鼓作气再次登台，表演这出降妖捉怪的节目，其深刻含义是显而易见的。和南开学校休戚与共的天津市民，通过收听广播分享了南开人的幸福。

“四一校庆”在欢乐的气氛中度过。翌日，借浙江中学的校堂进行招考新生的工作。浙江中学为南开复校提供了考场、报名处，从报名、命题、印卷、监考、评阅、计分到定榜，全体老师全力以赴，效率之高、进度之快，令人钦佩。

招生的消息，像春风吹遍大地，爱国青年经受了 8 年沦陷的灾难，尝尽奴役的痛苦，他们向往着南开学校的复生，梦寐以求地企盼考入这座抗日爱国的学府，以就读南开中学为自己一生中的最大幸福，所以报名者纷至沓来。10 月 18 日，天津各中等学校已经开学八九周了，但是很多高二和初二的学生宁肯降低年级，也要报考高一和初一；或舍近求远，宁肯住校也要转入南开。浙江中学的校门有如闹市，拥挤排队，争先恐后地填写报名书。由于报名人数远远超出预料，原定的考场难以容纳，只得一再扩充。预定一日考完的，不得不分别高中、初中，用了 4 天才考完。

10 月 24 日至 26 日，开始入学测验，经过紧张的阅卷、计分、定榜、发榜，完成招生任务。26 日这一天，天津的南开校友会改选了执委，通过选举，阎子亨、杜建时等 21 人当选，并选出阎子亨、邹性初、胡仲文、冯紫墀、李荣轩、沈希泳、杨肖彭 7 人为校友会常委。

27 日正式发榜，共录取新生 192 名，计高中一年级、初中一年级各两个班，总计 4 个教学班。

10月31日由喻主任主持开学典礼。丁辅仁先生也自渝飞抵津京，参与其他各部（大学部、女中部）的复校筹备工作。

11月1日开始上课。至此，复校工作全部结束。

自10月17日迄11月1日，仅用了16天的时间就开学上课了。这是多么高的效率，充分显示了苦干、快干、实干的公能精神——南开精神！

张彭春对在校生讲话及校友会建校募捐活动

刚刚复校的南开学校除教室内的课桌、课椅外，其他设施概付阙如。北楼上的临时“礼堂”，兼作音乐教室之用，仅容一百多人。一架钢琴、一张讲桌之外，即无他物。190余位同学，席地盘膝而坐，居然勉强挤下。11月14日在张彭春先生倡议下，南开中学校友会发起“复校募捐”工作，由新当选的执委分别担任“募捐委员会”的干事，并聘本市各界名流为指导，根据各个行业特点，划成22个组，分别进行劝募，获得各界的热情赞助和响应。

11月20日，由于南开复校工作繁重，喻主任遂委托关健南先生主持校务工作，兼管教务与训导，专任校内事务之处理。丁辅仁专任校外交涉工作及男中部修缮等物资供应事务，黄钰生先生主持大学部复校工作。黄、关、丁三先生同为津校的校务委员。

1946年4月4日，是旧中国的“植树节”。这一天恰好是张校长72诞辰前夕，南开师生齐集六里台海光寺校舍最南端和平湖南岸空地，营造“七二株”为张校长祝寿。

翌日，杨肖彭先生在天津市青年会为老校长祝寿，并举行“庆祝南开复校募捐成功大会”，校友会向社会各界感谢他们对南开中学的热情关怀和支持。原定募捐法币1亿元，结果超额实现募捐5亿元的任务，足见社会对南开母校的殷切期望。

1946年4月南开学校正式收回西南城角的旧址，自6月起开始动工修缮，经过短期修葺，初见规模，校舍焕然一新。反映南开校园特色的长廊、红檐绿柱，迤逦舒展；“公能亭”巍然矗立在“复园”，均经杨叔才先生经营擘画，颇具匠心。6月底，开始了新学年的招生工作。报考高中一者竟达2600人之多，初中一男生令招90人，也有1300人报名。经过严格考试，录取了男中部高一、初一各两个教学班，共计200人；录取了女中部高一、初一各一个教学班，共计100人；与海光寺男中部高二、初二相加，累计为10个教学班，总计500人。全部新生和在六里台上课的学生，因西南城角校舍修复竣工，遂于1946年暑假，迁回原址。

1946年7月25日，由于津校恢复扩建，规模日益发展，渐复旧观。因而再次调整领导机构，由丁辅仁代理中学部主任，关健南主持教务，杨坚白主持训导，史学曾（从重庆调津）主持事务工作。

1946年9月1日在老校址开学，19日正式上课。女中部高一和初一两个教学班实际报到上课者为92人，暂时在东楼（现为周恩来同志青年时期在津活动纪念馆）楼上上课，是为女中部复校第一班。

由于招生扩班，又增聘了更多的老师来南开执教。计有高玉爽（著名收藏家，后任河北大学中文系教授）、张金泽（后任天津市教育局办公室主任）、李孟高（后任第31中学校长）讲授语文课。叶荔荪教英语课，丁学强、李成义（这二人先后担任天津师范大学数学系主任）、韩扶群（后任女7中校长）等讲数学课，陈健民（后任山西大学化学系教授）授化学课，苏子白（后参加“南下工作团”）、杨振东讲授史地课，蒋锡雨、尹志文讲体育课，田景琪讲授图画课。这些优秀教师的到来，使南开依然保持着它的高水平教学质量。

不爱钱，一心办教育

杨肖彭

1934 年我重到天津，参加天津基督教青年会工作。张校长是青年会的董事。一次在东马路青年会礼堂开会，由张校长演讲。董事长雍剑秋担任主席，先对张校长作了许多恭维的介绍辞。当张校长讲话时，开头先这样说："刚才雍先生把我大捧了一通，我现在先原封退回。因为一个人的好、坏，在他还活着的时候下判断太早，必须盖棺论定。"

张校长还常说："一个人让别人说好，那已经就不好了，何况有人还自己说自己好呢，那就更要不得。"

1935 年春天，我主持在青年会举办学术演讲周，计划请胡适来壮壮青年会的门面。那时胡是北京大学文学院院长，校长是蒋梦麟。我要求张校长给我写两封介绍信，万一胡适不答应，还可约请蒋校长来，也是有号召能力的。张校长对我表示支持，并说："好，回来让史先生（按：指张校长办公室秘书史学曾先生言）给胡先生写信，咱给他写白话信！"我的感觉是：在抗日战争之前的张校长，对青年人热情，让人乐于同他接近。例如他那时经常对学生们讲：他绝不做官，一心办教育。告诉我们："不要爱钱，够用的就行了。"

1937 年 7 月 29 日南开被日军轰炸时，张校长没有在天津，我住在南开同仁里孟琴襄先生的小楼内，看得十分清楚。那天上午伉乃如先生等人到我家，目睹炸弹落到南开大学的木斋图书馆上，顿时浓烟腾空，全楼付之一炬。伉先生说："南大完了！"下午敌机又来轰炸中学部，投炸小学的一枚炸弹，落到平地没爆炸，而落在南楼与九间房的那两枚，把我们同仁里的部分玻璃窗都震碎了。沉重的飞机声在天空盘旋了一下午，人们都躲在屋内一筹莫展地等待着。

到了下午，住在同仁里的喻传鉴、伉乃如、孟琴襄、傅恩龄、俞霭青诸先生，和我一家四口，考虑到情况严重，不如趁着天色未晚的时机，离开同仁里，以免在夜里行动更加困难。大家一起逃到南开电车公司去避难，住在电车上。当夜看到四处火光冲天，也有人不时地传来南开中学被抢的消息。第二天喻先生从外面买到一份《大公报》，向大家读着张校长得悉南开被毁的消息后的谈话，大意是："南开学校既已为国牺牲，复校之志弥坚。"我等闻之，莫不心酸泪下。

抗日战争时期张校长在重庆，和天津南开同人通信时，多由别人代笔，凡信中提到"公司"时，就是暗示"重庆南开"，校长则以"经理"字眼代替。我曾不止一次地听到南开的教职人员念过这样的信。

1945 年 8 月，日本无条件投降的消息传来之后。我给张校长先写去一封信，向他报告南开校舍被毁的情况。不久张仲述、喻传鉴、黄子坚、丁辅仁、伉乃如诸君先后飞来，准备复校工作。我这时已做了天津青年会总干事，对南开的复校工作，可以尽力给以协助了。

张校长准备回天津之前，我还曾在基督教联合会提议，把张校长比作美国的富兰克林，对其伟大的公民身份表示敬佩，在他到达天津时，全市的教堂一齐鸣钟，以示欢迎。我把这个意见用电报通知了张校长。他及时给我回了下面的一个电报："苓即将回津，唯因时局不靖，教堂鸣钟事请勿举行。"

张校长搭中国航空公司的飞机抵北平西郊机场时，我们有几十个南开校友，特意从天津去接他，并同车陪他返回天津。车到东站时，有两三千人自发地去欢迎张先生。当时的市长、南开校友杜建时先生，到北站上车，陪他到东站一起出站。

张伯苓校长在抗战胜利后回到天津时，年逾古稀，却没有留胡须。当他见到一位留有胡子的老校友时，故意命令式地说：“你今年不到六十岁，到时候就应当把它剃了去！”说明张校长是不愿一个人没有朝气的。

第　三　章

爱国图强，应时势之危局

养成学生爱国之念*

今日之题，即为“爱国”二字。前八年，余在美国时，参观一小学校，校长每晨率学生对国旗行礼，以养成学生爱国之念。吾校亦自今日起，每星期三至此，先对国旗行三鞠躬礼，以表爱国之诚。吾国古时，皆以孝治天下，其说甚正。盖孝为人之本，失其孝则道衰矣。然细推之，往往失于偏重家庭之观念，少世界之眼光。若以爱国言，则无论奉何宗教，属何种族，皆无反对之理。今中国正值艰难之步，无论汝尚赖国家，即使国家有赖于汝，汝亦当急起救之。西谚有云：“A friend in need is a friend indeed”，所谓雪里送炭，方为真友。人之对于国家亦然。然少年人因抱爱国之热诚，见国家一切腐败之事即怨恨之。夫既爱之，又何恨之？即他人有不爱国者，唯可设法感动之，断不可遽尔怨恨，往招反抗也。美人对于本国爱重特甚，无论事之善恶、理之曲直，凡属己国即爱之。吾对于吾国固应爱重，然有不良者，必随时改革，所谓爱而知其恶也。又有因爱己国而怨他国者，试思，但以一点之恨力又何补于弱？且遍观古今中外，无有以弱国而辱强国者。唯应自强不息，发扬爱国之精神，自可无虞。吾又谓：人之爱国，不可徒存消极主义，而独善其身，必也有动人之力，如火把然，自燃之后且能助燃，以次相燃，

* 本文原题为《修身班校长演讲录》，由郭为障笔录。

则功著矣！苟遇有不易燃者，当有忍耐之心。唯燃时不免有风浪之阻碍，设火力不足，值此未有不扑灭者。如本校自开办以来，屡遇险阻，其所以未颠覆者，以火力足也。故吾甚愿诸生以火把自命，匪独自燃，且能助燃，则方为真正之爱国。

南开之已往与南开之将来

南开学校之历史，三十年来中国自新之缩影也。

中国维新，南开创办，其动机同起于甲午之败，其目的同在于求我民族之自存，凡所取法，始则同为日本，继则同为欧美，今则同趋于独立自创之途。故南开虽小，共发展之程序，适足以反映我国革新运动之趋向。

南开初立，仅一家塾，今则中学、大学、女中，次第设立。言人数，则学生之来自全国以及海外者，二千数百人；言校址，则三部合计，共八百余亩；言校誉，则国人交相嘉许。三十载艰难缔造，有此良好之结果，此诚创办时所未尝梦及，而执事诸君所当深自庆幸，更益努力者也。

今后南开努力之方针，因男中单位过大，不容再事发展；女中虽设备未足，以现时之财力人力，不易大事扩充；故男女两中学，今后当力求质的进步，而不求量的发展。在大学则质、量双方，均当设法增进，求其于国家之建设，有人才与学术之贡献。

以往之大学教育，概皆“洋货”。教员则为留学生，教材则来自外洋，讨论学术，则恒以欧美之历史与社会为背景。此类教育，既不合学生之需要，又不合中国之国情；即偶尔相合，亦不过无源之水，一吸即涸，小贩经商，行买行卖，中国将长此拾人之余矣。故南开大学之志愿，在谋学术之独立，在整理事实，以为建设之根据，在用科学方法，以解决中国之问题；简言之，在“认识中国”，在“服务中国”。根据此项原则，故南开注意研究中国国情，——中国北部之国情——如政治、经济、教育、商业、赋税、气象、天文、天然，以及农产之原料，能条理清楚，以为建设根据，又能培植此建设之人才，则其心愿固已足矣。

南开之抱此心愿者，且将数年，实行计划，亦渐有端绪：如减少教员钟点，俾得专心研究；设立满蒙研究会、天津研究会、社会经济调查委员会等，专事收集材料；各项组织，并皆请有专人任事，俾利进行；凡此诸项，造端虽微，收效必巨。惜南开校款拮据，计划虽具，推行难力，今后之发展，尚深有赖于邦人君子之赞助焉。

中国学生今日之机会及责任：对沈阳学生的演说*

鄙人此次自津门来奉，适青年会拟有“中国学生今日之机会及责任”一问题，促余讲演。余甚嘉其题意之善。惜此绝大问题之讨论，非此短少时间所能蒇事。但此题之意，皆诸君心目中所具有者，自思自想，原能领会，固不待余之多言也。

鄙人在津所办之南开中学，每于礼拜三日，开讲演会一次，校员、学生皆与焉。自开办迄今十有二年，未尝间断。初，会中所谈者，无非一礼拜中校内所发生之事件，题目范围极狭，未尝谈及国事。因少年人气盛，深恐一及国事，则受剧烈之刺激，不免逸出轨范，而有碍求学。令则世情日幻，时局日非，迥非昔比。非施以猛药，不足奏速效。八年前余在美国，见英人之留学纽约者，每集会社，必先悬国旗拜之，以引其爱国之思想。余窃取此意，每值校中开会，辄悬我五色国旗于堂前，师生同行三鞠躬礼毕，然后讨论。俾先有此中华民国形式印象其脑中，则所讨论者，庶几念兹在兹，永矢弗谖矣。

---

* 本文原题为《述张伯苓先生演说词》，为张伯苓在辽宁沈阳基督教礼拜堂所做的演说，由卞鸿儒记录。卞鸿儒（1896—？），字宗孟，奉天盖平（今辽宁盖州市）人。时为奉天两级师范学校本科三年级学生，毕业后留学日本。回国后，先后任东北大学教育学院、奉天文学专门学校教授，奉天教育厅视学，辽宁省立图书馆馆长等职。

夫吾国之所以不强，即由国人对国家思想薄弱。此人人所知者也。乃近数十年来："爱国、爱国"已成为口头禅矣。然岂空言所能有济？国诚人人所当爱，亦时时所当爱，而当国基不甚稳固之时，愈当爱、愈当思有以爱之之实在。津门谚云："儿不嫌娘丑，犬不嫌家贫。"语虽浅白，实有至理。国家虽弱，国民之爱国热诚，决不当弱。苟因国家之弱，遂抱悲观，恶乎可？试问国为谁国？国家之主人为谁？余与在座诸君皆是也。自己不能奋勉，而犹推却，却之何人乎？犹观望，望之何人乎？我辈既属弱国之一人，即为弱国之一人，焉有尚嫌弱国之理。然吾想中国之老年人或非学生，则或有嫌之者矣。在为学者，断不能有此想，亦断不可有此想。问之诸君，然乎？否耶？如其然也，则此后希望，正复无穷；此后事业，正方兴未艾；此后之目的，更宜从今日做起。有机会，有责任。（先生此时手执国旗）余今备一国旗，愿与诸君共行三鞠躬敬礼，再讨论此机会及责任，诸君以为何如？（众鼓掌，先生下坛同众行礼。）

鄙人前曾来奉一次，以时期短促，未获与诸君相见。此次到奉，复拟由此北往吉林、哈埠，亦仅能作三日留耳。以此至少时间，得与诸君晤谈，真乃绝好之机会，望诸君先本此问题，反复详细思之，其中精意自明，胜余言多多矣。

中国立国五千年，其开化文明，与西洋迥然不同。譬之两大潮流，初则各异其途，不相混扰，故风平浪静。一旦汇归合流，两相接触，必有一番之改变。理也，亦势也。愿以吾五千年之古国，人民占全世界四分之一，经此剧变，其国家与世界能无关系乎？其民族较各国国民，岂尽无能乎？拿破仑尝谓："中国人不可犯，犯必有殃。"是以黄祸之声，喧传欧陆。今睹则我之危象，而更呼我为睡狮。夫睡狮固睡，然不犹狮乎？不为死狮，即必有醒之一日。但此偌大之民族，安能骤然丕变。变固有时，不过为期稍迟耳。然当此过渡时代，不能无困难，不能无危险。唯其有此困难危险，愈宜有以克胜之，而绝不当因此而颓靡其志气也。若云时局危险可怕，则诚可怕。然正因宜因此怕，而思有所奋勉。存于心不现诸外，庶此怕乃为暂时的，而非永久的。然后此“怕”之一念，乃实足为我利用。语云：“殷忧启圣，多难兴邦”，此之谓也。

余犹忆先父在时，尝语余曰：“人须勤洗面，勤剃头，囚首丧面，不免见弃于人，而当困苦忧郁之际，愈当如此。”斯言虽小，可以喻大。吾人现在正当困厄之时，允宜勤洗数千年之积垢，勤剃诸障碍之魔鬼，振起精神，奋勉勇进，切勿因一时之不得意，遂神丧气沮，不能复振。

又譬之拔河，初时绳微动而全局未动，众力一振，必不致负。若因一动而气馁，一往不返，则必负矣。我以世界偌大之国，以言豆剖瓜分，谈何容易，岂蜂起云集，一举手而即可分割耶！抑必我先自分崩离析耶！须知我不自亡，未有能亡我者，若其能亡，则早亡之矣。岂待今日哉！其所以迟迟者，正为我之难亡耳。人既能利用此潮流时期，我岂不能利用之？勿灰心！勿丧志！彼美之开国，其困苦艰难，较我何如？终赞成今日之美国。欧战告终，不将为世界第一强国耶！较之开国则何如？

故吾人今日之机会，即在造新国，责任亦在造新国。或曰：“此事甚难。”诚哉其难之！有易者为奴隶，作主人则难耳。何以故？奴隶随人驱使，主人则指示人也。余尝对归国之留美学生有言：“诸君不必羡彼国总统罗斯福，愿更羡其创始之大伟人华盛顿。盖守成易，创始难也。”

但此言吾甚愿为少年言，不愿为老年人言。因老年人保守性大，阻碍进步。少年人其理想未为习惯所染而坏，其性质未为流俗所囿而靡。故余所言者，即其心目中所愿听者；余所望者，即其心目中所欲行者。此所以标题曰：“学生也，当乘机会尽责任者也。”然则吾人今日之机会责任，果从何处做起乎？此问题所关至要，愿诸君先自求之。果从何做起？……（先生拍胸大声言曰）人人从此做起！人人从自己做起！人人由最近处做起！勿望人！勿盼伴！各人尽各人之事，合则即一国尽一国之事矣。何事不成！今试举最近之事观之。客岁远东第二次运动会在上海举行，中国、菲律宾、日本三国比较技艺，其结果中国分数最多，此其故不难知，我国自北方往者，能跑能跳，自香港往者善泅水，自广东往者善蹴鞠。集众长乃成大长，全国联合，群策群力之功也。尔时余尝语人曰：“使吾国人对于各事，尽皆如此，有不如此次之获胜者乎！”然预期必胜，宜先从自己预备。犹之赛员必先自练习，临时乃能操左券。西谚曰：“第一仇敌即自己。”不能胜己，未有能胜人者。诸君当常以自身作一寒暑表，以国家为空气，欲知国如何，当问自己如何。对于自己，须常常反省自讼：为人谋不忠乎？与朋友交不信乎？久而久之，则公德、正直、公益诸美德即由此起矣。余言至此，可以作一赅括之意，为诸君告。（一）当知中国此时有机会可乘。（二）不可因一时抛去永久。（三）从自己做起。

东邻之强，世所称羡，请问是一朝一夕之功乎？实由数十年之预备种之因也。吾人当未雨绸缪，切莫临渴掘井。有志者事竟成。国事固非一蹴可就，必待诸将来。但今日为将来之因，将来为今日之果。欲得善果，须造善因。造善因如何，不外以上三者，而其根本，则在从自己做起。其做法有三目的焉。

（甲）宜有哲学的脑筋，追究其所以然之故，是为理想时代。

（乙）宜有科学的知识，考求其真伪之所在，作实行之预备。

（丙）宜有宗教的精神，抱躬践主义，遇事不作成不止。

“虽中国灭亡，亦必能复兴”：去东北有感 *

余离校约三星期，计共十九日。路线系由奉天至长春，再至吉林，返长春至哈尔滨，回奉天至安东，过鸭绿江至朝鲜之宜川，复由信义州至安东，而之奉天，宿于本溪湖，次日由奉旋津。共演说三十九次，所见者，除中人不计外，共六国之人，曰英、美、丹、俄、日本、朝鲜。演说地点共七处，曰奉天、吉林、哈尔滨、宜川、信义州、安东、本溪湖。斯行也，有一事令人不能不注意者，即为国家观念。所搭之火车有为日资者，有为俄资者，有为中资者。在奉天有一车站甚为壮丽，为日人所造，其精神极佳，诚非虚誉，即司茶者做事亦出以至诚。至俄路则不如日远甚，然犹胜于中人。总之，日人办事最为灵敏，组织便利，遇事争先；俄人身体长大，动作粗笨；朝鲜愤郁不平，卧薪尝胆；吾中国人既日俄之不如，而其松懈懒惰之状，即较之韩人亦略有差。思想非不密也，脑筋非不灵也，唯遇事推诿，不善组织。私事尚肯为力，一遇公事，则非营私即舞弊，唯尔诈我虞，故冰消瓦解，此中国最可危险之事也。至于英、美、丹诸国，余以见者不多，不能以少数代表其全国，兹不细论。至若日本，人多地狭，故不得不变法以扩张其势力而求生活，其生长之法，全体一致，联合以敌外人。中人则数千年来处专制淫威之

* 本文原题为《修身班校长演讲录》，由李纶襄、郭为障笔录。

下，时时防制，唯恐民智发达，又常自居为天朝，视他邦为夷狄，虽有一二入主中华者，然亦渐被同化，以故人民毫无进取之心，久而养成懒惰之性。人多谓中国人民不自由，吾谓中国人太自由，此吾比较数国人民之感触也。

吾在吉、奉二省演说时，彼皆恐将来为日人所并，其痛彻之语，有令人不忍闻者。吾语以此非一二省之问题，乃全国之问题。盖二省不同朝鲜，即不幸为日人所夺，然与中国同文同种，决无截而为二之理。苟其人心不死，则中国地大人多，日人必不能安然得之。然则国家前途抑谁是赖乎？唯应从自己做起，虽中国灭亡，亦必能复兴。一日奉省教育会长约吾演说，到场者五六百人，吾告以今日中国第一要策，即在教育，培养有干才之领袖，以养成一强有力公正无私之政府，方可以御外。不然仍如从前之松惰，则非人之亡我，实我自亡矣！

东北研究会缘起

世称地大物博天富之国者，中国居其首，而我东三省及热察各特别区，版图之辽阔，蕴藏之丰富，尤甲于全国。沿边万里，逼近邻疆，唇齿相依，国防要地。故东北神州之宝库，亦华夏之屏藩也。若国人及早注意，努力经营，则今日之东北当必不如是之危急也。惜委珠玉于泥途，弃珍馔如糟粕，坐视大好河山，供外人之染指。试思：鞍山之铁，抚顺之煤，经之营之者何人？中东路之近况如何？南满铁路，经之营之者又系何人？考外人之谋我也，必先审其地利，查其山川，物产之所宜，舟车之所至，形势险要之所在，人人习而知之，乃能长驱深入，如履堂奥。今东北各省陷于危局，而我国人士能言之、知之者实鲜。此东北之所以危而吾国之所以弱也。

近念余年来，东北一隅与日俄两国发生之关系，错综复杂，无以复加。若长此因循，不速谋彻底解决之方法，则后患不堪设想，盖此不特影响中日俄三国前途之安危，更或波及东亚与世界之和平。然吾人对于日俄国内情形，及中日中俄边疆状况，熟习或专门研究者，究有几人？即以东北内地情形而论，吾人对于东北之山川、道路、物产、风俗、政治、经济、社会情形之调查研究者又有几人？反观外人公私研究机关之林立，设备之完善，经费之雄厚，调查之周详，能不汗颜乎？

南开学校师生等顾念及此，爰匹夫有责之义，于民国十六年秋，相与立会研究，名曰东北研究会。拟先从学术方面，用教育的方法研究入手，然后再及其他，一俟专门研究得有结果，再行设法，以谋实行，尚望校内师生，及海内外博雅，协助进行，以匡不逮也。

附：东北研究会简介

我东三省及热、察、绥各特别区，版图辽阔，蕴藏丰富，实为神州之宝库，而沿边万里，逼近邻疆，尤为华夏之屏藩，今者外力侵入，得寸进尺，几有反客为主之势，而国人朦朦对此殊少注意，良堪痛心。本校有鉴于此，因于民国十六年秋成立东北研究会，拟先从学术方面，用教育的方法研究入手，然后渐及其他。该会之目的可分为二。

教育目的：调查、讲演、报告日俄两国国情，及其在我东北各种经营状况。

学术目的：搜集正确资料，分组分门，从事研究，期得彻底解决办法。

组织：该会之组织，暂分两部。

视察部：推行关于教育的诸般会务。

研究部：推行关于学术的诸般会务。

工作：该会之工作有三，大概如下。

校内工作：学习日俄语言文字，研究调查方法，听讲演，阅书报，注意以东北为中心之对内对外时事。

假期工作：先由本会拟定视察题目，择紧要者，分组实地调查，将其结果，详审报告，交由本会整理或印刷之。

临时工作：凡遇东北临时发生问题，及日俄国情有所变动时，随时布告或举行讲演，以资参考而促注意。

现在及最近将来之具体工作：

我国东北之铁道系统及海港之研究；

东北移民之研究及其运动；

金州境内我国人民之教育问题；

研究资料有足为教材者，编入史地教本中，作为教材之一部分。

组织满蒙研究会，应对东北危机

致张汉卿

1928 年 1 月 14 日

我公欲设法整顿民大，是民大前途一线曙光，真属极可庆贺之事。不过此时欲成全一较好学校，就旧有的改造实难以就新的创始。盖新的根本洁白，旧的习染甚深也。习染深而欲谋洗刷之，能担任此等教务人员一时殊不易其选。苓既仰承钧嘱，谨当极力代为物色，所虑意中无少把握为可愧耳。舍弟为敝校所泮，有负垂青。其不得已情形业请胡先生代陈，希原谅。再敝校鉴于时势之需要，于去年组织一满蒙研究会。入会者以东三省深知满蒙与我有密切关系之学生为最多，目的先从学术方面用教育的方法入手，研究我东三省及热、察、绥各特别区一切对内对外问题，以求发达实业而保国土。我公素热心乡国，对此等组织谅邀赞同。现由该会主任傅恩龄（恩龄，旧本校学生，后又在日本庆应义塾毕业，颇抱爱国热诚）前往晋谒，面详一切。

致张汉卿

1928 年 1 月 14 日

敝校所组织之满蒙研究会，既关于时势之需要自应赶筹进行。现在除令东三省及其他入会各生学习应用日、俄文字外，并时常讲演满蒙问题。遇寒、暑两假期，且将组织大规模之满蒙调查团从事调查工作。我公学识超卓，熟知乡国情形，敬请屈居名誉董事[①]，以资指针而便策进，并请便中多为介绍，群策群力收大效。至费用方面，因会中工作甚多，所需孔繁，筹措无从，亦不能不设法一为呼吁。刻乘该会主任傅恩龄前往晋谒面请指教之便，带呈捐启一册，务乞大力协助募集捐款[②]，藉促该会前途之发达，无任叩恳祝祷之至。

致刘敬舆[③]

1928 年 2 月 13 日

顷奉覆谕，蒙允任满蒙研究会名誉董事并惠捐银百元，领悉之余非常欣感，谢谢。目下斗杓已转，比维春风作育益焕新猷，至以为颂。敝校春季始业式日前已经举行照常开课。年来学生情形各部比较，以大学及女中学为最顺序。男中学去年曾一度小起风潮，好在出于三、五不良分子所鼓动，不久即自归平息。现自寒假后，学生精神上又一律振发更新，令人极抱乐观。所至难为情者，唯有经济方面真觉苦不堪言耳。向有基金元年公债整理债券

① 同日并致函刘敬舆、诚执中、蔡品三、韩芳辰、杨邻葛、莫柳忱等，请充任名誉董事。

② 张学良为满蒙研究会捐银洋五百元。

③ 刘敬舆，名哲，吉林永吉人。历任吉林将军署顾问、中东铁路理事，时任教育总长兼署京师大学校长。

一百卅万元，按月由财政部在盐余项下拨息六千五百元以资应用，全校命脉即托于此。兹积压多月未蒙照发，势将无以为活，想我公对此等无米之炊当亦代为一叹也。苓谬信教育可以救国，故迄今未敢稍谢仔肩，然水尽山穷弗急求解济方法，终属不了。左右思维，不得已，谨拟于本星五六日赴京趋叩。

致黄任之[①]（上海华龙路环龙路口）

1931年12月23日

来函并快邮代电简章等均敬领悉。诸公发起苏省国难救济会，具见爱国心切，异常钦佩。前江问渔先生过津时，曾亦与苓谈过。敝大学对于东北事早已注意及之，故于前数年曾有东北研究会[②]及社会经济研究会[③]附设之东北殖民调查部之组织，其目的专研究东北各问题，现仍继续研究中。兹奉上殖民问题一书及东北地理二本，请检收教正是幸。

① 黄炎培，字任之。

② 东北研究会，1927年7月，张伯苓由沪回津，途经大连，视察东北情形，目睹日本对东北的侵略，刺激很深，回校后创办该会，专门对东北经济、日本侵略情况作实际研究调查。日本对此极为嫉视。

③ 社会经济研究会，即社会经济研究委员会，成立于1927年9月10日。成立之初，为私人业余组织。何廉、方显庭教授等鉴于天津为全国第二工商口岸，地位重要，冠于华北，乃于讲课之余创办该会，设于八里台本校西柏树村，以其私有图书、打字机、计算机及在美国求学时代工读节余的少数金钱为基础，聘请人员，推动工作。这一年，中华教育文化基金董事会调查部助洋四千元，开展各项研究。以后不断发展，即成为著名的南开大学经济研究所。

以教育救中国的张校长

胡　适

"我既无天才，又无特长，我终身努力小小的成就，无非因为我对于教育有信仰、有兴趣而已。"这句话是张伯苓的自述。他还常常喜欢引用一位朝鲜朋友的评语："张伯苓是一个极其简单的人，不能跟同时代的杰出人物争一日之长短，但他脚踏实地的苦干，在他的工作范围里，成就非凡。"

他20岁就从事教育，第一期学生不过五个人，1917年他41岁，南开中学已有1000个学生。到了1936年，他60大寿的时候，南开大中小学共有学生3000名。1937年天津校舍毁于日军，其时他早已在重庆设立南渝中学，不到几年，学生增至1000多人，又成为全国首屈一指的中学。

严复的学生

张伯苓1876年4月6日生于天津。其父博学多能，爱好音乐，尤善琵琶和骑马射箭，惜以沉溺于逸乐，以致家产荡然，续弦生伯苓时，已甚穷困，授徒以自给，深痛自己的不能振作，乃决计令伯苓受良好教育，严格地修身。

伯苓年 13，以家学渊源考入北洋水师学堂，该校系严复、伍光建等三五留英学生主持，伯苓每届考试必列前茅。该校教师中有苏格兰人麦克礼者，讲解透彻，更佐以日常人格的熏陶，受业诸生获益匪浅，其于伯苓亦留下深刻难忘之印象。伯苓于 1894 年以第一名毕业，时年还不过 18 岁。

威海衙门的刺激

是年，中国海军于第一次中日战争中大败，几乎全军覆没，甚至于不留一舰可供水师学堂毕业生实习之用。伯苓于是不得不回家静候一年，然后得入海军实习舰通济号内见习军官三年。伯苓即在该舰遭遇他终身不忘的国耻，决心脱离海军，从事教育救国事业。

缘自中国败于日本之后，欧洲帝国主义者，在中国竞相争夺势力范围，伯苓即于其时在威海卫原为中国海军军港，中日之战失败后，即被日军占领，旋由三国干涉交还中国，转租于英国。通济号系奉命开往威海卫自日军方面接收，然后于翌日移交英军，伯苓目击心伤，喟然叹曰："人在那里亲眼看见两日之间三次易帜，取下太阳旗，挂起黄龙旗，第二次我又看见取了黄龙旗，挂起米字旗。当时说不出的悲愤交集，乃深深觉得，我国欲在现代世界求生存，全靠新式教育，创造一代新人，我乃决计献身于教育救国事业。"

南开的滥觞

张氏此种觉悟，此种决心，足以反映当时普及全国的革新运动，戊戌政变就是这种运动的高潮，可惜这种革新运动不敌慈禧太后的反动势力而失败了。伯苓时年 21 岁，欣然应严修之聘，在其天津住宅设私塾教授西学。

严氏私塾名严馆，学童为严修之子等五人，此为张氏一生从事教育事业的开端。

伯苓结识严修，于后来南开的开办与发展影响很大。严修字范孙，为北方学术界重镇，竭诚提倡新思潮新学说，不遗余力，而且德高望重，极受津人的景仰，伯苓得其臂助，为南开奠定巩固的始基。伯苓当时的教授法已极新颖，堪称现代教育而无愧色。所授课程且有英文、数学和自然科学的基本学识，尤注重学生的体育。伯苓且与学生混在一起共同作户外运动，如骑脚踏车、跳高、跳远和足球之类。同时注重科学和体育，师生共同学习，共同游戏，张氏于此实为中国现代教育的鼻祖之一。

1903 年，张氏和严修赴日考察大中学校教育制度，带回许多教育和科学的仪器，张严两氏咸以日本教育发达，深受感动。回国后，即以严氏一部分房屋，将私塾改为正式中学，名曰私立第一中学，1904 年开学，学生 73 人，每月经费纹银 200 两，由严、王（指王益孙）两家平均负担。1906 年，某富友（指郑菊如先生）捐赠天津近郊基地名“南开”者作新校校址。从此南开与张伯苓两个名字，在中国教育史上永占光荣的一页。

七十三到三千

南开在此后 30 年中，进步一日千里，其发展和进步且是有计划的。1920 年，江苏督军李纯，原籍天津，自杀身死，留下遗嘱，指定他一部分财产，计值 50 万元捐助南开经费，中美文教基金委员会和中英庚子赔款基金委员会，也以英美退还的赔款一部分拨捐南开。纽约洛克菲勒基金会更捐助大宗款项，建造南开大学校舍及其他设备，并资助该校的经济研究所。

南开开办之初，基地不过两亩，不到几年，即在附近添购 100 亩以上，以供扩充。南开大学系于 1919 年正式开学，设文、理、商三科，翌年增设矿科。经济研究所则于1927年设立。后又增设化学研究所。南开中学女子部则于1923年设立，并于1928年设立实验小学。到了1932年，南开已完成了五个部门，即大学部、研究院、男子中学、女子中学，及小学。在毁于日军前几年，学生总数已达3000人。

欠债办学新理论

南开之有此成绩，须归功张伯苓先生之领导，这是尽人皆知的事实。他常对友人说，一个教育机关应常常欠债。任何学校的经费，如在年终，在银行里还有存款，那就是守财奴，失去了用钱做事的机会。他开办学校可以说是白手起家，他不怕支出超过预算。他常是不息地筹谋发展的新计划，不因缺少经费而阻断他谋发展的美梦。他对前途常是乐观的。他说："我有方法自骗自。"其实即所谓船到桥头自然直。结果呢，确是常有人帮助他实行新计划。

张氏在他的自传里说："南开学校诞生于国难，所以当改革旧习惯，教导青年救国为宗旨。"他还说中国弱点有五：一、体弱多病；二、迷信、缺乏科学知识；三、贫穷；四、不能团结；五、自私自利。

张氏为改良中国的弱点，因而提出五项教育改革方针。他主张新教育第一必须完善个人的体格，使宜于做事。第二必须以现代科学的结果和方法训练青年。第三必须使学生能组织起来，积极参加各种团体生活，共同合作。第四必须感化每一个人都有为国效劳的精神。第五必须培养救国力量。

由今日视之，这些不免是老生常谈，然而使这些精神贯注于其学校生活，成为不可分离的部分，实在是张氏办教育的极大成就。

校长先生演话剧

此外除教会学校之外，南开在中国人自办的学校中间，以体育最出名最有成绩，无论在全国运动会或远东运动会，南开的运动选手成绩都很好，自1910年来，张氏在历次全国运动会中被聘为裁判长。这些都得力于他终身提倡体育及在各种运动比赛中着重运动道德的缘故。南开还以训练团体生活共同合作著称。南开最有名的学生活动，就是他的新剧社。早在1909年，张氏即已鼓励学生演剧了。他还亲自为他们写作剧本，指导他们表演。他还以校长身份不惜担任剧中主要角色，使外界观之惊骇不置，认为有失体统。后来，他的胞弟张彭春先生在哥伦比亚大学研究文学和戏剧归国，接受他的衣钵，导演几本新剧，公演成绩非常可观。易卜生的“傀儡家庭”和“人民公敌”，由张氏导演，极得一般好评。

重道德和爱国

关于张氏教育方针中的着重道德修养和爱国观念，张氏以身作则，收效甚宏，尤其是开办最初数年，学生人数较少，耳濡目染，人格熏陶之功甚大。他在每星期三下午必召集全校学生，共同讨论人生问题、国家大事和国际关系，他差不多对每一个学生都叫得出名字，不惮烦琐地亲身对他们讲解。

1908年，他首次访问英美考察教育。他自己对于道德修养的热忱，与他长时期和基督徒交往，最后根据他亲身在英美两个社会生活阅历，使他深信基督教实为劝人为善的伟大力量，于是他就在英美考察归国的一年（1909）正式受洗为基督徒。其时他年33岁。

张氏为一热心爱国的人，他以教育救国为终身事业，他的教育学说归纳为“公能”两字，他就以此为南开校训，张氏既以教育救国为职志，对于日本在东北的野心，常常觉得忧惧。1927 年，他亲自到东北去调查，回来后即在南开大学组织东北问题研究会，并且还派遣教授数人赴东北考察。

“九一八”事变果然爆发，“七七”事变后，平津相继沦陷，南开大学、中学也就因为平常爱国抗日的缘故，于 1937 年 7 月 29、30 两日被日军以轰炸机炸毁。其时张校长在南京，蒋介石闻讯即安慰他说：“南开为国家牺牲了，有中国即有南开。”

爱子为国捐躯

南开被毁不久，他的爱子锡祜即在空军中驾驶轰炸机赴前线作战，不幸在江西山中失事殒命，锡祜系于三年前毕业于航空学校，在行毕业典礼的时候，张氏到会代表空军毕业生家长发表激动的演说。当他听到爱子噩耗，静默一分钟后，就说：“我把这个儿子为国牺牲，他已经尽了他的责任了。”

炸不毁的南开

南开的遭遇日军炸毁，在张氏及其同僚原属意料中事。1935 年，张氏早已到川西各地查勘适宜的校址，俾作迁校之计，数个月后，他又派南开中学校务长到华西去考察是否有设立华西分校的可能，不久决定在重庆近郊兴建校舍，1936 年的 9 月新校开学，名南渝中学，1938 年，应南开校友会的建议，改称重庆南开中学，南开大学则从教育部建议，与清华大学和北京大学合并，在长沙开学，校名为长沙临时联合大学。迄自 1937 年，长沙被敌机轰炸，临大奉命迁往昆明，改称国立西南联合大学。

当其时，张氏大部分时间留在重庆分校，经济研究所亦于 1939 年在重庆恢复，南开小学亦于1940年在渝开学，南开新校舍又被日机轰炸，1941年8月，南开新校舍落下巨型炸弹30枚，但是被毁校舍旋即修复，弦歌始终未曾中辍。

张氏爱国，对于国家政治的发展自然极为注意，唯政府屡欲畀以要职，且曾邀其出任教育部长及天津市长，均被婉辞谢绝，以便有机会以全副精神实现南开的教育理想，及至战时，国家处于危急存亡之秋，乃投身政治。1938年，国民参政会成立，张氏当选副议长，迭次出席会议，不常发表议论，其力量则在驻会委员会发挥之，张氏希望他每个学生都有政治的觉醒，虽则不一定人人参加政府。

爱国，爱校，南开梦

抗战期内，南开大学虽受政府津贴，但是南开中学始终保持私立性质，今后亦然，战时联大的三个主体：清华大学、北京大学和南开大学均已复校，仍由政府资助，但张氏始终主张教育应由私人办理，今后将继续为此努力。重庆南开中学今后亦将继续办理，以保持其战时成绩。

张伯苓先生今年70岁，白发老翁，新近自美国疗养归来，仍将大做其“南开梦”。某日，张氏对南开教职员及校友会说：“回顾南开以往的战斗史，展望未来复校的艰巨事功，我见前途充满光明的希望。南开的工作无止境，南开的发展无穷尽，愿以同样勇气，同样坚韧，共同前进，俾使南开在复兴国家的时期占一更重要的地位。”

爱国主义：南开精神的核心

申泮文*

我在1929—1935年期间在南开中学学习，以普普通通的中等成绩毕业。这六年的中学生活给我留下了极为深刻的印象，影响了我一生对事业的追求和努力——我从南开中学获得了生活和工作的动力。这动力的源泉就是南开精神，它在我的头脑里经常回绕，历历难忘。每想到这里，我对毕生辛劳的老校长，循循善诱的老师们，以及南开中学这个集体，都心怀无限感激。

一入校门，老校长张伯苓先生就反复地给大家讲解南开精神。校歌里也高唱"巍巍我南开精神"，这精神确实不是空话，它概括了十分丰富而深刻的思想内容，它在我们身上化为无穷无尽的力量，推动着我们为祖国的复兴和繁荣富强而献身。虽然我现在已经年近古稀，但当我想到校歌里这段名句"巍巍我南开精神"的时候，我就感到自己仍然年轻，浑身依然充满了力量，要继续努力为祖国的四化建设事业贡献我的余生。

南开精神的最核心内容是高度的爱国主义思想。我们的六年中学生活正是处在国难重重当中，在课堂里经常可以听到校外不远处墙子河外敌人演习

* 作者系南开中学1935年班学生。

的打靶枪声和喊杀声。曾经有数次因“津变”而弦歌中辍[①]。在万般困难的威胁下，张伯苓先生坚持办学，以教育救国为己任，把深刻而含蓄的爱国主义思想寓于他的教育活动之中，力图把学生培养成为有“爱国爱群之公德，与夫服务社会之能力”的人才[②]，形成了他的“公”与“能”的教育思想体系。他和全校教师职工一道，时时处处以爱祖国爱人民的思想教育学生，默许和暗中支持学生的抗日救国活动，使“振兴祖国匹夫有责”成为全体师生的共同信念。我班同学在毕业前后，纷纷走上了报国之路：有的投考了陆军学校或航空军校，后来在抗日战争中献身于祖国的疆场和蓝天之上；有的在抗日战争期间的冀鲁广大农村组织农民武装对入侵日军发动了游击战争；有的参加了中国共产党领导下的革命行列；有的继续升入大学或出国学习深造，求取更高的科技文化知识，为祖国的复兴准备力量。我们班毕业将届 50 年，全班毕业生 141 人。根据我班同学在各条战线上所做出的贡献，已经可以做出结论：母校的爱国主义教育是成功的，热爱祖国的赤心是我侪同学发奋图强努力工作的共同动力源泉。

南开精神的另一个重要方面是热爱科学、热爱文化的努力学习向上精神。母校拥有许多热爱教育事业的杰出老师。他们呕心沥血、诲人不倦，甚至不惜放弃寒暑假给学生组织假期学术活动，帮助我们提高科学文化素养。印象最深刻的是我们敬爱的张信鸿老师，他在 1932 年秋到 1935 年夏这个期间，曾经先后四度给我们班组织算学讨论会，不畏严寒酷暑，亲自主持讨论，给对数学有偏爱的同学增补和加深数学知识。今天我班同学在科学技术界和高等教育界有不少知名之士，这绝非偶然，这是与母校爱科学的教育理念和老师们的精心培育分不开的。使我们仰慕不已的还有好几位老师，如叶石甫、

① 在“九一八”事件后，日本派驻天津的特务机关曾数次操纵和指使日韩浪人和民族败类分子组织武装便衣向市区进攻，制造战祸，称为“津变”。南开中学所在地区是匪徒的重点进攻目标。

② 南开校训中的语句。

孟志荪老师的高年级国文选修课；李尧林老师的高级英语选修课；郑新亭、胡延印老师的化学课；韩叔信老师的西洋史课等等，都使我们受益匪浅，给我们的终身事业打下了广博和坚实的知识基础。这些老师如今都已作古了，但他们的音容笑貌仍然常常浮现于我们的回忆之中。我们永远怀念他们，是他们培育了我们热爱科学文化、热爱真理的情操，他们给人民的教育事业建立了不可磨灭的功绩。

南开精神还培育了我们的集体主义思想。张伯苓先生制定的校训里就规定了“允公允能”“日新月异”的要求。大力培养我们热爱集体、热爱公共事业、一心为公的思想。母校在这方面的教育不是说空话，而是通过具体实践进行锻炼的。从初一到高三，班有班会，年级有班会联合组织，全校有学生自治会组织，通过发扬民主实行自治。学生们选举自己敬服的同学充当各种干事，管理各级学生组织中自己的事务。人人都有为广大同学服务的机会，在实际工作中培养“公”与“能”的才干，使同学们的聪明才智得到充分发挥。同学的课外活动是丰富多彩的，有各种学术性社团和体育团体：话剧社、美术社、游鸟队、童子军[①]、武术学会、军乐团等组织。这是和张伯苓先生的自由教育思想分不开的。这些活动使学生在实践中认识到了集体主义和为人民服务的价值，使每个人成为热爱集体、热爱民主生活和有组织才能的活跃分子，而不是书呆子。这是南开教育最为成功的一个侧面。

南开精神也是德智体全面发展的代义词。南开中学的体育教育在近代中国体育发展史中是可以大书特书的。张伯苓先生本人是发展我国体育事业的先驱，他曾经担任过中华业余体育运动总会会长和远东运动会会长等职，为推动我国早期的体育运动不遗余力地贡献着力量。南开中学的体育运动更是华北之冠。我们 1935 班的体育活动从二年级起就在全校运动会中占据了首席。我和大多数同学一样是体育活动的积极分子，举凡足球、篮球、排球、

① 高年级学生的旅游团体称为“游鸟队”。青少年的文体训练组织称为“童子军”。

垒球等球类和田径运动（跳高和中距离赛跑）无不涉猎，是一个班级代表运动员。今天我仍有健康的体魄，能为人民工作，也是多承中学教育的赐予，这是终生难忘的。

南开精神里还包含了基本道德品质的修养，其中包括思想品德的陶冶，提倡团结、友谊和尊师爱生等。最使我们难忘的印象是一步入校门，在东楼楼道北侧，立着一面如人高的穿衣镜，上面木框刻有几行镜箴："面必净、发必理、衣必整、纽必结。头容正、肩容平、胸容宽、背容直。气象：勿傲、勿暴、勿怠。颜色：宜和、宜静、宜庄"。这些训导用意良深，我们经过这面镜子时不禁要停在镜前，肃然整容。六年里经过这些训导点滴渗透，成为我们一生中生活方式的指导规范。南开中学的校规十分严格：不许蓬头垢面，不许体态放荡，不许言语粗野，不许奇装异服，不许随地吐痰。对饮酒、吸烟、赌博、早婚、冶游、考试作弊更是严加禁止。南开中学有良好的校风，是张伯苓先生和老师们循循善诱的结果，也是广大同学共同维护的结果。人人爱护校誉就像爱护自己的眼睛一样，不能让它被哪怕是一小粒砂珠所玷污。我班同学的立身处世，无不以中学时代养成的道德规范为准则。这些准则放之于今日社会中也仍然是属于高标准的。

南开精神还代表了穷干、硬干和苦干的精神。南开的全部历史是一部奋斗史。自草创建校以来，这所学校就是在国土日蹙、国难日亟的环境中发展成长的，环境越困难，全体师生员工的干劲越大，越战越勇，百炼成钢。我班同学也都受到了这种持之以恒的干劲的感染，在祖国的革命和建设事业中大都成为了坚强的战士。

南开精神的内容是丰富和深刻的，它代表了一整套有教育理想的思想体系。是中国人民优秀传统的集中与升华，它又是我们南开中学师生多年的艰苦奋斗通过继承和发展而形成的，用几千字的短文是不可能把它完全概括起来的。就此母校 80 周年校庆之际，记此述怀，难免有所遗漏。愿与班友、校友和在校师生共勉。相信在党的领导下，在我国的四化建设中，母校将会得到进一步发展。张伯苓校长的遗愿“凡我友好同学，尤宜竭尽所能，合群团结，为公为国。拥护人民政府，以建设富强康乐之中国，无限光明之远景，余将含笑待之。友好同学，务共努力”[①]，将一定会得到实现，南开精神也将进一步得到发扬光大。

① 张伯苓先生于1951年2月病逝于天津，这段话是他遗嘱的最后部分。

“要救中国，非从教育入手不可”

邱真踪 *

引　言

南开大学是天津一座有名的学府，它已经有 60 年的历史了。这个学校起头很微小，后来渐渐发达，发达到令人惊奇。办学校的人也并不是什么研究教育的专家，也没有听见宣传什么教育宗旨，不过在清末民初借着参观考察、学习研究来办学校，好像“过家”一样就一点一点地“过”起来了。

南开起初不过是一个小型的私塾，或称学馆，次改为一个私立中学，又次改为南开中学，到 1919 年始成立南开大学。以后到 1926 年又添设南开女中，1927 年又添设南开小学。这说明它是一点一点、一步步地发展建设起来的。

私塾或学馆时期的南开

南开学校的创办人是严范孙，清末翰林，曾作过学部侍郎。在清末那时，

---

* 作者原系南开中学学生（1914 年入学）。

他的思想算是维新的，很有意接受东西洋文化来复兴中华民族，所以他在自己家里设立一个私塾，聘请张伯苓先生作塾师来教授子侄和亲友学生，学习英文、数学和各种科学。这个私塾地址在天津西北城角。起初仅有学生十几个人。国学另请有塾师教授。

张伯苓当时是个青年，甲午之后刚从北洋水师毕业，因为中国海军经过甲午战役全军覆没，他就没有用武之地了，不得不改业塾师就馆于严范孙家来教育青年。后来天津东马路王宅也有一个私塾，除聘有塾师课子侄而外，也愿意聘请张伯苓先生到他家的私塾教授英文、数学和各种科学，于是张伯苓先生就分上下午轮流到这两个私塾去上课。

大约在 1900 年左右，清廷选派严范孙到日本考察渔业，他就带张伯苓同行作随员，作翻译。在考察期间，他二人除了注意考察日本渔业和一切新政而外，特别留心考察日本的教育。他二人在日本考察完了之后就搭船回国，在船上商定回到天津以后即办教育，因为教育是一切新政之基础，要救中国非从教育入手不可。把私塾改成中学是在船上商定的。从那以后，张伯苓就作了中学的校长了。

私立第一中学时期的南开

果然，严范孙、张伯苓回到天津以后，立刻把两个私塾合并在一起，改成天津私立第一中学，即南开中学的前身。

第一中学成立不久，天津某商人因其在南开的一块地皮被比利时人办的电车公司霸占而来找张伯苓校长，商请委托张作为代理人去上海租界外国公廨打官司，并应许将来把地皮争回以后，情愿全部送给张伯苓校长作为校址。张伯苓接受这项委托以后，就去上海起诉，果然不久胜利归来，这位商人也就毅然决然地把南开这块地皮送给了张伯苓校长作为校址。

南开中学时期

南开中学创办人严范孙、校长张伯苓既得了这么大的一块地皮作为校址，就决定开始募捐，建造校舍。于是严范孙写信，张伯苓出去奔跑，很快地就捐得一定成数，兴工起造楼房、礼堂、平房若干间，不久就把学校迁到南开来了。很自然地，天津私立第一中学就改成南开中学了。从那时以后，年年招生，期期添聘教职员，随时不断地添购设备，冬夏寒暑就永不停息了。

1914 年作者考入了南开中学。那时本人学名邱凤翙。当时南开中学约有九个班，学生人数可能在四百人以上。

一进到这所学校就感到一种特别的味道，只见无论教员、职员、学生，甚至连校工校役，都满怀信心，精神百倍地向前奔跑，努力工作，好像前边所奔赴的前途具有无限的光明似的。

那时东北学生越来越多，因为他们地近强邻，所受的刺激特别多，爱国情绪强，有民族的觉悟，在学生中好出头作领袖，关心公益。唯英文程度较差，学校当局尝设法为他们补习。

南开中学在第一阶段所招收的学生多是华北和东北人，一般性情多诚朴可爱，唯于精神上似有所不足，所以学校当局有一个时期在招收学生上特别多招收一些江南人，以调剂精神活泼之不足。

南开的教育一开始就注重精神教育，课内没有课本的，唯于每星期三下午在礼堂有固定连续两小时的修身班，集合全校教职员和学生，由校长张伯苓亲自主讲，命题多半是国家大事和教育救国。一般学生对于每星期三听校长讲话特别有兴趣，在每星期当中常盼望到星期三。张伯苓校长也集中精神教育学生，想尽一切方法运用教育来倡导自强不息的精神，为中华民族的复兴而努力。张伯苓时常坦露心扉地说到，他自己一阵黑暗，一阵光明，不过凭着信心，靠着继续不断的努力，随时取法，发奋图强，以鼓励自己，也鼓励别人。

南开的教育是课内活动与课外活动并重。课内功课要求严格，保持高质量。注重实习和实验是一个突出的优点。功课不好的学生一学期淘汰一次，品行不好的学生也是一学期淘汰一次。经过淘汰的班次人数不足，就重新并班或插班。淘汰的学生可以发给转学证书令其转学，或准其降班重新学习。对学生品行的管理并非专靠校规，而是运用提高人生观，养成优良校风，互相观摩，乃至运用资产阶级民主自治的方法制裁。学生团体在养成校风上的作用和权威也相当的大。学校主管人员查有品行不好实在无法向上的学生，到学期末了通知他自己退学，学生称此为"挡驾"。用严格的方法淘汰学生是南开教育基本的方针，因此学生到毕业的时候一般水平比较高，在升学、工作、就业、从事研究以及出国留学上，都可以占上风。

南开的教育，德育、智育、体育、群育平均发展，课外活动力求多样，给学生全面发展的可能性，这似乎是以一种全面教育的指导思想来训练特殊人才。那时南开中学大力提倡课外活动，由学生自由组织会社展示天才。有"敬业乐群会"开展文艺、娱乐等方面活动，后来演进为新剧团，编演了话剧《一元钱》《一念差》《新村正》，都公开卖票演出，得到社会的好评。有"自治励学会"，开展读书、出报刊、辩论等方面活动，后来演进为参加校际辩论，达到相当的造诣。有青年会，开展社会服务、精神修养等方面活动，后来演进为组成"平民教育会"，掌管天津河东乡村一所平民学校，招收儿童四十多人，成立了一个复式班，办学成绩相当好，经费完全由南开学生每月募捐开支，从来没有欠发过经费。此外还有军乐队、唱歌会、音乐会、武术团、演说会等活动，各有会所，随时都有贡献。

每年 8 月 16 日是南开学校纪念日，届时开会庆祝。出校校友届时也回来参加，大家相互畅谈学校的历史。晚间或另定时间即由新剧团公开卖票演出话剧助兴，很得当时社会的好评。

南开的教育于初创之时就注重体育，每次天津各学校有运动会举行，南开学生运动员必出席参加。开始常遭失败，然失败不灰心，学校仍雇用马车接送上场的运动员，以资鼓励。后来连年加紧练习，南开的运动员就转败为胜了。到 1914 年以后，南开在天津学校运动会上可拿到很多锦标银杯。南开也注重球类比赛，因为球类比赛比田径赛更有利于训练集体精神，无论田径赛还是球类比赛，都能在锻炼身体的同时，发扬振兴民族的精神。1915 年华北运动会在天津举行，南开的运动员又遭到一次惨痛的失败。南开注意让学生从惨痛的教训中取得不怕失败、转败为胜、不避惨痛、忍耐持久的体验。南开的教育很重视这一点。

再者，南开学校基本职员有些是张伯苓的学生，他们一面工作，一面学习。办事都遵守一定的规矩，分头负责，遇事协商。遇到特殊问题只有校长可以特许，否则就得贯彻到底或交会议研究。

张伯苓校长在领导学校工作相当成熟时期，办教育的兴趣越来越大，为着坚固自己和基本职员的信心，曾经举行宣誓一辈子为南开不作别的活动；并由学校出保险金，给基本职员存款保险，连传达刘明、徐贵二人也在内。

1914 年世界大战爆发，欧洲各帝国正在酣战，无暇东顾，日本乘机攻占青岛德国租界，并夺取胶济铁路。1915 年日本看透了袁世凯有意谋帝制，又进一步以“哀的美敦书”提出“二十一条”要求，限袁世凯于 48 小时以内签字承认。当日张伯苓校长得到这项确息，立刻召集全校师生在礼堂开会，报告日本帝国主义压迫中国的情势，说明中国人应当举国上下一心一意立志自强，为复兴中华民族而奋斗。报告完了散会，当日全校师生各皆悲愤，面面相觑，吞声饮泣。这件事在学生当中引起了反响。

南开与五四运动

1916 年张伯苓校长有意创办南开大学，所以他先去美国读书考察（那年他约 40 岁）做准备工作。为此他把其弟张彭春从美国调回代理南开校长。那年南开中学学生人数增到1000人。

正赶那年天津发大水，河水出槽，有一天傍晚，在很短的时间里，大水四面涌来，把整个南开给淹没了。校内几百名学生集合起来站成排，把捆好并加了签的行李，一手一手地传递到楼上去。幸而楼上没被没顶，师生几百人安全地在楼上度过一夜。第二天早晨，外边有人给雇好了舢板，全校师生坐小船一批一批地逃出，借东南城角卞宅搭铺暂住。先借青年会上班，后借天津法政专门学校上班，维持了两年，才搬回南开。这对南开学生也是一场锻炼。

张伯苓校长在美国留学两年，一面考察教育，一面聘请中国留美学生、专家来南开大学当教授。他在美国也常宣讲中国正在兴办教育，发奋图强，因而募得一部分捐款，购买一些图书仪器，经由日本运回中国。

当张伯苓校长回到天津那一天，南开全校学生1000人列队步行到东车站欢迎张伯苓校长。张伯苓校长同学生大队一道步行回到南开学校门前的操场。学生大队绕场一周，张校长从排头到排尾同每一个学生亲切握手致意，接见时间达两小时以上。那时南开师生精神振奋，表示非成立南开大学不可。社会舆论从各方面鼓舞南开大学的成立，国内资本家也多方赞助募捐。捐款日渐增多，于是在中学南边又修建了一部分新校舍，以发展大学。

1919年五四运动轰轰烈烈地从北京开始了。北京的大学生、中学生爱国情急，纷纷罢课，三万人在天安门集会请愿，要求罢免卖国贼曹、陆、章，取消“二十一条”。会后学生们火烧了赵家楼曹汝霖宅。

五四运动一开始，天津学生也都震动了。北京学生联合会派代表到天津要求支援，天津成立了学生联合会。天津各大学、中学的学生都动了起来。南开中学学生参加了学生联合会，于各项爱国运动中居带头地位。罢课、游行、开会、请愿，禁止日货，打击卖国贼，要求取消“二十一条”……天津军警密布，防范着学生。天津警厅厅长打电话给张伯苓。要求他管束学生；张伯苓左右为难，愤而辞职回家。于是南开学生成立救国会，主持爱国运动，几个月中，一切部署计划都有条有理。学校行政仍由学校各负责人分别管理，学生救国会概不干涉。有一天，天津学生联合会决议各校学生全体出动，包围商会，要求商会罢市，电请北京政府罢免曹、陆、章。各界舆论同情学生，天津商会罢市三天，电话北京政府罢免卖国贼。商人罢市，警察退岗，各校学生主动上街站岗，学生负责人去查岗，三天内街上秩序相当好，什么事也没出。到了第三天，北京政府派代表到天津，要求天津商会先开市，说罢免卖国贼的事可以办到。在这种情况下，天津商会宣布开市。学生联合会听到这个消息，立刻集合学生再次包围商会。商会委员说，商号罢市一天有若干损失，你们学生有什么损失呢？南开学生代表马骏当场起立说，你们商号罢市有若干损失，我们学生为着国家争生存可以牺牲性命。我现在把性命牺牲给你们看看。说着前进一步，拿起桌子上的玻璃烟灰盒，用力击打自己头部，鲜血立刻涌流，随后又以头颅撞柱拼死。左右人见状立刻上前抱住他，他还挣扎着向柱子上撞。这时全室静默。瑞蚨祥掌柜的站起来说："罢市！罢市！罢市！人家学生为着爱国可以牺牲性命，我们罢几天市算什么！"于是天津商会又宣布罢市。刚罢了不到一天，北京政府的罢免令下来了，卖国贼曹、陆、章终于被罢免了。

南开大学成立

1919 年暑假，五四学生运动告一段落，南开中学学生公推代表请张伯苓校长回校，筹备成立南开大学。新建楼房已经完工，新聘教授纷纷到校，新招学生也到校选课上班。南开大学定于 8 月 20 日开学了。南开大学校长是张伯苓，大学主任是凌冰。南开大学暂分文、理、商三科，每科分若干系，每系安排若干门课程，有必修科，也有选修科。每人每学期可以选 15 至 18 积点，每人每学年可以选 36 积点，四学年学满 140 积点，经校务会议通过，认为学习期满可以毕业，由校长发给毕业证书，并授予学士学位。

1921 年南开大学在八里台买到一块 300 多亩的地皮，请建筑专家画了蓝图，分年按照计划建筑新校舍。适江苏督军李纯自杀，他留有遗书，捐南开大学基金银币 50 万元。后经他家改拨公债 90 余万元，可顶银币 50 万元。当时南开大学校董周自齐是北京政府财政总长，特许又拨给南开大学公债 90 余万元。这样南开大学基金就有近 200 万元公债。财政部不久又把这近 200 万元公债都给兑现了。南开大学有了这个数目的基金，就可以放手修建大楼了。八里台第一所建筑是秀山堂，给李秀山作纪念，内容包括礼堂、教室和学校办公室。第二所建筑是木斋图书馆，给卢木斋作纪念，包括卢木斋一生所藏图书和以后学校所购新书。第三所建筑是科学馆，内容包括罗氏基金团所捐赠物理、化学、生物全部设备。第四所建筑是学生宿舍和饭厅。第五所建筑是教授新村。整个建筑花了银币一百余万元。

1923 年南开大学第一期学生毕业，人数不多，只有 19 个人，包括文、理、商三科，在秀山堂举行毕业典礼。第二期以后毕业人数逐渐加多。

南开大学以后组织逐渐扩大，各科都扩大为学院。最突出的是经济学院和化工学院。经济学院还发展到经济研究所，对于中国社会经济制度曾有重点研究。

南开大学迁八里台以后，所有旧校舍都让给南开中学，所以南开中学在 1930 年以后也就大加扩充了，这是南开中学成熟时期，班次可能在 40 班以上，人数可能在两千人以上。最突出的是童子军训练，几乎全体学生都参加了。常常分批到各铁路沿线野营，帐篷和炊事等应用工具应有尽有。

校内课程注重理化实验和生活实习作业，在手工课程内实行制造铁木工具、运动器材，有点类似今天提倡的“教育与生产劳动相结合”。南开的教育很注重生活实践，不偏重理论空谈。南开从中学到大学都很注重学生“德、智、体、群”全面发展，同时也顺其自然地引导学生向专业学科逐步深入，不使一般学生感觉十分吃累，也不使之过于轻松。教员的选聘一般很注重质量，虽然经费有限，但优秀的教员却很多，相形见绌的必随时更换。

南开传播资产阶级民主思想，对学生管理比较民主，对革命分子不采取高压手段，有时只在学期终了时通知其退学。但一旦形势严重，也曾借用军警开除过学生。

南开从中学到大学都是私立性质，好处是不受反动政府和军阀的限制，虽多年处在军阀混战的旋涡之中，却没受到任何伤害，与北洋军阀和国民党所办的学校都不同，与外国人所办的学校也不同。南开虽然向军阀、官僚、政客募集基金和经费，有时也请他们作董事，但多是私人性质，是利用他们的钱办自己的事，并不依附于某一政治势力。南开虽然也从国外募集基金和经费，但从不受外国人的辖制。

1937 年有一天早晨，日本驻屯军和天津警备队在八里台南开大学一带开战。天津警备队退走，日本驻屯军用汽车满载汽油放火烧毁了南开大学、南开中学的全部校舍。地火冲天，造成的损失之巨大不可估计。所有教师学生一时都逃散了。

经过八年抗战，日本投降，中国胜利，南开大学恢复。南开在中国近代教育史上占有的地位不可忽视。

教育救国，一生事业

曹汉奇

张伯苓校长一生事业，可归纳为“教育救国”四个字。他常说：“鸦片战争后，祖国屡遭列强侵略，一再割地赔款，奇耻大辱，令人愤慨！”张伯苓早年学海军，希望以武力救国，可是1895年甲午一战，我国费了巨大财力建立的海军，数量质量都不亚于日本，只因清廷昏庸腐化，竟遭到惨败。这次海军大败对张伯苓刺激很大，有一天他在海军衙门前看到一个军官懒懒散散地逗小哈巴狗开心，他痛感祖国国土虽大，历史虽久，人口虽多，但是人不行了，“必须改造人！”便决心弃武就文，办教育救国。

张伯苓怀着教育救国的目的脱离海军，到严范孙家塾当了老师。严老先生当时是革新派，他不让他的儿子们专学孔孟之道、五经四书，要学英文、物理、数学等等新知识。张伯苓是北洋水师学堂毕业的，正长于这些，在这样的共同新思想和救国志愿的基础上，严、张两人志同道合，成了后来南开中学、大学的奠基人。

张伯苓讲授的科目有英文、算术、体操等。他用鸡毛掸子杆作为跳高的跳竿，让严家子弟把辫子盘在头上，穿着靴子，掖起长袍的衣襟，在鸡毛掸子杆上练跳高。如拍成电影，今日青年看了，必哄堂大笑，可是，这就是我们老一辈革新人物向几千年传统做斗争的一个大飞跃！

一

严氏家塾毕竟容纳不下大量愿学新学和新思想的学生。光绪三十年（1904），张伯苓将严范孙及王奎章两家私塾合并，成立私立中学堂，这是张伯苓生平事业的发轫。后来又迁到广阔的南开洼。

南开洼是天津旧城西南方的一片洼地，紧靠墙子河，是一片泛着盐碱的荒地，毫无生产价值，故土地的主人才把它捐给学校。经募款建筑校舍，在光绪三十三年（1907）落成。对这个新的南开学校，第一个值得提出的特点，就是紧接南开学校西墙外，有个大臭水坑（学生们称之为臭西湖）。它是天津秽水汇聚之区，蚊虫滋生，气味腥臭，特别是一刮西风，阵阵臭气便从西而来，熏得人们啼笑皆非。当时，社会上的旧势力也用封建的腐朽的臭气向张伯苓进攻，说张伯苓不懂中国祖传的旧学，骂他不学无术，造谣说张伯苓是光棍出身等等。对此，张校长常常在礼堂作报告时大讲特讲："我们南开精神就是在这种怪味中熏出来的！"校长的话一语双关，确是代表着一种破旧立新的新精神。

五四运动提倡的德先生和赛先生（民主与科学），都为张伯苓所接受，他明确表示要学生会对学校起着监督和协助作用，同时一再强调要加强理科。后来在八里台建了规模相当大的科学馆，他曾谈到南开大学要向工科发展，并计划成立采矿系。这表明在南开初期，张校长确有革新思想和魄力。

大约在1924年，天津一些女子要求到南开中学和男生合班上课。此说一经传出，社会上一群封建余孽疯狂反对，向张校长施加压力。但不久，果然有四位女学生进了南开和男生一同听课了！可见张校长在反封建方面是有魄力的，在社会上也起到了一定的积极影响。

不久，张伯苓把原来在南开中学西南门外道边只有一所小楼的南开大学迁到了八里台。八里台校址开阔，大有发展余地。这时张伯苓接受天津一些女学生的要求，又建成南开女中。接着在女中对面建立了南开小学。张校长常常高兴地说："我们南开有了自己的整个教育系统了！这对于贯彻南开精神有条件了！"

二

据我亲身受的南开教育来说，觉得张伯苓所说的"教育救国"，不过是想通过教育使学生学得到美国学生所取得到的知识，并运用这些知识使中国变成英、美那样的强国。记得张伯苓的弟弟张彭春从美国回来后，于1927年夏秋之际，以南开中学主任身份在南中礼堂作报告说："我们中国已远远落后于世界强国。我们不应在后面一步一步跟着走，必须把美国的精华吸收过来，迎头赶上去！"他怕学生们不理解他的意思，还特意打个比喻说："就是把美国炼成的仙丹吞在我们肚子里！"

南开中学、大学的课本，除国文、中国历史外，一律是美国中学、大学的原文课本。为了方便学生购买美国出版的书，在南开还设有伊文斯售书处（美国伊文斯书店的支店）。记得我在大学一年级学生物课解剖蚯蚓时，李教授特意告诉我们学生说："这蚯蚓是从美国特意运来的。"（生物学用的是美国大学课本，课本中的蚯蚓和中国的蚯蚓有些不一样。）当年有些人认为南开学美国真是学到了家！

三

当时，社会上相当多的人对"南开精神"表示赞赏，南开学生也常以"南开精神"自勉和互勉，甚至引以为豪。张校长也常常以宣扬"南开精神"而自豪。所谓的"南开精神"，就是南开提倡的道德，我的体会，可归纳为以下三点：

第一，对工作规规矩矩，认真负责，不调皮，不捣乱。张校长常常称赞南开会计课主任华午晴老先生为典范。

第二，做人、处事、竞争、比赛，要公平竞争和具有体育精神，客客气气公平对待、不取巧、不弄鬼、不占便宜的精神。比赛输了，要甘心认输，向胜利的对方表示祝贺和敬佩。体育课章辑五主任常以这样的精神教导学生，因此受到张校长不断赞扬。

第三，个人奋斗是张校长经常教导学生的，可以说是“南开精神”的中心。张校长讲南开校史时，就突出讲他是个人如何奋斗起家。训育老师在礼堂作集会讲话时也以个人奋斗鼓励学生。南开中学图书馆高悬两个大照片：一张是美国教育家孟禄，标志着南开办学所遵循的道路；另一张是林肯，林肯由于个人奋斗爬上了美国总统的宝座。

“五卅”运动时南开学生走上街头焚烧日货，揭发奸商，宣传不买日货，学校都积极支持。“九一八”事变后，南开学生用多种方式宣传日本帝国主义侵略罪行并示威游行。记得在天津举行华北运动会，体育场规模很大，南开学生人数既多，又个个持方块抗日标语牌，喊口号时把单个标语牌上的字拼成抗日口号，高高举起，同时高呼，声动全场，起到了强烈的抗日效果。日本领事为此事曾提出“抗议”。日本帝国主义视南开如眼中钉，所以在侵略我国华北时，竟对南开学校疯狂轰炸，也证明南开的爱国反帝活动给了日寇沉重打击。

“做得好，符合南开精神”

戴家祥

我在1934年受聘到南开大学经济研究所工作，同时主讲大学一年级“中国通史”和“明清经济史专题讲座”，时年27岁。到1936年暑假离开南大，整两年时间。当时正值日本帝国主义侵略中国，阴谋策划“华北五省自治”，我经历了当时的动荡时局。

我刚到南开大学工作不久，日军在南开大学的西北面修筑了一个所谓的“操场”，常常在夜深人静时搞实弹演习。有时在白天还有飞机在这个“操场”起落。同时，日军在海光寺日本兵营通往英租界海大道中间建起一座“大清化工厂”，悬挂着日本的太阳旗。在天津市区，日军成立了一个无名的单位，门口架着两挺轻机枪，它附近街道上贴了许多标语：“打倒独夫民贼蒋介石”“实行区域自治”和“中日经济提携”等。主持华北防务的商震将军打电话给日本驻屯军司令部，问：“这是搞什么的？”日方诡称：不晓得。经过商震派几个士兵去查问，几个日本浪人把那两挺机枪扛走了。有几名南开大学的同学来问我：“那些标语好不好去撕掉？”我回答说：“当然可以。”他们一上街，左邻右舍纷纷动手，包括许多十几岁的小朋友帮忙，一下子撕个精光。

不久，北平“一二·九”运动的消息传到天津，南开大学的同学和教职员工立刻响应，集合在大礼堂宣布罢课，到南京请愿。

南下的办法是在同一车次的火车，每人买一张短程车票，分头从几个车站上车。青年教师杨学通、戴家祥等到东站送行。

请愿队伍为了不引起有关当局注意，上车后按约定时间同时戴上赴京请愿的红袖章。列车长看到这种情况，随即向上级报告，有关当局下令火车停开，在沧州车站把车头摘走了。当时正是数九寒天，车辆断了暖气，请愿队伍陷入饥寒交迫的境地。消息传到学校，教职员工组织后援队伍，用小汽车送衣食支援。

南京当局派教育部参事戴亢观、科长谢树英来到沧州。他们劝说学生："当前外交、军事形势十分严峻，要给政府有一个安定的秩序。"请愿队伍愤怒地说："华北形势糟到这个地步，难道政府不知道吗？"戴、谢二人被学生的话语感动得哭了。后来南京政府以蒋介石的名义通告全国各高等学校各推两名教职工和两名学生代表去南京与蒋面谈，希望学生立即复课。

代表们到南京后，当局首先带领他们参观新编的36个调整师。每师12000人，装备有火炮、坦克、机枪和现代化通信等。然后蒋介石出来讲话，同时向全国广播。由于日本电台的强大电流干扰，我们在天津听得不完整，只听到他讲："有人说，意大利攻占阿比西尼亚，阿比西尼亚还同意大利打了一场；我们阿比东尼亚却一让再让。我要出出风头那容易得很，但我是全国统帅，不能那么草率，不打则已，打就要打赢。给我一些准备时间，以空间换取时间。你们向我请愿，我现在向你们请愿。敌人敢于欺侮我们，不单是兵力强弱问题，主要是科学技术落后于他们。我希望你们广大师生好好地读书，好好地研究科学，赶上世界科学水平。"蒋介石的讲话，有一定的欺骗性，请愿运动就此平静下来。

此时，南开大学校长张伯苓正在南京，他赞赏学生"做得好，符合南开精神"。南开教工公推戴家祥起草告同学复课书，林同济、刘朗泉修改后发全校。

“九一八事变”背景下的《东北经济地理》

何炳棣

30年代的中国教育界和国民政府的教育部都有一种极其功利的注重理工的看法和政策。那时一般“关心教育”的人们的心目中，一个中学的“水准”往往取决于毕业生考进清华和上海及唐山交大等大学的人数。南开中学毕业生考进这些热门大学的人数是很可观的，但有时略少于特别加工训练学生做最繁难数学题目的北平师大附中、上海中学、扬州中学。至于南开中学教育的“全面性”远非当时任何中学所可比拟，这是“有识之士”所公认不需要我在此赘述的。

“九一八”事件爆发之后，不久就发生了土肥原一手制造的“津变”。南开中学的校舍遭到侵扰，学校不得不停课数周。但至迟在1932年初，学校已经编印好了一本新教材，开了一门新的必修课。这本大约20万言的南开独有的教材是《东北经济地理》，它的编者是校长张伯苓先生的秘书傅恩龄（锡永）先生（傅先生当时在南开大学担任东北研究会主任干事）。傅先生眉浓目秀，灰发中分，和蔼可亲，可惜我从来未曾和他交谈过。他精通日文，从当时的“南满铁路株式会社”研究部的大量出版物中，取精摘华，有系统地介绍了东三省的自然和人文地理，特别是各种自然资源。这本教材无疑义地是当时国内有关东北地理有限著作之中最好的一部。举国上下悲愤之际都知道东北地旷人稀，资源丰富，对祖国将来的建设极为重要，但只有南开中学才能以扼要的科学知识和大量的统计数字教导学生加深了解何以东北对祖国是那样重要、神圣。

空前的困难降临后短短三个月中，包括日寇和汉奸数周的武装干扰，南开中学能如此爱国，编印出专门教材，开一专门新课——这个记录，可以向近代世界各国所有的中学“挑战”。

南开中学产生周总理是偶然的吗？

第　四　章

公德与能力：办教育之灵魂

论南开学校的教育宗旨 *

南开学校教育宗旨及其教授管理之方法

凡事必有一定宗旨，然后纲举目张，左右逢源。本校教育宗旨，系造就学生将来能通力合作，互相扶持，成为活泼勤奋、自治治人之一般人才。英语所谓 Cooperative human being 者是也。欲达此目的，不可不有适宜之办法。前山东师范生来本校参观，在思敏室茶话，席间有以本校教授管理之方法相询者。余当时曾设譬答之，谓如幼稚园之幼稚生然，唱歌时每须举动其手足，为之保姆者，不过略一指点，其前列聪颖之幼稚生立时领悟，余者即自知如法仿效，无须事事人人皆须保姆为之也。本校教授管理亦无以异是，唯在引导学生之自动力而已。诸位先生倡之，老学生行之，新学生效之，无须个个提耳谆嘱也。而精神则在"诚"字、"真"字、"信"字。本校至今办理小有效果者，恃有此耳。诸生日日灌溉此精神之中亦知之乎？汝等新来诸生，亦当如幼稚生之视其前列聪颖者之举动，而注目先来诸生之勤苦者之举动，特汝等现在程度远非幼稚生之比，则努力进步，应亦较幼稚生为甚，如此做去，则九百余人之教授管理，殊易易也。

---

* 本文原题为《校长修身讲演录》，由孔繁霱笔录。

爱学校

人为万物之灵，而不能如草木之孤立为生。在昔原人时代，人之生也，只知有母，其后人类进步而有父母兄弟。以中国习俗言，尚有祖父母、伯叔等等诸关系，此种组织（Institution）是曰家庭。然家庭系血统的联属，自然相爱。再进，人不能不求知识，为涉世之预备，于是离家庭，入学校，等而上之为社会、为国家。凡在一种组织之中，则己身为一分子（Member），一言一动莫不与全体有密切关系。对于社会国家，今姑勿论，而但言学校。学校系先生、学生与夫役三部所合成，其目的则造成德育、智育、体育完全发达，而能自治治人，通力合作之一般人才，以应时势之需要。

诸生须知既为学校中之一分子，则汝实栖息于此全体之中。学校而善良，汝亦随之以受益；汝而善良，学校亦随之与有荣。反言之，学校而有缺点，汝亦不完；汝而有败行，学校亦玷污。利害相关，休戚与共。夫狭义之言，学校则课读而已；广义之言，学校则教之为人。何以为人？则第一当知爱国。今人莫不知我国国民爱国心薄弱，欲他日爱国，则现在宜爱校，既同处一校，则相与关切至密，亦既言之矣，故须相爱，以相助相成，其理由至易明了。然则如何用其爱，第一对于人有师长、有同学、有夫役，余不敢谓本校诸位先生如何特别优尚，唯余生平任事数校，求如本校诸位先生之一致、之认真、之热心，并以余暇竭力扶助学生诸般之自治事业，殆属绝无仅有。吾向以中国前途一线光明，舍振兴教育外无他术。今得如许同志协心同德，将来当不无成就也。诸生知有人敬爱汝，则汝必思厚报之。今诸生能敬爱诸位先生，则诸位先生亦自更加精神，以惠爱答之也。然教育非如贸易者，以一文之价来，必以一文之物去，硁硁然不肯溢利与我也。且师长对于学生，莫不勉力扶植之，而对于资质稍次者为尤甚，表面似恨之，其实则竭力成全如恐不及，诸生切勿误会此意。

对师长要爱，对于同学尤要爱。诸生试思，在家兄弟最多六七人已不易得，今在学校则九百余众是皆异姓兄弟也。在家兄弟少，在校兄弟多，则在校兄弟之乐，自亦较大于在家兄弟之乐也。且在校同学一语良言，其益往往过于师长终日强聒，盖相习既久，长短互现，无隔靴搔痒之谈，多对症下药之论，收效之易自无待言。交友不必酒食征逐，须择规过劝善之真能益我者。然语云："无友不如己者。"西语亦有云：Birds of a feather flock together（喻人以类聚也）。优尚者与优尚者处，我虽欲得益友，奈益友之不以我为友。何曰？此唯在汝自处如何耳！汝日日进步，则益友不求自至矣！自爱爱人，人安得不汝爱乎？

今再言夫役，余生平之仆役，自为学生至于今日，无一人不忠顺于我者。此何以故？无他，以人待之耳。世人往往以奴仆为次于平人一等，至目之为禽兽，随自己之喜怒以横虐之，不知彼亦人也。汝不以人待之，彼亦不以己为有人格，渐渐无所不为矣！尚欲其忠顺，得乎？若能以严正驭之，而加以仁慈，使知自爱，既知自爱，夫何不忠顺之有？

以上言在学校对于人之爱，兹复言对于物之爱。爱物亦公德也，公德心之大者为爱国家，为爱世界。在校先能爱物，而后始可望扩而大之，至于国家、世界。校中桌椅，非汝之所有，亦非我之所有，推而至于书籍、图报、讲室、斋舍、食堂、厕所、球场，亦皆非汝与我之所专有，而为学校之所公有。我所有者不过其一分，一方面既为我之一分，则我之物我爱而保存之，固宜；一方面为众人之所公有，则众人我所爱也，爱其人自亦不应毁其物。如偶或损坏，务要到会计室自行声明，照价赔偿，不可佯为不知。因微物有价而人品无价，毁物不偿，所省有几，而汝之人品全失。失无价之人品，余有限之微资，勿乃自贬太甚乎？同学见有此等事，应为立即举发，因彼所毁之物亦有汝之一分也。然此物之有形者也，尚有无形者，为团体精神与全校名誉。本校出版之诸种报纸、杂志，如《校风》《敬业》《英文季报》及未出版之《励学》等，皆团体精神也，较物质百倍可贵。则维持之、发扬之，应尽其力之所能及。至于全校名誉，其良否皆与尔各个人有关（理详上），则尤所不可忽也。

“诚”字，望诸君牢记而守之终身*

二年前，由他校并入本校生徒共四班，四班中以此次毕业诸君结果为最良善。今兹言别，不禁黯然。每星期三辄与诸君谈，然则余所奉劝于诸君者，诸君闻之熟矣。但此次为最后致辞于诸君之日，斯不能不举其较大而易识者，为诸君将来出校做事的基本。我所望于诸君牢记而守之终身焉者无它，“诚”之一字而已。即现在座而非毕业生之诸位来宾与在校学生，亦甚望有以共体吾言也。就现在时局而言，袁前总统办事富于魄力，因应机警，即外人亦啧啧称道，然而一败涂地。其终也，纵极相亲相善之僚友亦皆不能相信，不诚焉耳。以袁一世之雄，不诚且不能善其后，况不如袁者。此吾少年最宜猛省者也。黎今总统才略不如袁，而即位旬日，全国有统一之势，恃诚焉耳！一以诚成，一以不诚败，而事实昭然，皆诸君所共闻共见，当不以所言为太迂远。盖权术可以欺一时一世，而不能欺世界至万世。不诚者，未有能久而不败也。用权而偶济，用诚岂不所济更大更远！中国近来最大患，即事事好用手段，用手段为行权术也。权术遍大地，而中原人格堕。一种人而无人格与无此种人同，然则不诚之弊极足以灭种亡国。如此言富强岂非缘木求鱼之道乎？可不戒哉！是故诚之一字，为一切道德事业之本源，吾人前途进取应一

* 本文原题为《本校中学部第八次毕业式校长训词》，由孔繁霱笔录。

以是为标准。事出于诚，即无不诚；偶败，亦必有恢复之一日。聪明人每好取巧，取巧而得巧，则处处思取巧，终至弄巧成拙，聪明反被聪明误，事后悔恨已无及矣！望诸君明征学理，细味不诚无物之言。近按时人详察一成一败之故，既深知之，即力行之。然则此后与诸君天涯海角，貌则离矣；意气相投，神则合也。言尽于此，奋尔鹏程。

新教育最要之目的，乃社会服务心*

自应时势变迁之需求，而后进步之说兴。余深信中国已向正当方向进步。迩者西方诸友，常警告吾侪曰，中国虽采用新法，亦不可尽弃固有之美德。盖彼以吾人修身制度为中国古代文明之所结果，实不可以进步之利益，遽尔牺牲。然吾人亦必须改变，因世界为日日改变者，同时欲维持国之独立，亦必须经营置备，以防外侵。中外交通以来，吾侪以不识西人更有管驭物质世界之妙策，故以此而失败者，指不胜数。今则深明非于实际上改良教育方针，实难并驾列强，立国于世。

西方教育之来华，实在吾人明其需要之先，天主教（Jesuits）来华时，远在清初，曾以天文之学传布我境，且助吾侪建立天文台，于是清朝每年颁行皇历，行之二百余年。循是以往，化学、物理诸学科亦渐渐输入。四十年前，变法议兴，政府创办学校于北京、福州，以训练海陆军外交人才为志。然斯时之旧经学仍到处通行，科举亦厉行不废，窃名是时为新旧制度并行之时期。1900 年后，旧日制度完全取消，学校乃遍设于全国矣。

中国教育之两大需要：一为发达学生之自创心，一为强学生之遵从纪律心。前者因中国数千年来，社会上以家族为本位，权枢系乎家长，家人以服

* 本文原题为《译张伯苓校长在美演说纪》，是张伯苓在美国哥伦比亚大学师范学院进修时的演说，由段茂澜翻译自 1918 年 3 月 20 日 *The Peking leader*（《北京导报》）。

从为先务，故中人捐弃其自创心，是习深入人心，由来已久。至第二需求，因皇帝时代，人民完纳租税后，即为良民，他无所求，纳税已毕，便可任意逍遥，纪律因之而驰，而中人渐习惰逸矣。中国教育今之最大问题，即为解决如何可以此两种似相抗触之性质，灌入此未来之时代中。

余上次寰游世界，考察与中国需要最宜之教育制度，结果获得两种需要者：一则英、法、美之制度；一则日、德之制度。前者专为计划各人之发达，后者性近专制，为造成领袖及训练服从者之用（是即服从纪律）。敝校南开多半以是二者为圭臬。

余深信今日中国最要者为联合，欲联合则必须有一公共之绳索以束缚之。是绳索不能以种族为之，以中国种族复杂；不能以宗教为之，以中国宗教繁多；亦不能以社会为之，以中国社会上利益与责任多所分歧。窃意较合宜之束缚物，即为爱国心，是即为中国若干年成立要素之虔敬孝心所可以自然变成者。古时一切道德皆归宿于孝字，故曰战阵无勇，非孝也。近日吾侪必须广家族主义而至于国，则此虔敬孝心，即可成为国之忠心矣。而有此爱国心，吾国之人无论南北东西，亦即可谓有一公共之绳索束之矣。吾校即教授以联合国民之能力，更进者，欲使中国青年不仅为中国之良民，且为世界之健全分子。以今日之国界甚狭，吾等应思教育青年，当以万国大同为志也。

余信中国新教育最要之目的，即为训练青年人以社会服务心。先是社会上以家庭为单位，故个人服役之动作，恒不出家庭之范围。今者是种情形已过，余等应教青年人，不仅服役其家庭或与其相关系者，且应服役其国。故余常鼓励学生多为社会服务。例如，吾校学生曾为贫寒儿童设两义塾，并曾调查社会上情形，以告本地行政者，近则水灾赈济，彼等亦多所臂助。

总言之，余意解决中国之问题为教育。且余信中学教育之发达，实已向正当之方向进步矣。

夫教育目的，在谋会社会的进步*

开学之始，曾以活动长进四字相勉。而今合起来论此四字，不过单就个人的长进而言。

夫教育目的，不能仅在个人。当日多在造成个人为圣为贤，而今教育之最要目的，在谋全社会的进步。

诸生当听过进化诸说。下等动物长为高等动物，高等动物进而为人。人再长又分为两项，一为心理的长进（Psychologically），一为社会的或合群的长进（Sociologically）。

人同人组合起来，其效用能力之大，自非一人可比。现在世界何国最强？其原因何在？一至其国便可了然。其最大的原因就是比我们齐，亦如一家哥们兄弟均不相下。若一家只仗一人，则相差太多。社会国家同是一理。所以，近来教育家不仅注重个人长进，并注重社会的长进（Social end）。不仅在心理的长进，而在多数人的齐进。因为社会乃个人联合而成者，若社会不进，则居此间之个人亦绝难长进。是以个人强，可以助社会长，社会长，亦可以助个人强。是二者当相提并论，不容偏重者。

现在西洋人对于教育青年，均使之有一种社会的自觉心（Social

---

* 本文原题为《二月十二日星期三修身班校长张伯苓先生演讲志要》。由幸蒙笔录。

consciousness），而吾国多数人尚未脱家族观念，遇公共事则淡然视之。

予前去北京，于车中见有以免票私相售受者，何其不知公共心一至于是耶？彼以铁路为公家者，但能自己得利，则虽损坏公共利益，亦无所顾忌，而旁坐诸人，亦以此非自己之事，故不过问，亦不关心。若此情形，实为社会流毒（Social Evils）。细考京奉、津浦各路间，此类事殊不少见，似此流毒，究竟责在谁人？吾以为虽有强政府，有能力之总统，严厉之法律，有组织之路局，亦不能铲除净尽也！唯有国民社会的自觉心可制此毒。舆语力攻，众目不容，以此对于公共事业之非理举动，即对吾等个个人之举动，有伤于吾个个之权利，则若斯流毒，无待总统法律，自然消灭于无形。国民社会自觉心，诚有不可及之效力。

在京见美国公使，谓国人近来能得钱者，发财后多退入租界，是诚可耻之事，而舆论亦不攻击，甚有争相仿效，以不及为可辱者，真是怪事。而予窃不为怪，因其所以如是者无他，国民的社会自觉心（Social consciousness）未长起来耳。

今者时间有限，姑不多论。即就所以长进社会自觉心，而能谋全社会进步的方法上着想，则须于改换普通道德标准上有所商榷。

若不骂人、不偷、不怒、不谎、不得罪于人等事，先时多谓此为道德很高，然而此为消极的，于今不能谓此为道德。盖彼者不过无疵而已，于社会虽有若无。今因于社会进步上着想，吾等当另定道德标准，谓"凡人能于社会公共事业尽力愈大者，其道德愈高。否则，无道德可言。易言之，即凡于社会上有效劳之能力者（Social efficiency），则有道德，否则，无道德"。若斯数语，包含无限道理，愿诸生用为量人量己之尺，相染成风，使社会上渐渐均用此尺，度己亦用此尺，量人则去，所谓社会自觉心，社会进步者不远矣。

然而徒知此理，于社会毫无所用。先时教育多尚空谈，殊觉无用，若无实习，恐且有害。美国某教育博士会谈笑话，谓有函授学堂教人泅泳，学者毕业后投身水中，实行泅泳，竟至溺死。此喻仅知理论而无实验之害，诚足警人。诸生欲按此尺而为道德高尚之人，幸勿仅求理论，更当于己身所在之社会，实在有所效用。于此先小作练习，至大社会时，自然游刃有余。所谓己身所在之社会，对诸生言，如班、如会、如校、如各种组织均是。予此二次所言者，即教育着重个人的长进，更须着重社会的进步。

德育，应在公德一面着想 *

此次诸位由各县远来，鄙人应表欢迎，因太忙迫，不克如愿，殊为抱歉。兹承王厅长委托，与诸君作半日谈，亦一幸事。

从来办教育者，宜常研究教育上之改革。大都与会诸君，或经验十年二十年之久，必知教育当有目的，然须问目的果在何处，积年愈多，愈觉茫无头绪。日日从事实上做去，理论一面置之不问，鄙人亦常犯此弊。因在小节上用心，大的题目照顾不到。小节目熟悉，好处固多，短处亦有。何谓短处，即不知变、不能改之谓也。所以实心办教育者，须抽出闲暇讨论方法之合否。鄙人此次往美游学，入哥伦比亚大学研究科，方行之时，友人皆谓如许年华，尚往彼求学，语中含有徒劳往返的意思。及至校，年长于鄙人者颇多。学至三月，于其学说理论格乎不入，继而思之。彼之学说为美国教育，吾所主张是中国教育，宜乎不同。及至详加考察，乃知其所主张为世界的，非浅见者所能领略也。鄙人从前所主张于是爽然若失，与初至时大不相同，对此教育目的，遂另具一种态度。若在校遇着好讲师，苟得其观察之点，再以之研究他事，无不迎刃而解。譬如戴眼镜，戴一红者，则所视为红，戴一绿者，则所视为绿。吾得其镜，则视察物体与之相同矣。Dore 笃爱之学说在

---

* 本文为张伯苓在直隶小学会议巡行讲习会的讲演，由傅青照笔录。

美颇有势力，在全欧亦颇有势力，今日要述他的主张，时间甚短，恐不能详悉，请谅之。试问所谓教育者，何询之大家？各有所主，或本经验言之，或本学理言之，或本习惯言之，或本历史言之，可复杂言之，亦可简单言之。今试以教育目的为讨论之第一步。教育目的之说，虽有深有浅，究是一动体非一静体，盖教育与世界倾向有关系也。试问世界与人类以及社会是动体否？果是动的，则教育亦当以动为主。古代希腊大教育家亚里士多德等，其论教育，有以为求知识的者，此说行之现在不甚合宜。近代之哲学家，有以教育为发达人之本能者，有以授人以生活之需要为教育者，有谓教育即德育者，有谓教育可以保文化者，以上数者，皆不能概括教育之范围。教育者须研求以上各目的，详察世界之动势，俾所行教育，于社会上生出绝大效力。此说近颇通行。

欧洲自16世纪，人民进步极速，因得政治自由、宗教自由，故个人能力始得发展，近三百年来欧之文化所以进步颇速也。近来一般教育家颇发明社会学理，以为一人进化不如团体进化，则教育之目的因之大变，必使儿童对于社会、国家能实行其应负之责务，为教育最终之结果。人民捐生命，耗金钱，悍然不恤，此其证也。

今之教育应使学生对公共或社会有觉悟心，有责任心。从前一切万法皆须更改，凡学生之不适用之好高骛远心，皆宜遏止，当提倡公共动作为主要。近二三十年欧人皆知个人为团体之一，非团体有益之事不肯作也，办学之人，造就儿童之眼光，应注在社会。本此以行之，下一世纪之人必无自私之心。从前劝人或曰牺牲，或曰爱国，然不过高等人之口头禅，于实际上毫无裨益，以其力太薄也。苟社会中人皆作如是想，皆能如是行，厥效乃大。此目的外人可用，吾中国亦可用。

吾国近年屡受外界压迫，国内复纷乱如麻，推原其故，以国家组织非由社会组合而成，欲矫此弊，则非与外界比较不可。中国旧用家族制度，最重忍字，张公五世同居，后世传为美论，但此种组织与现今不合。兄弟不做事者，吾助之，道德虽可取，而有害于社会者极大，生之者众，五旬可为明证，吾国致乱之原，半由自私，为公共设想者甚少。救弊补偏，端赖教育。寻常讲德育，多偏重私德一面，究不如在公德一面着想。此后观人者，凡能对于社会有益之事，勇往直前，见诸实行者，乃为道德之人。中国人无此觉悟，宜其乱也。清季预备立宪，当以教育预备之，当以社会教育预备之，乃不出此，致结最终之恶果。现今害公家者多，是目中无社会也，宜乎散漫而不能团结，吾国现在对于公字，正成一反比例，热心教育者当以身作法，使无数少年仿而行之也。又有所谓手段者，人无能力，手段何用？从前社会不良，因无教育，下一代社会如再不良，是吾辈之耻也。

教育当以教育为目的，教育即生命也。当日之教育以毕业为正鹄，以试验及格为结果。要知修业时期有限，天下事理无穷，安能以极短时期举儿童毕生事业而悉予之？儿童身体发育及量而止，而思想则随生命以俱延，故教育家之作育人才也，以发达儿童之思想为第一要义。往往见一老人思想甚新，年少者而思想反旧，此固由于禀赋之不同，而教育之良否亦大有关系。今后之教育者，宜利用种种机会，使儿童运用思想，为儿童立一能长之基础，方不陷于从前注入教育之弊，此教育方法所以尚改革也。欲革新教法，莫妙于采取自动主张，若猜谜之问答，呆板之记忆，此种方法皆不能养成适用之国民。所谓自动主义者，在引导儿童之自动，而不为彼动，凡某问题之推解判断皆儿童自用其思想，教育者不必为之代谋。至于训练管理各方面，凡儿童之行为不妨害个人与社会之进步者，即勿加禁止，准此以行，自能造成社会上有用之人物，以是知教育方法非一成而不变者也。前日之教育为静的，今则为动的，盖世界之潮流趋势变，教育亦不得不变焉，今日与会诸君子，有为巡行教员者，到处查视，宜如医者之审症，为之立一良方，尤必劝令服吾之药，果能如此，则对于社会裨益良多。然仍赖自求进益，方能令人进益，自能变化，方能令人变化，其道无他，阅书报，广游历，开讨论会，均最要事也。且不教而杀，仁者不为，诸君回籍后，对于各校教员宜有相当之指导、补助之效，终胜于责成也。诸君皆教育界领袖，予尚有数语贡献之。吾国现已改建共和，而人民程度尚虞不及，然只能前进不能退却，复辟之说万不能再现于20世纪之世界。唯欲造成真正之共和国民，则端赖教育。教育者当以教育为终身事业，努力行之，勿令吾将来国民落人后也。又人皆以教育为苦事，予以为教育中有乐地也。工厂之司机者，机动而心不动，不乐也，教育苟作到好处，则进益变化无已时，则吾之乐境亦无穷期。今日时间过短，语多不详，诸君子素有心得，当能印证予言也。

“公”的道德和“能”的力量*

我国人现在最大毛病，是一味模仿人家，不顾国情。谚云“食古不化”，我说“食欧不化”。物理学上力合则大，力分则小，集合多数的力量，便成强大的力量。力分就细微不足抗了。这力学上力与力自己相消的道理，大家都会明白；若把这种道理说到做事上去，恐怕很少有人能明了。但我们要想在20世纪生存，不但需要明了学理，更需透彻做事。敌国就利用这种道理来分散我们的力量，不要我们结合；而我同胞也是私心太大，不能合作。

我们要把旧有道德如“孝顺父母”的观念，扩充到爱国家的思想，从前“万恶淫为首”的说法应改为“万恶私为首”。能将“私”字改为公字，才是最好道德。达尔文进化论，主优胜劣败。我们的种族，并不是比别的种族恶劣，他国人民也不比我们的人优秀，不过他国人民是有好的政治教育，经过良好团体训练，把一切的私心都能除去，把为国为民，无偏无私的公心养成，所以才有今日之科学昌明，文物进步，国家强盛的结果。返观我国人民，多是自私自利，终日营营，都为自己打算。我们要改造中国，第一要把人民最普遍化的“私心”打破，养成“天下为公”的最好道德；第二要养成我们的“能”。有了“公”的道德，“能”的力量，再进一步训练他们合作的能力。

---

* 本文摘录自张伯苓在教育部童子军教练员训练班上的演讲。

南开的目的与南开的精神 *

各位同事、各位学生：

今天是南开大学第17学年开始的日子。南开的历史，不从大学起，而从中学起。从中学起现在已有30年。10月17日就是30周年的纪念日。这30年来，南开各部，连续的发展，我的感想甚多，特来和各位谈谈。

30年前，中学正式成立。彼时还在严范孙先生家里。在这以前，还有6年的历史，也在严宅，那是个家塾，后来才成正式的中学。中学成立之后，添设大学、又添女中，又添小学。所以南开的历史可说30年，也可以说36年。无论30或36罢，在此30或36年中，翻看或回想中国历史的人，一定觉得变化真多。学校的历史，也恰恰在这变故极多时期。学校之所以成立，确有它的目的。这目的，旧同事和老学生大概知道，其余的人，或者不知道。

天津有个有名的学者严范孙先生，他读的是旧书，是中国书，但是他的见解确不限于中国的旧学。他把时局看得极清楚。他以为中国非改弦更张不可。他做贵州学政的时候，所考的是八股，而所教的是新学。现在在本校贵州学生的父或祖，就许是严先生的门生。严先生倡改科举，改取士的方法，触了彼时朝廷——西太后——之怒，便不做官，回到天津来。戊戌年，个人

---

* 本文是张伯苓在1934年南开大学秋季始业式上的演说词，由黄钰生笔录。

万幸，遇到严先生。自己本来是学海军的，甲午之后，在海军里实习，彼时年纪二十三四岁，就看中国上下交争利，地大物博，人民众多，而不会利用。彼时自己的国家观念很强。眼看列强要瓜分中国，于是立志要救中国，也可以说自不量力。本着匹夫有责之意，要救国，救法是教育。救国须改造中国，改造中国，先改造人，这是总方针。方法与组织，可以随时变更，方针是不变的。中国人的道德坏、智识陋、身体弱，以这样的民族，处这样的时局，如何能存在？这样的民族，受人欺凌是应当的。再想，自己是这族人中之一个，于是离开海军，想从教育入手。真万幸，遇到严先生，让我去教家塾。严先生之清与明，给我极大的教训。严先生做事勇，而又不慌不忙。有人说，旁人读书读到手上来了，能写能做，或是读到嘴上来了，能背能说。而严先生读书，真能见诸实行。我们称赞人，往往说某某是今之古人，严先生可以说是今之圣人。他那道德之高，而不露痕迹，未尝以为自是好人，总把自己当学生。可惜身体弱——也难怪，书房的环境，身体如何能好——70岁便故去了。死前也有几年步履不灵，然而心之热，是真热，对国家对教育都热心。我们学校真幸会由严先生发起，我个人真万幸，在严先生指导之下做事。

发起是如此发起，目的是要救国。方法是以教育来改造中国。改造什么？改造他的道德，改造他的知识，改造他的体魄。如此做法，已有30年。这30年，时时继续努力，除非有战事，是不停学的。如辛亥革命，局面太乱，停顿几月。记得那是过了旧历九月七日——学校原来的纪念日，后来才改为阳历十月十七日——纪念日过了不久，就停学，下年正月才能开学。以后便未这样长期的停顿。如直皖之战，李景林与张之江在天津附近打仗，奉直之战，不得已停几天，但凡可以，就开学。在座的旧学生旧同事，都还记得，两次津变，不得已停学，不几天又开课，开课就要求进步！

今年的进步，从物质方面说，有中学的新礼堂，女中的新宿舍，小学也有添置，大学也新添教员住宅和化工系的实验室。有人说，华北的局面危险如此，你们疯了，添盖7.4万多块钱的房子。我说，要做，这时候就做，要怕，这三十年就做不成一件事。有人说，南开应该在内地预备退身的地方，我引《左传》上的话回答：“我能往，寇亦能往。”

不错，盖了些房子，然而房子算什么，书籍算什么，设备算什么，如果你们有真精神，到哪里都可以建设起来。学校发达，国难也深，比以前深得多，不怕。所怕者，教育不好、不当，不能教育青年得着这种精神。你们也要这样，不把物质放在眼中。物质是精神造的，精神用的。在这一年以内，增加许多设备，人家看来，一则以为糊涂，二则惊讶。钱从哪里来的？想法去弄的。只要精神专注，样样事都可以成功。前星期有个朋友曾仰丰来看我，他是我第一次到美国的一个同船。他说他未到过中学，我便陪他去看，看见那里的建筑，他问，哪儿来的钱？我说，变戏法来的。反正不是抢来的。要是抢来的，现在早已犯案了。他问我学校一共有多少产业，我算了算，房子有一百多万，地皮七八十万，再连书籍、设备，大约有二三百万。我也不知钱怎样来的。我也不计算，我就知道向前进，我决不望一望，自己说：“成了，可以乐一乐了。”做完一件事，再往前进。赌博的人不是风头顺就下大注吗？我也如此往前进。能如此的秘诀是什么？公、诚，未有别的。用绕弯方法不成，骗人不成，骗人还会骗几十年？谁有这样大的本领？事情本来是容易，都让人给弄难了。曾先生听我的话，点点头。我又说，我一人要有这样大的产业，我身旁就要些人保镖了，还能坐辆破洋车满处跑？

这并不是说我好。我只是说，如果公，如果诚，事就能成功。我的成就太小太小，你们的成就一定比我的大得多。成就的要诀，我告诉你，先把你自己打倒。当初我受了刺激，留下的疤很大，难道你们受了伤，不起疤吗？受了刺激，不要嚷。咬牙，放在心里，干！南开的目的是对的，公与诚是有力的，干！近来全国渐觉以往的浮气无用，渐要在实地上下功夫，要硬干，要苦干。我们的道理，可以说是应时了。我看见国人这样的觉悟，我就死了也喜欢。我受了刺激，我不恨外国人，我恨我自己为什么不争气。近来国人也知道自责了。所谓新生活运动，就是回头看看自己的做法，孔子教人“失诸正鹄，反求诸己”。射箭射得不好，不要怨靶子不正，怨自己！我给你们说个笑话。当初考武考讲究弓、刀、步、马、剑。有一次县考，一个生员射箭，本事不好，一射射到一个卖面的大腿上去了，县官大怒，要罚考生。卖面的说，大老爷请您不要动怒，这算小的腿站错了地方，如果小的腿正站在靶子那儿，这位爷不就不会射上了？

前些年，国人太浮，嚷嚷打倒“帝国主义”，嚷什么？这么大的国，还受人欺负，是自己太没出息。好了，现在也不嚷嚷了，当初领着学生们嚷嚷的人，也做官了。全国人的态度转变，与我们所见的相同，不责旁人责自己，近来新生活运动的规律，同旧日中学镜子上的话很相同。当初中学的大门口，有一面穿衣镜，为的是让学生出入的时候，自己照照自己。镜子上刻着几句话：“面必净，发必理，纽必结，胸容宽，肩容平……”我还常教学生，站不正的时候，把胳臂肘向外，就立刻站直了。此外，烟酒禁绝，嫖赌一查出就革除。我以为发挥我们的旧章，认真执行，就是新生活。近来看着全国有觉悟，看到自己不行自己改。凡是一个人、除了死囚之外，都有机会改自己，都有希望。现在中国要脚踏实地，我认为这真是最要的觉悟，最大的进步。全国的趋势如此，我们也不落人后，发挥南开旧有的精神，认真实行。

再说，你们的先生，我的同事，真不容易请来。钱少，工作重，这是大家都知道的。别的学校用大薪水来请，也请不去。这种精神，是旁处少有的，实在可以作青年的榜样。新来的学生，也知道这里的功课紧，学费重，然而为什么来？不是要得点什么？近来的大学生毕业之后，就有职业慌，而我们今年的毕业生，七十几人，十成里有九成以上都是找着事了。为什么？不是因为他们肯干吗！先生热心，学生肯干，我们正好再求长进。以后要想侥幸，是未有的事，托个人，穿个门子，不成，未有真本事不成。

今天是开学之始，又近30周年的纪念日。我们学校已进了一个新阶段，还做，再做。前30年的进步太少了，此后要求更大的进步。人常说，学生们是国家的主人翁，主人翁是享福的吗？主人翁是受罪的。我说过不知多少次，奴隶容易当，主人难当。做奴隶的，听人的调度，自己不要操心；做主人就要独立，要自主，要负责任。然而有思想的人，宁可身体不安逸，也要精神自主。你们都是主人翁，就得操心，就得受罪，你趁早把这一项打在你的预算里头罢。

我们国难日深，然而还有机会，还有希望，就怕自己不发良心，不努力。我快 60 岁了，我还干，一直到死，就决不留一点气力在我死的时候后悔，“哎哟，我还有一点气力未用”。我希望你们人人如此，中国人人人如此。学校 30 周年，而国难日深，所可幸者，国人已知回头，向我们这边来了。都要苦干，穷干，硬干。我们看国人这样，一则以喜，一则以惧。喜的是志同道合，惧的是坚持不久。不管别人，我们自己还是咬定牙根去做。

这次天津的学生，到韩柳墅去受军事训练，我以为很好。中国人向来松懒，乱七八糟，受军事训练，使他们紧张。我常说中国人的大病在自私，近来又加上一种外国的病——自由。你也自由，我也自由。不自由，毋宁死。我有个比喻，一边三个人，一边五个人，两下拉绳子，如果五个人的一边，五个人向各方面拉，三个人那一边，三个向一面拉，三个人的那一边必定得胜。这是我教人团结，教人合作的老比喻。中国人的病，就是各拉各的，拉不动了，还怨别人为什么不往他那一边拉。自私！打倒你自己。说什么自由，汉奸也要自由，自由地去做汉奸。孙中山先生的遗嘱，说：“余致力国民革命，其目的，在求中国之自由平等。”是要中国自由，现在中国动都动不得，你还讲什么个人自由？求团体的自由！不要个人的自由！从今日起，你说“我要这样”，不行；一个学校如此说，也不行。要求整个国家的自由，个人未有自由，小团体未有自由。我们从外国又学来一种毛病——批评，人家的社会已入轨道，怕他硬化，所以要时常批评。我们全国的建设什么都未有，要什么批评？要批评，等做出些事来了再批评。要批评，先批评自己。最要紧的批评是批评自己。现在有许多人，在那里希望日本和苏俄快开战，愿意他们两国拼一下。你呢？你不干就会好了吗？孔子的话是真好，颜渊是孔子的大弟子，颜渊所问的，孔子还不将全副本事教他？颜渊问仁——孔子答道："克己复礼。"好个克己！你最大的仇敌，是你们自己。中国人，私、偏、虚、空，非将这些毛病克了不可。孔子答子张的话也好，"先事后得"。做你的事，不管别的。现在的人还未做事，先打算盘。小！你把你自己撇开。我们要做新人，我们要为民族找出路。这是我们的最后的机会了。再不争气，唯有灭亡。我们学校，今年要发挥旧有的精神，更加努力，先生肯牺牲，学生不怕难。你们不要空来，要得点精神，要振作精神，打倒自己。你一定行。参加军事训练的学生，先觉难受，后来也行了。行也行，不行也行，也就行了。逼你自（己）去做事，你对自己一定有许多新发现。日本人就是这样去干，他们的方法，总是置之死地而后生。我总想中国人的筋肉太松，我恨不得打什么针，教他紧张起来！本来就松，又讲什么浪漫，愈不成话。

前者有学生的家长，赞成军事训练，并且以为女生也应当学看护，这见解是对的。女生也要救国，救国不专是男子的责任。我以上的话，也不专是对男生说的。好，我们大家努力起，全国在振作精神，我们不能落后，好容易他们入了正路，我们更当作国民的前驱。

“结党营公”，合力为国 *

这次“三六”募款运动，赖诸位校友的共同努力，不但没有失败，结果还能超过原定募款数字三分之一以上，足征诸位校友的热心劝募，社会人士对于南开的爱护与赞助，我们实在觉得很可庆幸。

“三六”的用途，当初议定的总数三分之一作为南开大学的奖学金；三分之一作为南开中学的奖学金；其余的三分之一，作为南开校友会的发展及社会教育事业的推广。募款的用途既经规定，此后利用该款的效率如何，就在于我们支配的方法是否得当。

我对于校友会这宗款项究应如何利用，曾同校友会阎子亨主席谈过。我们的用款目的，不只求有益于校友自身，应当将范围扩大，还求有利于国家。我国自遭“九一八”的严重困难，暴露了国家的弱点，民族的颓唐，几乎国将不国。在这国势阽危的时候，凡我国民，均应奋发精神，为民族争生存，尤其是我们知识分子，更应“先天下之忧而忧”。我个人是主张教育救国的。南开学校，永远是随着时代进展的。以后对于学生之如何训练，课程之如何切实，当然更要与时俱进。我是我们南开的校友，也不能为朝代之落伍者。

---

* 3月下旬，喻传鉴、黄钰生被邀请参加河北省教育视察团，到保定、博野、定县、石门（石家庄）、易县等地视察学校。本日下午，张伯苓邀集全体教员茶话会，听喻、黄报告视察情况。最后，张伯苓讲话。

诸位校友或在中学毕业，或在大学毕业，在学校的时候，固然都能努力求学，但是出了学校置身社会，因职业与环境的关系，恐怕对于求学的志趣没有像在学校时那样浓厚，所以想引起校友的读书兴趣，比在校的学生困难。好在我们南开的校友，都有一种所谓“南开精神”，并且诸位在社会上，也全有相当地位，只要不甘安逸，做起来也很容易。

近来新文化运动，提倡读书，注重充实人民的知识，这确是一个很好办法。孔子与子路论六言六蔽说：“好仁，不好学，其蔽也愚。好知，不好学，其蔽也荡。好信，不好学，其蔽也贼。好直，不好学，其蔽也绞。好勇，不好学，其蔽也乱。好刚，不好学，其蔽也狂。”可见人生于世，要想成个有知识的完人，非求学不能做到。所以我盼望南开的校友都能随时求学，“日新月异”。古时的事理简单，如果读了书经，就可博通历史，学了易经，就算研究哲学。今世则不然，中外历史浩如烟海，哲学的玄奥，有“天演”“相对”等论。诸位校友，或服务于教育界，或任职于海关、邮政、银行……究竟应求某种学问，充实哪样知识，现在据我看，在诸位校友的进程中，应有下列的认识：

1. 求怎样做人的知识。诸位校友一方面做事，一方面须不堕落、不颓唐，能够“束身自好”，在社会上才能有进取的展望。孔子说：“不学诗，无以言。不学礼，无以立……”所以诸位校友，要多读关于身心修养的书。

2. 要有团体组织。诸位校友如果每人能以余暇的工夫十分之一或二十分之一联合起来，成为一整个健全的单位，共同努力于有益团体及国家的事业，一定能有充分的力量与显著的成效。近来多“结党营私”，我们南开校友要“结党营公”。

3. 求知识的方式。就个人说，每日必看日报。在北方有价值的报章，如《大公报》《北平晨报》《益世报》等，每位至少须订阅一份。关于杂志类，如《独立评论》《国闻周报》……内容都颇丰富。以团体言应有组织，如“演说会”，聘请专家演讲；“座谈会”，彼此讨论问题；及创设小规模“图书室”，俾校友们便于参考和探讨。

4. 努力于有益国家的事业。求知识，不仅限于个人方面，应当扩而大之。凡对于国家有益的事业，我们校友们就要通力合作，有所贡献。因为我们是知识阶级的领导者，应自负是复兴国家一支最强劲的生力军。本南开的“硬干精神”先由天津总会做起，再逐渐推及于全国各分会。固然是“言之非艰，行之维难”，如果诸位校友能以“三六”募款那样的热心，不断地努力工作，对于现社会的“愚”与现社会的“穷”，一定能有相当的补救。现在就燃烧的煤球作比喻，如将煤球密集一处，则火光熊熊，燃烧力大。若将煤球散放，则光焰微弱，燃烧力小。我盼望诸位校友要将“三六”募款的热力，仍继续着燃烧，并且要与一煤球般的密集，使燃烧力更为强大永久。若只募款三万六千元，那不是我们唯一目的。我们希望“三六”募款燃烧力，蔓延到各处，它的热量散布到全国！我们南开学校，这30年来，永远是燃烧着。现在各处都起了火光，南开的火光，能否冲天，而烛照万里，就看我们南开今后供给燃物的质量如何！

中国的民族，能否复兴，就在最近这几年内判断。试看东邻的日本，无论工业、武备，没有一样不现代化，真令人佩服！我们中国的民气，消沉、颓唐，这真是朽老民族的特征。我希望我们南开的校友一齐燃烧起来，做事“不自私”“肯为公”“持之以诚”“继之以勇”，个人成功，社会蒙庥！同时我更希望能将校友楼扩大利用，方不辜负阎子亨主席设计建筑校友楼的一番苦心。

为国为公，傻做实做，即是最好方法*

此次会[①]有甚大意义，教育部长本拟亲来参加，因公不克分身，乃派蒋梦麟先生代表出席。南开经过多年之艰苦奋斗，得至今日，诚属不易，本人感觉此后捐款愈难，设或不幸，将来继续乏人，亦一极大问题。今年南开在各方面成绩较往年均好，下年度之经费预算，亦收支适合，乘此时交给政府，可知非因办理不善，始交给公家。同时社会亦应改变凡事一归国家办理即变坏之错误思想。本人前次赴京，面谒汪院长、王部长，曾商谈此问题，未即蒙应允，深盼此次蒋梦麟代表返京时，将实情报告教部，请政府细加斟酌，勿再推辞。

南开创办人严范孙先生因鉴于国人之病在“私”字，力倡教育救国，彼之国家观念，我人今日尚未能追及。严氏指给我人之方向，即是教育须为国为公，诸生将来是为国？抑为私？来宾中或有诸生之家长，必以为供给子弟十数年之费用，今日毕业后，宜略为家庭打算。但试问若无国，何能有家？常见青年发牢骚，此即是私。若全为公着想，便无牢骚可发。诸生功课已毕业，此后应思如何为国为公，方不愧为南开学生，方不悖严老先生办教育之

---

* 6月23日下午3时，南开大学在秀山堂举行第十三届毕业典礼。本校师生及商震、曹汝霖、王揖唐等出席，张伯苓面授训词并发表讲话。

① 指刚刚结束的南开大学校董会例会。

意。同学出校后，切勿急想做大事，即给以好事，亦应谦谢。曾有人于大学毕业之后，即谋充大学讲师者，炫耀一时，结果失败，痛苦益甚。诸生于离校后，勿图报酬之多，先学会花钱，并非好事，应牢记先从小事切实做起。登高跑快，一时机遇患得患失，何等苦痛。谋事时，务使自己能力胜任，所谓游刃有余，实精神上大愉快。勿图名利，切实干去，获得成绩，名利自然而至。诸生须放远眼光，做上五年十年，再来见我，必信吾言。故事事只须大方傻做实做，即是最好方法。临别以此秘诀相赠。

认识环境，努力干去

开学那几天，因为学校的事到南京去，所以没得和大家谈话。今天借这个机会，和新旧学生稍微谈谈现在的情形，看看本学期咱们应当怎样做法。

这一次始业式是许多次始业式的一次，可是环境有了许多的变化。我们先要认识环境，再说怎么样应付环境。不能应付环境，要被淘汰。教育是帮助人应付环境的。既然要认识环境，今天就把个人所认识的、所感想的说一说。最近几年，特别是最近几个月，有个很不安全的感觉。我们自以为是一个国，而这个国可是没有门，没有墙，这怎么好！以前我们住在什么环境里呢？以前的环境，四面的墙一齐倒，彼此互相支持住，没有倒下，我们就在这个环境下住了多少年，觉得很安全。大家在底下还要乱打乱闹，你看该死不该死！现在几面墙都塌了，有一面墙要整个地倒下去，自己又没有柱子支着，让它倒又受不了。早也不知干什么去了，抬头睁眼一看，各方面的势力都跑了，只有一个大势力来啦，如“冰山之释”，这是多么不安全！中国人真有这不安全感觉了吗？不完全都有。我希望我们南开的人，都有这个感觉。以前的事，不能说，也不必说了，在墙下胡闹的机会，再没有啦。以前的事情，人人都应该负责，我也是应该负责的。

有这不安全的感觉，应该怎样呢？第一，不要像从前说孩子话，什么痛快说什么。回想前几年，小孩子气到万分。学生固然如此，甚至执政者也这样。现在这种举动万万不要有。快快想法子盖墙、盖门（要是懂得这个话，就是国防）。院子太大，不能都盖，哪怕盖一个角呢，也比不盖好。记住啦，在这个不安全的情形这下，第一，不要随便说话；第二，快快盖自己的墙，挡住那猛扑回来的势力。墙倒下来，大家一同都要死的。以前闹私的感情，闹意见，现在不要这样了。

这几个月以来，我的第二个感想，就是以前做的事情，满不彻底。我觉得我自己做的事情，也不彻底。这并不是谦虚。我盼望南开的人，此刻都大彻大悟，万不要因为小小的成功和进步而得意。我常想，我们提倡体育已有30多年，体育比以前进步得多了。以前，长指甲，走路都走不稳。以前跳高跳四尺多就了不得啦，现在差不多到了六尺了。跑啦、篮球啦，都比以前进步多了。我们在国里觉得自己的进步，到了一开远东运动会、世界运动会，一比就不成了。我们进步，人家进步得更快。你要知道，自己进步是没有用的，有一点不如人，全局输了，自己的一切进步都没用了。所以彻底还要彻底，紧还要紧。自己认为小的进步不算，非彻底不行。说是比从前好得多了，等于白说，试看别人的进步怎么样。现在情形这么险，我们应当怎么样做？上一次我对中学说话，提出了三个要点，我现在也给你们说。

第一，中国人太自私，不能合作。无论什么时候，什么事情，人人都可以看到自私的现象。我常坐在一旁，自己不说话，听人谈论，很少有人说到为公为国。例如做买卖吧，买卖是大家的，人人都要入股才行，人人都要提款，那岂不是坏了，岂不是糊涂吗？又例如一个航海的船，全船要沉了，还有些人只管坐在舱里守着自己的财宝，看得太小太近。我们这些人不有总名称吗？分开说罢，你姓这个，他姓那个，你是这省人，他是那省人，你是南开，我是北洋，但是这些人有总名儿，就是中华民国。总的东西要叫他存在，自己才能存在。要想叫他存在，看为他努力的人有多少。想着真险呀，向公家添煤添油的人太少，揩油的人太多，这如何能好！

年长的人快死了，不要管他们，希望都在青年人身上。我在中学礼堂讲演，看着男女中学学生一千七八百人，真精神，我高兴。我今天看见你们，我也高兴。青年人要顾公，不要净顾自己，从自己起，每天想三回——

“我真爱国吗？我自己对公家有好处吗？我自己对公家有害处吗？”

你自己这样问你自己，你们都这么大的人，也用不着我给你们说什么是“好处”，什么是坏处。

中国人的自私心比各国人都大。就知道为子孙、为家族，可是不知道为国。中山先生说知难行易，做着容易，就是这个“知”真难。中国人几时才知道为国，知道无私就是公？我有一个比喻，旧学生听过多次了，新学生还未听过。我到各处学校讲演，用拉绳来比喻。绳子一共是六根，一个气力大的人拉一头，那五个人要向一处拉，就拉过来了；五个人分向各处拉，就拉不过来了。这样浅的理，何以不懂呢？懂，为嘛不做呢？就是太私。要下修养功夫，练习公。这次在南京给遗族学校讲演，学生都是七八岁的小孩子。我问他们，你是哪一国人？他们说是中国人。有没有没人的国？他们说没有。中国人多不多？他们说多。中国强不强？他们说不强。为什么不强呢？小孩子说，不能团结。小孩子都懂。我痛快极啦。可惜的不是真知，不能做。拉绳懂了，别的事还是不懂。中国的事很简单，只要懂得这个道理，就易如反掌。中国人多，又不傻，地又大，何以不好？由于不能团结，太自私。公由哪里起？由一班、一个学校起下功夫，练习为公。

中国人还有一种特性，小孩大人一样，总不愿别人好。大家在一块谈，谈到别人的坏处，大家精神百倍；说人好处，就不高兴了，好像不愿中国有好人。这就是亡国的根源。我在南京，提议组织一个会，专写匿名信。匿名信本是骂人的，我们以为一骂他，他就可以做点好事，其实，他更不做好事。所以要写捧人的匿名信，叫他今天接一封，明天接一封，日子长了，他高起兴来，尽力做好事。我常听人家说别人坏，大家都来了，再加点东西，这如何能好。我头一句话，总想为他辩护。孟子说：“纣之不善，不如是之甚也。天下之恶皆归焉。”中国人愿意国家好，可是不愿意有好人，这都是自私，度量不大。现在，我给你们想几句话：

你是中国人吗？是。

你爱中国吗？爱。

你愿意中国好吗？愿意。

那么，你就要得愿意中国人全都是好人。

不要太狭隘，彼此要往上长，不要往下长。总是批评人，那就是往下长。

譬如开一个运动会，有人代表南开跳高，你愿意他折坏腿吗？愿意人好，还是愿意人坏，你们可以拿这个试验自己，试验别人。现在倒霉时候，不愿别人好吗？要改，非改不成。

第二个要点，论个人聪明，中国人比日本人高，这是浮聪明。凡是有打算盘的事，中国都有小聪明。聪明是生来的好处，不是自己的，努力才是真正自己的。个人聪明，中国人高，可是团体的聪明，就不如日本了。中国人没有至诚，不恳挚。做事没至诚，不恳挚，是不成的。有的先生告诉我说，有些学生很聪明，就是不用功。我说，有这样的学生，你告诉我是谁，我把他找来，我打他因为他暴殄天物，辜负老天的好意（听众笑）。

你看人家外国人，都那么诚诚恳恳的，中国人总是那么飘飘摇摇的，我想给中国人加上点重量，中国人要傻不济济的干。中国人一事无成，要傻干。中国人没有分量，一吹就跑了。我给你们每人加上 30 磅，各个人都加分量，沉住了气，不要说风凉话。说嘛就是嘛，要实做。中国人不如人的，不能合作，不能诚诚恳恳地干一下子；知难而退，浅尝辄止。应当“继续努力，以为贯彻”。你不是学过力学吗？力学上一个物体，加上一个力量，力量不断地加在物体上才怎么样？才有加速度，越加越快。假如浅尝辄止，就不能有成就。中国人不能咬牙干。要诚，要皮黱肉厚，脑筋迟钝，不成功，就要死。现在要改造国家社会，非有傻干的人不行。如有人露小聪明，我不爱。假如有傻不济济的，我说这孩子好，结果一定好，将来能为国家做事。中国人好像个个是大少爷，穿得漂亮，说话漂亮，一遇到难处，就担不住了。也不能受冻，不能挨饿，都是大少爷、大小姐，少爷国是站不住的。你们人人都这么嘱咐自己，“别看我傻，我干，干出个样子来看。”国难到这个地步，你们都是大学生，你们要不成，这个国就没有希望了。所以要恳切、诚挚。

第三个要点，就是努力。要自个儿上弦，要拿住劲儿，不要上着上着又脱辘脱辘地松。又像打气，噗！瘪了。中国人到时候就拿不住了。长江流域的人清秀有余，而敦厚不足。我以为长江流域的学生，应该到北方来上学，十一二月北风刮得顶厉害的时候，顶着北风走，这样顶下来，才能做大事。谈到努力，我真佩服日本人。中国人为什么不行，中国人皮松肉厚。你们都要咬定牙关，紧张又紧张向前努力。

以上所说的三样，就是公、诚、努力。同学里有这样的人，你们要鼓励他，互相鼓励做这样的人。要恳切，在诚，不要净说笑话松话：“瞧这小样儿干嘛，有什么用处！”南开不要这种说缺德话俏皮话的人。南开要的是傻子，不要聪明的。学厚、学傻，要钝。譬如刀吧，磨得很快的，锋刃太尖，这时候不要用。得把他那个尖磨去了，再用就行了。锋利的容易挫，傻的长，可以做事。中国人不如西洋人、日本人的，就是傻和诚不够，太轻飘。弦要自己上，自己打气。现在局面这样，不用先生们讲，你们还不懂吗？这用我说吗？你们认识了环境，努力干。

校舍细节，处处可见教育的用心

黄钰生

校　舍

天津旧城西南角，有一条由北往南的街道。经过一段旧木器、木料的铺面，经过路西的电车公司，再往南有一溜围墙，墙内就是南开中学。铁栅栏门的右侧是“号房”，管号房的老人叫刘明。他以老家人管少主人的态度管我们，管得很严很认真，我们都有三分怕他。离号房西南角三四丈，有口井，井架横楣上刻着第一班毕业生的姓名：梅贻琦……。这些“井上有名”的人，在社会上有地位，也受到后来同学的尊敬。

进围墙大门，迎面是一幢灰砖楼房，洋式。当时我看它很大，今天看它，并不那么大了，但还不失为一个整整齐齐的建筑物，比起和它同期的所谓洋房，顺眼多了。我们习惯地叫它为“东楼”。东楼现在是《周恩来同志青年时期革命活动纪念馆》，南开是我们敬爱的周总理的母校。他1913年至1917年在南开中学上学，1919年在南开大学上学。他中学时期的课室，一度在东楼。

一进东楼，最引人注目的，是过道左侧的大穿衣镜。镜上端的横匾，刻着几句箴言：“面必净，发必理，衣必整，纽必结……”这面镜子，这几句箴言，对我们这些早期南开中学的学生，确实起了教育作用。我们出校进校，确实常常在镜子面前，摩挲摩挲头发，整理整理纽扣，整饬仪容成了风气，南开学生走到街上，人们一看就看得出来。别人挖苦我们，说我们“臭”，我们确实有自豪感。青年时期养成的习惯，很自然地保持到后来。南开同学，各行各业都有，政治和经济地位有高有低，但是，几十年来，我很少很少看见邋邋遢遢、不修边幅的南开老同学。

东楼进口的过道通向一溜走廊，走廊分左右两翼。右翼是几间办公室，庶务会计室的窗口，望着过道，我们在这个窗口交学费，右翼北端是一间较大的教室。左翼从北往南：接待室、理化仪器室、阶梯教室即理化教室。左右两翼走廊两面墙，西墙上挂着学校的规章（相当于今天的“学生守则”），东面墙上挂着走读生的姓名牌。一个走读生有一个竹牌，竹牌的一面用红笔写姓名，另一面用墨笔写姓名；黑字表示学生已进校，红字表示学生已出校，走读生早晨来上课，将红牌翻成黑牌，下课回家，将黑牌翻成红牌。这个稽核出入、检查勤惰的办法，直到我上三年级的时候还用着，后来学生多了，墙上挂不下走读生的名牌了，才改用别的办法考勤。

西墙上的规章，都是严格执行的。赌博和冶游（即嫖妓）是绝对禁止的，一发现就立即挂牌开除，南市三不管是我们的禁地。现在的和平路北头，路西有个中华戏院（现在是新华书店礼堂），那是个“落子馆”，即是妓女卖唱招客的地方，我们有事经过那里，总是绕开它，生怕落个嫖妓的嫌疑。说也奇怪，学校并不派人到三不管去巡逻，但是我们就是不敢到三不管去，校章还禁止早婚，不到 21 岁，不许结婚，谁要是犯了这一条，就立即勒令退学。但这条不适用于入学时业已结婚的人。还有一条严格执行的禁令，那就是考试舞弊，任何舞弊的手法，一抓住立即开除，毫不宽假。学生们宁可得低分，也不愿被开除。这条规章，一直执行于抗战前的南开中学和南开大学。

学生们也不许抽烟，违者记过。我们出校了，长大了，做事了，在同学聚会的场合上，抽烟的人都互相调笑地说：“你犯校规了。”或者校长在场，抽烟的人总有点拘束。校长总是笑着说：“抽烟的人，抽吧，这回不记过了！”

关于禁止吸烟，南开同学中还传说一段故事。有一回，张校长申斥一个犯了抽烟禁令的学生，那个学生很调皮地说：“您教我不抽烟，您干嘛也抽烟？”张伯苓憋了半天，说不出话来，然后把他的烟袋一撅两段，坚定地说：“我不抽，你也别抽！”从此他真的不抽烟了。若干年后，有一回，我和他谈弗洛伊得的心理学说——梦是欲望的假满足，他笑着说道：“有道理，我戒烟之后好久还做梦抽烟。”

咱们接着谈校舍。进东楼，经过道，迎面是一道门，门通向一个下面有涵洞的短廊。短廊通向礼堂。礼堂门楣上的横匾，刻着“慰亭堂”三个字。慰亭是袁世凯的号，他捐了一万块钱给南开中学。南开中学用这笔钱来盖这个礼堂，横匾就是纪念捐款的。及至袁世凯称帝，慰亭堂的牌匾被撤下来了。撤下这个牌匾，动议可能来自学生，校当局也是同意了的。

礼堂的南、北、西三面，围绕着一些小房间，向北的有一间是基督教青年会，有一间是广武学会存刀枪剑戟的地方，有一间是军乐队存乐器的地方。所有向西的小房，后来都拆了，改成一个“思敏室”。“敏”是严约敏，他是严范孙的侄子，教我们代数，我们很喜欢他，他死了，同学们捐钱盖思敏室纪念他。思敏室寻常日子一部分是俱乐部，是小型的集会场所，一部分是新剧团的团部和存道具的地方，到了演戏的时候，一齐拉通，成了后台。礼堂周围向南的房子是教职员的宿舍，有的一人一间，有的两三人一间，校长张伯苓的宿舍是东南角的那一间。他的家当时在南马路，但他时常住在学校里，有几位国文老师，在天津有家，也住在学校，星期六下课后才回家；家在外埠的老师，就常川住校了。

东楼的楼上是几个教室，南北两头的较大，中间的较小。

回忆起来，我在其中北头和中间的一间都上过课。也有一条走廊，走廊的南头，是个小亭，上课下课要敲的钟，就在亭内。当时学校范围不大，铜钟虽小，敲起来，也可以声闻全校。

东楼的南头，与它垂直的，有一溜平房，这溜平房的用途在我在校期间，几经变迁。最初是学生宿舍，我刚入学时就住在其中一间。师范班归并到南开来，他们的宿舍和教室都在这溜平房里，师范班毕业了，1916年南开办“专门班”，我是专门班第一班的学生。我的课室和化学实验室也在这里。我离校之后，这溜平房改建成为行政和教学用的“中楼”了。

东楼的北头与它垂直的是一幢楼房，叫作“北楼”。北楼楼上是几间相当大的课室，我一年级时在其中之一上课。楼下本来也是预备作课室的，因为宿舍缺乏，也暂时作了宿舍。我在那里住过一个时期。我清楚地记得，我的寝室向北的窗户外，隔一条胡同，就是电车公司。寝室的门对着礼堂。

北楼西头是一幢平房，跨度相当大，前檐比北楼稍为突出一点，这，当时叫“北斋”。北斋的内部，用木板隔成两溜寝室，中间留一个走道。到了冬天，两个大火炉，生在过道里，烟筒通到宿舍的两头。因为断间只有一人多高，所以火炉的热气，部分可以到达寝室。

在北楼与北斋交界处，有一条由北往南的长廊。长廊的东边是礼堂，是校内运动场；长廊的西边，从北斋数起，从北往南，是一溜平房（学生课外活动的会所和储藏室），是食堂（即饭厅，中间是个篮球场），是厕所（厕所除了正当的用途之外，还是学生们偷着开夜车的地方），是教职员宿舍一溜平房，是小花园，是名叫“西斋”的四排宿舍——高年级的宿舍。敬爱的周总理的寝室在第二排，我住得离他不远。西斋最南一排，与盥洗室、开水室为一边，长廊的南头为一边，形成一个天井。长廊南头正角左拐是与北斋相同的南斋。南斋是我离校之后盖的。南斋东头是当时校舍东南角。从南斋东头左拐是一溜平房，从南往北是“自治励学会”，“敬业乐群会”，《校风》的编辑部等课外活动场所，好像还有消费合作社，这溜平房与东楼平行。它的北头直抵围墙大门。

我之所以絮絮叨叨说早期南开中学的校舍，不是为了说明这些建筑物如何如何，因为除了东楼和礼堂可能有建筑设计之外，其余都是土法盖起来的。

我之所以絮絮叨叨说校舍，是为了说明：（1）学校发展之快，1912年初，我入学之初，全校只有200多人，及至1916年我离开南开时，学生人数已达一千。张校长打比喻说："孩子长得快，去年缝的袄，今年穿不得了，又得要添新的。"（2）校行政的匠心——不是建筑技术的匠心，而是教育措施的匠心，每一个建筑物都有它教育的用意。（3）我怀念华午晴这个人。抗战前，南开中学、南开大学、南开女中、南开小学的校舍，都是华午晴经手盖的。这个人诚实、正直、廉洁、能干而才华不外露。他是南开起家的大功臣，是南开的建筑师、会计师又是财务管理员。南开行政廉洁的风气和行政效率之高，是和他的作风和操守分不开的，我和南开的老同学，都非常尊敬华先生，其尊敬的程度，仅仅亚于张校长。

第　五　章

全面人才观：与“散、弱、愚、贫、私”斗争

中国人所缺乏的两种力

国际的风云如此的恶劣，中国的前途又何等的危险，这是谁都不能否认的事实，除醉生梦死之徒外，我想谁都想自救，而且谁都要自救！

要自救，就应该先知道自己病根之所在，而后才能谋自救的方策，我以为中国人最大的劣根性，有以下的两种：

（一）没有团结力——太自私

在我们南开大学里，有一种最普遍的而且我所最赞成的运动，就是拉绳，绳子的一端有许多人拉，绳子的那端也有许多人拉，大家在一条直线上比胜负，倘使现在的一条绳子是由许多细绳卷成的，譬如一方许多人在一条绳上拉，另一方则把一条绳分开为数条细绳，每人各拉一条细绳，分散着各拉自己的一条，试问：连在一起拉的一方胜呢，还是散开来拉的一方胜？事理是无疑的：那连在一起拉的一定要胜，这原因就是团结的力量比分散的力量要强大，要巩固。

不团结的原因就是太自私，中国衰弱的致命伤，是中国人太自私，只顾一己的利禄、名誉，丝毫没有社会观念，更没有国家观念，根本谈不到什么爱国或救国，一般无廉耻的人，都是被这自私心所驱使，弄得中国不能团结，一盘散沙。

但是中国的人民正染着这个恶习，这是最可深惜的恶习，如果国人对此恶习不除，则一切救亡图存的打算，都是白费！

（二）没有前进力——不彻底

世界是动的，不是静的，是前进的，不是后退的，这是千古不灭的定律，所以生存在20世纪的国家，应该进一再进，长一再长，不断地迎着时代的轮子往前跑，不进则退，退则被人家淘汰，但是我国人习惯，遇事不肯迎头赶上去，一切的都做得不彻底，有一小小的结果，就以为是登峰造极，自鸣得意，就不想再长进，这里有一个很显明的例子：

第六届全运会，有许多选手们因为得了锦标，就满足了甚至骄傲起来，其实这种种都要被人家笑话的。因为你在中国虽然得了冠军或打破了纪录，但是比起远东的纪录，就相差得很远，比起世界的纪录，相差得更远。你在这种小的狭小的笼子里，虽然得了冠军或亚军，但是你如果看看远东，望望世界，那你有何面目自大呢，有何勇气骄傲呢？

曾忆：在第九届的远东运动会，我担任中国的总领队到日本去参加竞赛，当赛终领奖的时候，日本的选手虽然名列前茅，却仍保持着日本故有的朴素，布衣布鞋，笑容满面很客气地去领奖。中国的选手呢？则不然，虽然得的名次末后，但领奖的时候，却神气活现，而且毫无礼貌。由这一些，可见中国的运动不进步，就是因为中国人太骄傲，骄则必败，无怪中国永远停留在这“止水似的下层”！这亦是前例之一种。

凡事大抵如此，古今同出一辙：越王勾践卧薪尝胆，卒灭强吴，这足征“骄则必败”，不彻底，不想前进者终得淘汰！

予上所述，虽属小道，亦有可观者焉，国人对此病如不治，则复仇雪耻，一切都是梦呓！

造成完全人格，三育并进不偏废*

余今所欲言者，为最要事，诸生其注意。近日屡感触于社会之恶习，益觉中国前途之可惧。夫中国当此千钧一发之秋，所恃者果何？在恃教育青年耳。教育一事非独使学生读书习字而已，尤要在造成完全人格，三育并进而不偏废。故凡为教育家者，皆希望世界改良，人类进步；抱不足之心，求美满之效。我国当教育青年之任者，诚能实行若此，则中国或可补救于万一。兴思及此，不禁深喜，及觇社会之现状，虽一则以喜，又不禁一则以惧。先以为教育兴，青年立，必能将社会渐渐改良，转危为安，故喜。更观社会腐败之现状，每况愈下，流连忘返者，比比皆是，又不禁肃然为之惧。此种现象不独中下社会为然，即上等社会，甚至作教育界之领袖者，亦陷于恶习之旋涡中，随波逐流。此等社会何时始能望其改良！如谓长此以往，不求进步，终日悠悠，忽有一日人皆醒，曰：当改良国家，进步社会。考已往，测将来，吾知其梦也。

更观政府以命令禁止恶习，虽有长篇大论，严词苛法，亦言者谆谆，而听者藐藐，于事乎何济！自鼎革而后，所改者，有用无用之名词；实事之增加者，社会中之嫖赌是也。即以赌言，打牌者，昔时南方仅有之，渐至北方，

* 本文为张伯苓在修身班上的演说词，由孤竹野人笔录。

今则全国上下不谋而合。中人以上之家，无不备之，而更妓馆花酒，所在皆是。使青年目夺神迷不为颠倒者，百不见一焉。吾常闻人曰，南开学生多自美，吾诚不解。若以我为南开学生即可自美，此等学生为学校之败类，校中去之。如曰人皆嫖赌，我独特立为自美，吾欲此等人愈多愈好。亡国者何？亡其魂也，奚必列强之分裂割据而后然？中国人现时大多数丧其魂矣！淫佚放荡日趋日下，有今日无明日，青年处此，不大可危乎？故美国学校多令年长生友年幼生，扶之助之，使自立，愿诸生履行之。此谓汝等可自为，可谓为南开学校所为，亦可即谓之救国救世，亦莫不可。青年有事占其身则快乐，暇时则将受外界引诱之苦矣。故余每救人借以自救，吾国居上等者皆嫖赌，下等反无之，以道德论，上等较逊矣。然而国家所恃者，非下等，上等又腐败，而欲国之不亡乎？更观中国之留学生回国后，亦与恶习随波逐流，非但不知羞恶，反饰之曰：中国不若外国之有音乐队、俱乐部等足资消遣，则嫖赌未为不可也。呜呼！国家所以派留学生，果何为者？社会腐败当改革之，公众利益当提倡之，如亦随波逐流，国家又焉用断送金钱以造人才哉。吾常云，三人相聚而不能乐者，非愚则死。如必嫖赌乃可为乐，其必无心肝，直死人之不若耳。

汝等青年自少时练习正当快乐，则一生受其益。今而后遇罪恶排斥之，宁使彼说我美，勿令众笑我弱。际此国家未亡时，大声疾呼，或可补救于万一耳。

中国一线之望，皆在学生之身*

此次修身，余拟用十数分钟之时间，对于时事稍言大略，以启诸生阅报之观念，庶不致一见报章茫无头绪，读而生厌。

余对于时事不常为学生言之，何也？盖吾国每有对外之事，即患应付无方，每易受人欺侮，欲图富强几于无望，恐学生闻之徒生悲观。且少年心性每多好强，或受激刺生悲观则希望绝，受激刺则忿心起，二者皆非少年所宜，此余之所以不常言也。然如绝口不言，使学生对于世界大势、国家前途一无所知，又岂教育之良法？此余之所以必欲言也。此次中学会议，有某先生提议，值此修身时间，关于"国耻"，当常为学生言之，以启发学生爱国之心，而激励学生忧国之感，斯言良是。唯言之必使学生闻之不致徒生悲观，过受激刺方可，亦颇难措辞矣。盖中国一线之望皆在学生之身，学生之责任可知矣！而小学知识太简，不如中学学生知识较深，中学学生之责任又可知矣！故此案决议后，遇有机会即当加入时事，盖激刺不可太过，然亦不可毫无也。

今日所言之事为中俄协约。此事内容外间不得尽知，吾人可以往事征之。初日英协约，表面为维持东亚和平，故日俄战争他国不加干涉，以有英监视也。其结果日吞朝鲜，此日之利用英也。英国海军皆在欧洲，亚东商业鞭长

* 本文原题为《校长修身讲演录》，由李伦襄笔录。

莫及，借日力得以保全，此英之利用日也。今则利尽交疏，故日又与俄协约，其意果何在乎？可思之而得也。我国适当其冲，来日大难未知税驾之所在。于此欲施补救之术果恃何人？旧官僚乎？新人物乎？官僚派吾无望矣！此次新登庸之人物，乃竟有以烟土案而被嫌疑者，纵经百口解说，然迢遥数千里，累累数千磅，岂竟一无闻知乎？岂竟毫无关涉乎？何不幸而冒此不韪之名也。一人之关系无足轻重，试就大势观之，吾中国或不至如朝鲜也。其首要原因，曰版图辽阔，邻虽强，恐独力不能吞也。而各国战事方烈，当亦无暇东顾，此正转弱为强之好现象也。譬之病人，如人皆曰可愈，则精神为之一增；如自以为不救，则医药每至无效。我国今日，吾纵以为病虽危，尚不至诸医束手，决不至为朝鲜之续，明矣！今晨余挚友朝鲜某君谈及亡国之惨，闻之不禁动颜。虽然欲强中国，责任谁归？曰端赖一班新少年。然则少年自处应如何乎？曰尽心为学，以备将来之用。语云：生于忧患，死于安乐，望诸生三复斯言。

关于训言者，余亦有数语，即上星期所言之预算，诸生已尽解之耶？盖天下事无论为全国、为各人，均非有计划不可也。中日之役而日胜；日俄之役而日又胜，皆计划之功也。此国与国之对待也。至以各人论，凡行一事，亦每至有阻力生乎其间，必须继以贞固之力，方不致徒托空谈。语云：言之非艰，行之维艰，是非具有一种能力以胜此阻力不可。余尝为汝等计划，约有二法：一为先生之辅助；二为诸生之自治。夫然后先生之力渐减，学生之力日增，庶几人人皆具自治之精神而有做事之能力也。

关于体育者，复有一事，曰检查身体。本校学生近千人，人数太多恐难遍检，兹由医士列一病单，可按症填之，万勿隐病不言。本校学生徐绍琨、张润身之死，皆吾辈之过。启鉴不远，其戒之勿忽。

将来在社会做事，非有团结力不可*

今日在此，先代表赴美同人敬谢诸君厚意，并愿与诸君介绍张君伟如。张君亦南开旧日学生也。座中石女士虽与南开无关，亦名誉佳客也。今春赴东亚运动会与诸君相晤时，即有今日欢聚之约，兹果成为事实矣。

当未起程之前，恒静坐默思如何起程？如何赴日？如何在东京聚会？种种景象历历如在目前，抵东之期愈近，则此种景象愈觉真切，舟抵神户发电告诸君时，即想见觏面时之乐。及至横滨晤南开同学会代表，愉快莫名，及与诸君把晤，则更乐矣。夫余前此种种预想次第现于事实，与前此所预想者曾无少异，可见世事皆由渐进，人生生活亦然，抱一种希望，次第进行，于精神界中扩充势力，此种生命方觉有趣耳。余心常受感动者有两事：一则为国为公常觉快乐，为名为私每多失望。何也？盖为公众做事，尽责而行，责任已尽，虽有失败，而扪心自问毫无愧恧，俯仰自得，天下之乐莫过是矣！至若为己身私利孜孜而谋，谋而不成，未有不失望者。余贫而无资，然余甚乐，盖诸君皆余之产业也。有如许产业安往而不乐哉！南开学生尚未入社会做事已有团结势力，悬理想以测将来，结果若何？亦从可知矣！

---

* 本文摘自《欢迎伯师及同学赴美始末记》一文，是张伯苓1917年8月14日离津赴美途经日本时，于18日在东京中国青年会召开的欢迎会上的演说词，由留日南开同学会笔录。

夫今日之会预定于数月以前，不转瞬而实现，居今而预想吾等将来之前途，亦将不转瞬而次第实现。苟有其志，事未有不能成者。南开学生到处有团结力，曾闻黄钰生言，南开学生在清华学校亦有团体，此种精神急宜利用。盖今日社会引诱太多，能辅助、能勉励吾等者，小团体之力甚大，苟不利用之，真失机会也。将来在社会做事，非有团结力不可，否则必不能成功，此即团体之效力也。吾人之计划岂非使中国富强，与欧美并驾齐驱乎！夫前此希望今日之会其事小，数月而成；使中国富强其事大，其成功在数十年致百年之后亦未可知。余虽身死不及见，亦与目无异。但愿吾人协力前进，不畏险阻，此则须赖团结力矣！我国以世界上果占何等地位，不可不知。昔时世界各国尚不知我国内容，后渐以虚弱之名暴露于世，于是瓜分与利益均沾之说相继而来。自日本勃兴东亚，我国边壤多遭觊觎，欧战发生乃一变于政策，倡东亚门罗主义，于商业财政，皆切实预备，将来西人势力恐不能与争。今者中国政变，国内大乱，日本持不干涉态度，恐伤两国感情，难为将来扩充势力地也。就中与日本势力稍有抵触者为美国，近年来日美感情不甚融洽，美惧日本垄断于中国，于其太平洋之发展有碍，故近日日美交相商榷协助中国，苟中国长此以往不能自治，两国将越俎代庖，一如美国之对墨西哥。中国而果至此地位乎？余非所忍言矣！他勿具论，即如财政一项，不思整顿，外人之干涉亦岂能免。至此地步，则全国之自由失矣！诸如此类，皆我等将来所必遇之问题。今日须志之，以为将来之计划。今日国事纠纷，连年变乱，国人多心灰望绝，若国之危亡即在旦夕者。夫中国而果至于亡耶？吾安忍言。然不幸而中国果即于亡，吾人犹当谋所以复兴之，绝非一亡即安然无事，以听他人之宰割也。亦不能谓国亡即不能做事也。吾人计划，无论国之存亡，皆宜进行。虽然国亡而欲做事，其事太难，其遇太苦，非余所忍思也。此次东来，路遇一印度学生，欲赴美研究神学者，有两汽船公司（赴美之汽船公司凡三）以其为印度人，靳票不售。其一公司虽售而倍昂其值，置之下等舱中。此余目睹之事也。亡国之人跬步为艰，吾辈虽欲亡国，其奈代价之重，非吾等所能任受乎？夫国而不治，在理宜亡；国而能治，其势必兴。此事实之无不逃避者也！以我国之现状，是否有招外人干涉之道，平心思之，未有不悚然惧者。今事已至此，唯立定志向，思所以挽回之耳。余尝曰：诸事可变，南开精神不可变，一致为公，始终不渝。常策欧尝问余曰：将来入社会做事，对于失望有何补救？余应之曰：尽力而行，多为公，不为私，无所谓失望也。余固尝言，为己而谋，每多失望。凡作一事，第问其为己为人耳，苟其为人，何必容心于成败之间哉云去！余敢断言，将来做事，能以南开精神成功者，即“为公”二字。为人须志其大，何患于冻馁。余见夫今日之青年，多学今日外人之谋利，而不学昔日外人之牺牲。愿吾人皆学昔时有建设国家能力之外国人，如此而国家能亡者，未之有也。余年渐长，见事较为清晰，君等少年英发，即为建筑新中国之人物。不见西乡隆盛之铜像乎？亦当年英挺少年，建设国家之人物也！余望将来之成功，亦如数月前预定此会，抱定伟大志向，本理想以求实行，并望精神团结，时时警醒。馨香祝之。此次我等赴美，必组织南开同学会，以期联络焉。

立志戒赌，重拾责任[*]

寒假在迩，诸生多将归家，归则易与社会相习染。近日世风不竞，邪辟是尚，至于赌博，尤奉为时髦。故临诸生之行，吾不能无言以戒。

夫人性好胜而多贪，少年尤甚。当闲暇无事或手中阔绰，则易惑赌而成癖，故由元旦至元宵，青年坏去什九，直谓之赌博养成期可也。迨习惯既成，夜以继日，废寝忘餐而不肯舍。于是减食也，防睡也，阻身体发育也，以至丧德败名，废业倾家，诸恶果随之以生。此后，居官则贪婪而枉法，就事则济私而忘公。其害如此，而一般人士犹沉迷其间，视为高雅，岂以其百害尚有一利乎？能增知识乎？能充精神乎？能致富兴家乎？抑以舍之而不能优游以乐于斯世乎？吾知其谬也。

我校期造完人，想诸生亦能恪守校规，不至有上述恶习。然一旦离校归家，则吾恐随流扬波，或竟为社会所移易。诸生皆为有思想之青年，曷不于归家之前立志戒赌。于己则谨慎以防，于亲友则善言以劝，庶几正己正人，不负汝辈之青年，不污我校之名誉。

虽然人性好动，少年时尤不喜静，故饱食终日无所用心，难矣之言，尝为癖赌者所借口，是以去消极须增积极，欲戒赌则须觅益事，益事不增，赌

---

* 本文原题为《校长修身讲演录》，由杨德埙笔录。

癖不易革也。校中寒假乐群会，于功课、于运动、于游戏，皆已筹备有条，不徒不虚掷时光，亦可得书外兴趣。若归家诸生能仿之以行，或散步谈心，或学新温故，则心旷神怡，乐而忘倦，无暇为赌魔所惑矣！果尔，则假后归来，虽未仅学课，而所获之益，当有优于课堂者矣。

勿畏难，勿自轻，须知欲作一分事须受一分苦，诸生非欲勉为新世界之主人翁乎？所谓主人翁者，须忧社会之忧，急社会之急，而非若奴隶辈之惛惛懵懵可得而放弃责任也。欲不放弃责任，则自戒赌始。

去私*

汝辈肄业澄校，除技能、体育、德育外，所得者尚有一物，为他校所不及者在，即精神，即大公无私之精神。盖发自澄衷先生，因先生能以一己之巨资，为诸君辟一求学场所，即足表扬此精神也！

诸君试回忆“一·二八”时，我国曾发生何事耶？中日上海之战也！此战孰强耶？日本也！夫日人之体格、智慧、国土、物产以及其他种种皆不若我国，而独强于我国，何也？！则吾人不能运用之也。所以不能者，因国人“自私”之通弊致之故也。此“自私”之通弊，蔓延全国，故国势日以浸弱！民力日以涣散！

不观夫瑞士日内瓦之国际联盟乎，正讨论中日问题，而国内则川中二刘相搏战，山东韩、刘之冲突以起，相持不下。其他暗潮不知几许，要不出口战、兵战、心战之三方式，而程度互有高低已耳，其皆自私也则一！又回顾北方，彼不抵抗军队固不能抵抗乎？若以十九路军血战淞沪之成绩誉之于前，当能予以极深之反影，何哉？以其面子相关，畏人言南方军队较北方军队善战，遂能一反其往日之所为。凡此种种，皆“自私”致之。而此“自私”之所自养成，则中国数千年来专制政体养成之。唯知重私利，轻社会、国家，

* 本文为张伯苓在上海澄衷中学所做演讲。

中国遂造成今日贫穷之状态，受弱于己者之凌侮矣！

再请言二事喻：赛足球者双对垒方，十一人，一守门，二后卫，三中锋，五前锋。中锋、前锋所以攻者，他则守矣。得球能胜之机会也，然则全师皆前进以争荣誉耶？必曰：不可！盖后顾有忧也。且得球亦赖全队分工合作之成绩，守者勿使敌入内，攻者转相传递，然后有一人焉，以机遇之巧，而球得攻入矣。是球之得攻入，非一人之荣，盖全队之荣也，以个人为团体之一部分故也。又拔河：中日犹拔河之双方。中国以地大、物博、人众、智巧而败于情形反是之日本，无他，不能万众一心，用力于同方耳！此即“自私”之弊也！

故时当今日，外患固可恨，内讧尤可恨。甚望我亲爱之青年，能多加“大公”之训练！化个人一己为全国之一部分！训练处在学校，而贵校尤宜，盖有澄衷先生能为诸君范也！

今后南开的新使命

这次本校刊印二十三周年纪念特刊，承编辑诸君邀我为文，使我借此机会与校内外诸同学略倾几句想说的话，心里很觉欣幸快慰！

我想诸位都知道我们南开学校过去23年的历史，是无日不在风雨飘摇之中。频年经费的困乏，几次灾害的侵迫，都足以致我们学校于死命，陷我们学校于停顿。然而这样辗转患难，卒能成立到现在，并且蓬勃滋长，前进未已，这实在一方面是靠社会诸公同情的扶助，一方面是靠本校同人热忱的奋斗。所以在此我先要对于他们诸位表示一番谢意！

本校成立到现在，在社会上所居地位若何？我想诸位在各方面当然可以听到看到。但是我们所以能负此时誉，绝不是因为我们校舍比人大，或是学生比人多，实际还是靠我们所产的果子品质精良。因为诸君出校后在社会各方都能稳实从事，人格上、学问上又能奋斗向上，处处发扬南开的精神，随时怀着救国的志愿。这一点我以为正是本校对于社会的贡献，也就是诸君赐予母校的荣誉。所以在此我对于诸位离校同学也当深深表示感激！

我在30年前肄业北洋水师，当时因为看到国是日非，外侮频亟，觉得要救中国非从教育入手不可。所以就与严范孙先生合创私塾，那时惨淡经营，校舍很是简陋，设备也极不完备。其后历经了几许患难，经了几许奋斗，才能扩张到现在这样。为斯缔造经营，无非要想达到教育救国之目的。不过我以前所采取的方式，与现在稍有不同，也可以说那时的方法是没有到十分彻底。因为我以前终以为中国之积弱，是只在我们个人没有能力，所以一切不能与外人并驾齐驱，并且想以我们四百兆之众，苟有一天能与外人一人敌一人，则中国之强就可跷足而待。故一向对于教育方式，都按此目标向前进行。迨至近来，因经多方观察，觉中国至深之病，实不在个人之没有能力，而在个人之缺乏合作精神。我们且从智力方面讲。许多留学外洋的学生智力何尝真比外人低，学校考试的时候，第一名还往往多属中国人。其次，再从实际方面看，多少经营贸易的商人，致富的本领有时只比外人来得大。然而一谈到国家，他们终是富强，我们终是贫弱，这原因究竟何在？难道仍是我们个人能力不逮的毛病吗？一经细察，就觉事非尽然。现在列强之所以能致富致强，实在是靠他们人民团结的能力，因此他们有强有力的政府，可以作他们一切事业的保障，并且可以凭此与外人抵抗。

反顾我们中国，人民虽众，只是一盘散沙，人各为己，凭什么力量能与外人抵抗？我们要以个人的分的力量，与人家全人民团结的力量去折冲争御，这岂不是以卵击石，终归失败吗？所以在此我觉得我们中国现在实有训练团结的必要。我们全国人民现在最低限度的希望是要有一个独立的国家，一个良好的政府。所以我们现在一方面是要使人民有组织的能力，合作的精神，负责任肯牺牲，没有名利之思，不作意气之事，什么事都以国家为前提，如此人才，将来组织政府，才能使政途清明，政治稳固。这正是我们现在训练的目标，也正是我们南开的新使命。所以现在本校对于此点已积极进行，凡校内各种组织都加以特别指导和辅助。此外，一方面要使人民有政治常识，了然于世界大势，对于各种关系本国切身利害问题，尤当实地研究，如此做去，才能得到真正的补救方法。关于此点也正是我们南开重大的使命，所以本校现在也已在实地进行。学科方面，现都特别注重学生应有的根本常识。近来更要有满蒙研究会之组织，凭着我们去空谈、重实行的精神，我们要把满蒙问题能够实际解决。当然我们中国问题，不只满蒙一个，此外如关税、铁路等等，何尝不都是关于中国切身利害的问题呢！我希望我们将来都要把它们拿来细细研究，并且希望校内外同学能够互相联络，多多探讨，这样我们的教育方针，才不至于空虚，我们的救国目的，才不至于妄谈。最后我还要提醒大家一句话，就是我们应该通力合作，团结团体，实现我们最低限度的两个要求——一个独立的国家，一个良好的政府！

演剧与做人*

今天是本校怒潮剧社第二次公演，这种剧社组织我很赞成。因为到学校来念书，不单是要从书本上得学问，并且还要有课外的活动，从这里面得来的知识学问，比书本上好很多，所以一个人念书要念活的，不要念死的书。南开剧团有三十多年的历史，从这组织里面造就出不少的人才，现在社会上名人如周恩来、时子周、张彭春、万家宝等等，当年都是新剧团的中坚分子。从戏剧里还可以得做人的经验。会演戏的人将来在社会上必能做事，戏剧中有小丑、小生、老生等等，如果在戏剧中能扮什么像什么，将来在社会上也必能应付各环境。我不反对这种组织，因为在社会上做事正如演戏一般。这次怒潮剧社是由严仁颖、华静珊两位先生帮助不少，社员们也都非常努力。第一次公演成绩，在国语一方面不大好。这次的成绩一定比上次要有进步。

---

* 这是张伯苓在南开怒潮剧社第二次公演时的演说词，由李若兰追记。

三育之中，最缺者为体育*

我校运动会今已毕矣。余今日即借此题讲演，因此事近且亲切，当较讲数千年前之经传为有意味也。

德智体三育之中，我中国人所最缺者为体育。欧美之道德多高尚，公德与私德并重。我国人素重私德，而于公德则多疏忽，近则于公德亦渐知讲求矣。欧美人之知识发达，学术皆按科学之理得来。我国人固望尘莫及，然其学术发达之年代尚不为久，我国人竭力追之，犹可及也。至体魄，则勿论欧美，与日本人较，已相差远矣。

去岁袁观澜[①]先生观天津联合运动会，甚以为善，在教育部中竭力提倡课外运动。良以中国人之身体软弱，以读书人为甚，往昔之宽袍大袖者，皆读书人也。今日学校生徒，若非提倡运动，其软弱亦犹昔耳。

我校运动会取普及主义，近两年来改计分法，上场人甚多，而成绩亦美。

---

* 本文原题为《校长修身讲演录》，由陈裕祺笔录。

① 袁希涛（1866—1930年），字观澜，又名鹤龄，江苏宝山（今属上海市）城厢人。清光绪举人。1903年创宝山县学堂，次年倡改上海龙门师范学堂，1904年，又在杨行、吴淞、彭浦各办一所学堂。1905年上海龙门师范学堂创立，任校长，并筹设复旦公学、太仓州中学，历任以上各校教员、监督，兼江苏学务处议绅。1912年，应教育总长蔡元培之邀约，赴北京任教育部普通教育司司长，1914年任北京政府教育部次长，1919年代理教育总长，不久辞职。1923年回国后被选为江苏省教育会会长，江苏义务教育期成会会长。

今年有数门之成绩尚较去岁华北运动为优者，可见竞争之效也。

此次运动会，有新学生数人，进步甚速，而旧学生反有失败者，此因其自满与不自满之故耳。凡人做事切忌自满，自满者，做事不成功之兆也。汝等不可自满，生存一日，即应求一日之进步。

竞争时，或因好胜之心过大，而不免有不正当之举动，此最宜切戒者也。即使用不正当之法，幸能胜人，而于道德已有碍矣。大凡有真才能者，必不肯用不正当之法以求胜人，如郭毓彬赛跑，纯恃其双足之力制胜。唐人咏虢国夫人诗云："却嫌脂粉污颜色，淡扫蛾眉朝至尊。"貌美者，不借修饰也。某女校禁止学生修饰，某生不从，修饰甚力，问之则曰："吾貌陋，非修饰不足以掩丑也。"然不自知愈修饰愈见其丑也。运动者而求以不正当之法胜人，必其自无才能，亦彼女生之类也。

有几班跃高，好择竿之弯者而用之，日以前某班即如此也。噫！是何言欤？在校见他人用弯竿，己遂效之，而不问用弯竿之正当否也，则他日出学校入社会，人皆用弯竿，尚能望其独用直竿也乎？曰人用弯竿，而我用直竿，我岂非傻哉！曰：然欲成事者，须带有三分傻气。人唯有所不为也，而后可以有为。不问事之当否，而人为亦为，滔滔者皆是也。汝等若亦知此得处之道，则可出校入今之社会矣。见他人用弯竿，而己遂效之，此种事所谓引诱也，当力绝之。且夫用弯竿之易于多得分数，不难明也。虽小儿亦皆知之，汝用弯竿，人岂遂谓汝智乎？亦缺三分傻气已耳。

凡欺人者，即幸能欺其所欺之人，亦必失信于其旁观者，自损名誉，难逃人眼。若二人合谋欺一人者，其后必自相争，虽一时巧弄谲诈，使人莫我知，终亦未有不声闻于外者。林肯有云："虚诈可欺少数人而不能欺全世界；可欺人于一时，而不能欺人于永久。"其言信然。虚诈之事，一旦发露，人将群起而攻之，可不惧哉！人思至此而犹不免退自返者，是在智识为不足，在道德为软弱也。

人人具好争心。教育家善导之，使趋于正，则所争无往而非善也。苟一不慎，而稍事放任，则所争易出规矩之外。本校开运动会时，各班皆力争第一，宜也。然二十余班，不能皆得第一，终必有失败者。失败之后，尤须加意练习，毋得因是沮丧也。西人有言：为赢易，为输难。输非难也，输而能不自馁，不尤人，斯难耳。凡成事者，中途必受折磨，须胜过此种阻力，不因失败而灰心，而后始有成功之一日。此种精神，为中国少年人所最要者，汝等共勉之。

此次运动会计分新章不完全之处甚多，如各班分数均以人数平均，是于学生告假多之班，甚不利焉，后当重修定之。告假至若干日以上，则不计其分。

体育与教育

诸位，今天我所说的题目是“体育与教育”，天气非常热，所要说的，以简单为原则。以我个人经验，来申述体育原理，是好是坏，是否合理，还请诸位指教。我最初为海军学生，在北洋水师求学。当三十七八年前甲午之役，中国各海口被外人侵占，此时正当予卒业赴舰实习，目睹各海口之被外人侵占。德人以教士在山东被害为由，强占青岛，英人亦强借威海卫作避暑之地。是时予年甫二十三岁，目击当时国内官吏之腐败，人民之无国家观念，实足伤心。反观外人体格之雄伟，回视国人之螳螂体式，更觉失望。默察中国之国土、天产，无一不及外人，所以不如人者，只有人的陶铸。所以发志办教育。

自认教育与体育，绝对不能分离。宗旨以训练团结、合作、健全之身心为目的。三十七年前，予回天津从事教育工作，当时只教学生五人。在教室中授以跳高等运动，以期改进其体格。继之经过二三次出洋考察，更深悉体育之重要。人民体格及合作精神关系之切要，故仍本以往主张，从事教育，以期改造国内青年。当时，有外人在国内所办之教会学校，彼等尚提倡体育，然中国之官立学校，仍对体育非常漠视。诸位，试想体育不好，如何能改进体格？如何能有好的体格？无好的体格，何以能作事？故经过数十年的奋斗，达到现在的光景。顾今思前，似有进步，应感知足。然详察之，不但不敢知足，反觉应加倍努力。何者？国内体育虽见进步，然较诸其他各国进步之速，实足令人不寒而栗。我国体育之瞠乎人后，诚堪伤心而惭愧者也。故我们不能自足，仍须继续努力，此为全民族之问题，并非只造就几个好体格的运动员而已。所以，我们应以最后的努力，使大家体格强健。此次我国准备明年派遣选手赴德参加世运会，此是一种提倡体育的手段，并非目的。即如国内举办各种运动之银盾、锦标等，亦系借此为工具，用作提倡体育之手段。若以手段为目的，岂不大谬！国内各种学科，有学科讨论组织者很多，体育本年度亦仿照他种学科组织举行讨论会，希望大家分别担任，起来提倡，使这种组织长久下去，使教育当局、各校长明了体育。

中国人最大的毛病，是自私心太大。国人的智识，无团体、无国家观念。体育可以灌输此种观念，以训练其团结、互助、合作之精神。例如十人拉绳，六人据绳之一端，四人据绳之另一端。如四人合作，共力拉之，其另端之六人不能合作，则四人之一端定能取胜于六人者。故体育不教合作，乃为不懂体育，不能合作，乃可亡国。（他日设余执教育权衡，当试各校校长之体育主见，以评定其是否懂教育。）义务教育之推进，乃当今之要途，其中包括体育，并不应与体育分开。训练受教者，不但使其识字，更当使其活动。执教者，须知几种基本活动，以训练学生身心之健全。一方采取他人之成方，另一方更当速自研究，以期有较速之进步。诸君俱有责焉！

“务请贵主席重视体育，有异恒常”

一

汉卿先生赐鉴：

敬启者，我国年来体育进步不少，苓此次随同男女各选手赴日见诸健儿精神奋发，非常乐观。不过，彼人比较进步尤速，故我此行不甚得志，但经一番挫折，增一番训练，卧薪尝胆有志竟成。尚乞先生继续鼓励为下届贾勇搴旗之促进，至以为盼。兹附有恳者，学生汪丰，安徽婺源人，幼居沈阳，读书四载，嗣后来天津就学，民国十四年在敝校大学部毕业。该生留心市政，曾纠集同志将天津各租界及特别区施政状况，精密考察，著为专书，经商务印书馆出版，传诵一时，该生学行冠群，在校自励甚笃。各先生均极奖许，毕业后历任党政要职，亦为海内诸先进所推重。顾该生终未敢自足。现拟更赴海外游学以求深造。素仰我公爱才勖士，海内学子多蒙培植，敢祈格外成全，派遣汪丰赴美，继续研究，期以二载专攻市政财政，日后有成，自当力图报称以拜我公之赐。专肃代恳，致希鉴纳示覆，无任祷企！祇颂

伟安！

张伯苓谨上十九年六月十八日

二

汉卿先生、吉林张主席、黑龙江万主席、山东韩向方主席、河南刘主席、山西商（启予）主席、河北王（庭五）主席、辽宁臧主席钧鉴：

敬启者，华北体育联合会成立至今已历二十余年，每年举行运动会，借以促进青年爱好体育之知识与奋斗之精神颇著成效。本年远东运动会在日举行，吾国竟遭惨败。虽觉扫兴，然吾深信我国体育进步实较前增益多多，不过未若彼人进步之猛烈，故相形未免见绌。现今吾国民政府知体育重要，鼓励不遗余力。吾各省当道对提倡体育亦莫不深表热心。果从此促进不已，将来吾国体育发达，未必终无蜚声世界之一日。所惜，年来华北方面受战祸影响，百业凋敝，资补不足，遂令此项联合会于精神上难期振作，实为苓等绵薄之力所叹为无可奈何者。先生久为斯会所借重，务请贵主席重视体育，有异恒常；务请多多帮忙力予一提振之，则华北体育前途幸甚，苓等幸甚，专肃不胜悬祷、翘企之至！祗颂恳

伟安（勋安）！

张伯苓谨上 十九年十二月五日

南开中学的集体生活

黄钰生

课外活动

学校提倡种种课外活动，学生参加种种课外活动，这是南开学校的传统。通过课外活动，学校有意识地对学生进行德智体的教育，而且收效显著，这是今天我们从教育史的观点来看待这个事实。但是对我们早期南开中学的学生来说："课外活动"这个名词，这个概念，并不清楚，甚至分不清，哪是课内，哪是课外。

就拿体育活动来说吧，早期的南开中学，没有体育课，也没有专职的体育教员，只有一个孟琴襄兼管体育方面的事务。连辅导员，都是校外或校内邀请来的。辅导篮球，有个叫赛勒的美国人；练短跑，有一个叫朱神勉的华侨；练跳高，有个叫万克教英语的美国教员……诸如此类。学校行政上有体育课，章辑五由物理教员改任体育课主任，聘董守义当篮球队"五虎将"的教练员，那是一大后的事了。我在校的时候，凡是学生的社团，都有它的"体育部"，各班各级都有它的这样那样的体育队。社团与社团之间，各级各班之间，有各种各样的竞赛。我就是丁班的篮球队的后卫。我们这个队，连续两年得到班际篮球比赛的第一名。至于校际比赛，球类赛也罢，田径赛也罢，南开参加的人最多，得的奖牌也最多。在足球球场上，只有天津的新学书院和北京的清华能与南开抗衡。国际比赛，南开的郭毓彬，在远东运动会上得四百码第一名。提拔和培养选手，并不是南开提倡体育的主要目的，主要目的在于普及。当时（1912—1919）南开和清华的体育都普及，每天下午四点以后，运动场上都满了学生，做各种各样的练习和比赛，稍有不同者，清华多少带有强迫性，而在南开基本上是自由参加。锻炼身体成了风气，比如说，冬天早起，在学校附近的大开洼里跑一英里，住校的人，几乎人人参加。想睡点懒觉的人，架不住同屋把你的被窝一掀，你也只好起来跟着跑它一英里了。

“修身班”，你叫它一门课程也好，叫它一种课外活动也好，反正它是南开教育很重要的部分。“修身”一词出自《大学》，即所谓“修身、齐家、治国、平天下”。修身作为学校的一门功课，则是从清朝沿袭下来的。修身班的课堂是礼堂，时间是每星期三下午，听讲者是全校学生，有时候是全校师生，主讲人是张校长，也间或请些知名人士给我们讲话。记得有一位全希伯大夫，给我们讲生理卫生。校长讲话的主要内容，是处世立身的道理，再就是给我们讲时事，灌输爱国思想，用现代的话来说，就是进行政治思想教育。张校长有口才，很能讲话。他的讲话，给我们的印象很深，有的终生不忘。

一个星期一次修身班，不是礼堂唯一的用途。我的印象是礼堂几乎每天都有活动，其中之一是演说活动。

今天的青年，很可能提出疑问，演说不就是当众把自己的观点、主张说出，来让听者也同意吗？这有什么困难，还非得巴巴地特意提倡不可呢？对于这个疑问，我们这些七八十的人只好说：“同志们，你们比我们幸福，我们十几岁的时候，一上台去，但见眼前黑压压一片，这心早就跳到嗓子眼里去了，还演说呢！”张校长好像是从我那一班开始做工作，先从谈话入手的。有一个同学说：“我一上台，我就像一根毛儿似的。”张校长说：“你把那根毛抓在手里，不就行了嘛。”这一对话，好久好久传为美谈。就这样，在张校长的积极鼓励之下，演说活动开展起来了。各班在自己课室里练习演说，学生社团组织，也把演说当作一种重要活动，有全校性的演说比赛，优胜者得奖。全校性的演说会，也组织起来了。我们敬爱的周总理当时就是演说会的会长，我是会员。

其他活动，凡是可以在礼堂举行的，都在礼堂举行。

比赛。是课外活动中，最活跃最灵活的一种组织形式。有的学校主持，学生自愿参加；有的学生发起而学校批准；有的则是学生临时组织，比完即散。班与班之间，级与级之间的体育比赛，演说比赛前已说过，而重要的对课业起促进作用的，则是学科比赛。几乎所有课堂所授学科，都有考试以外的比赛，班内比赛、级内比赛、班级之间的比赛，各式各样，随时举行。最为全校师生所重视的，莫过于全校性的、每年一度的国文比赛。国文比赛名列前茅者，全校健羡，“金榜题名”，第一名更是“状元及第”了。我在校的时期，一共有三个人得国文比赛第一名。一个是我上一年级的陈刚，一个是我的同班孔繁霱，一个是我下一年级的周恩来。我们敬爱的周总理，在他的学生时期，多才多艺，不但国文好，别的学科也优秀，而且敬业乐群，干才出众，因此老师器重，同学爱戴。

《校风》报的刊行，是一种重要的课外活动。学校积极提倡，学生积极参加，经费出自学校，办理全由学生。《校风》的负责人（当时是叫“主笔”还是“编辑”，还是“经理”，我记不清了），很自然地就是国文比赛第一名。陈刚是第一任负责人，接任是周恩来，孔繁霱没有当过总编辑，但是他投稿很多，几乎期期都有。我也投过稿，但不多。除这些投稿之外，《校风》发表较好的国文习作和课外文艺作品。鼓励写作，这本是学校支持《校风》的原来用意。记录校长或知名人士在修身班的讲话，报道校内新闻，这也是练习写作一种形式。每期的《校闻》若干则，最受在校和出校学生的欢迎，出校学生的通讯为全校师生所关切。于是《校风》成了所有“南开人”互相联系的纽带。它对各处南开校友会的组织，起了促进的作用。（校友会先是在各高等学校成立的——例如，我在清华（1916—1919）时，梅贻琦、吴国桢就是在清华学校的南开校友会的会员——后来逐渐在大城市，乃至国外都有了。）到了“五四”期间，《校风》由发表学生习作的园地，逐渐成了学生发表意见的园地了。

社团组织。我们那时候只知道有这个“会”，那个“会”，我们根本不会用“社团组织”这个名称，连“课外活动”这个概念，也不在我们的意识之中。现在想起来，在学校的启发和鼓励之下，有这么几个跨班级、跨学科、跨兴趣、有稳定组织的“会”。最早成立的是“自治励学会”，在我进南开之前就有了；其次是“敬业乐群会”，在我进南开之后才有；最后是“三育竞进会”，是我在三年级才成立的。这三个会，各有各的成员，各有各的组织，各有各的会所，“自治”和“敬业”两会，还有各自的刊物。这三个会的共同点：都是一些志同道合的同学，为了鼓励学行而发起而组织的。学校之所以鼓励这样的“会”，是为了锻炼组织能力，培养领导人才——这是张校长明白揭橥过的。这三个会，历史最久的是“自治励学会”；人数最多最活跃的，是“敬业乐群会”。“敬业乐群会”和它的刊物《敬业》因为出了周总理这样杰出人才，今天享有盛名。这三个会，在政治上，可以说是“鲁卫之政，兄弟也”。这三个会，可以说是早期南开中学社团组织，乃至整个课外活动的典型，是张伯苓校长教育思想的一种具体表现。还有一点，今天必须指出，这三个会以及其他类似的课外活动，不全是由于学生的自发，而他们基本上是学校提倡的结果。

另有一个学生社团组织，与上述三个会类似而略有不同，那就是青年会——基督教青年会。它跨班级、跨学科而不跨兴趣，它是专门宣传基督教的。在这里还要指出：张校长是个基督教徒，但是他自己从来不宣传基督教。

新剧。用今天的叫法，应该叫作话剧。因为当时流行的剧种，都是唱的，而这个剧种，是说的；说的，又不是旧剧的道白，而是平常话，所以把它叫作新剧。我进南开的第一年 1912 年 10 月 17 日校庆日演的新剧是《华娥传》，是一个爱国女子的故事，演华娥是马仁声（千里），我们班算术教员。说也奇怪，我们不因为他演女角而减少对马先生的尊敬。从那以后，每逢校庆日，都演一出新剧，这成了南开中学的传统。第一个轰动全天津乃至全华北的新剧叫作《一元钱》。我们敬爱的周总理在这出戏里，演一个少女（当时南开没有女同学）。后来又有《新村正》《一念差》等剧，都是箴时砭俗之作，其主题思想、艺术水平，都是后来居上。至于演出外国名剧，那是我离校以后的事了。总而言之，早期南开中的新剧，对于话剧这个剧种起了启蒙作用。作为一种课外活动，也收到了语言艺术教育、道德教育、爱国主义教育的效果。

唱歌。南开中学没有音乐课，但是课外活动中有军乐队和唱歌团。军乐队成立得很早，唱歌团和新剧团是同时诞生的。校庆日新剧团在台上演戏，唱歌团在台前唱歌。为了校庆的演出，这两个团都要作全年的准备。新剧团要编剧，排练、制道具。唱歌团则编译歌词（我们没有自己制过曲），我们唱的歌曲，都来自西洋，多数是进行曲，如《哈力克人》《守卫莱茵河》等，也有一些抒情曲，如《老莱赛茵》，也有一些滑稽的曲和词，偶尔有一两首带基督教色彩的歌曲。歌词有的用英文唱，有的用中译文唱。中译文都是孔繁霱的作品，他对旧诗很有修养，所以他的译词，既合辙，唱起来也声音谐调。我们有时齐唱，有时四部合唱。合唱的时候，张克忠用童声唱第一高音，孔繁霱唱第二高音，冯文潜唱第一低音，我唱第二低音。我们的乐谱，既不是五线谱，也不是今天常见的用阿拉伯号码的简谱，而是用 d、r、m、f、s 标音的简谱。我们一共有 20 多人。指挥兼教员是孙润生，他是周总理那一班英语教员，是个多面手，他离开南开之后，搞了一个网球拍子和足球的制造厂，这就是今天利生体育用品厂的前身。

以上是我记忆到或者参加过的课外活动。现在看来，我从课外活动中受到的教育，不亚于我从功课中所受到的教育。也可以说，功课是智育，而体育、德育则是通过课外活动来进行的。

生　活

这里回忆的，主要是住校生的生活。1915 年我那一班毕业时，29 人之中，20 人住校，9 人走读。虽是走读，每天至少也有八九小时和我们住校生在一起，所以谈生活，也包括他们在内。

衣服。春、夏、秋三季一般都是“缸靠”竹布大褂（即长衫），颜色深浅略异，样式基本相同。冬天，颜色较深的布棉袍。也偶有穿丝绸呢绒的，那是极少数，而且看来也不顺眼。也有制服，那是上军操时才穿的，平时很少穿它。上课时必须穿长衣服。走读生早晨进校，住校生星期天出校，也必须穿长衣服；否则，号房刘明老人不允许。只有运动的时候和在自己宿舍的时候，才许穿短衣服。裤子一般是西式的。鞋是皂鞋，穿皮鞋的很少。夏天，有不少的人穿白帆布五眼鞋，我们以羡慕的眼光，见了穿白鞋的人，喊一声“帅”！我是 1916 年到清华之后，才“帅”起来的。帽子，我不记得我那时候戴的是什么样的帽子。同班李氏叔侄，冬天戴瓜皮帽，我们都笑话他们。发式，我的《毕业同班录》的照片，28 个“平头”，一个葫芦头。一般地说，早期南开中学学生的衣服，是朴素、整洁的。

伙食。住校生都包全伙，就是说一日三餐，一月 30 天，都在校吃饭。走读生多数包半伙，每天吃一顿中饭。星期天除外。全伙、半伙都分两级：甲级全伙每月三元多四元光景，乙级二元多不到三元。半伙按比例计算。八人一桌，四个八寸盘，甲级有两个荤菜，乙级一个，馒头、米饭管够。中饭每桌有一位老师。哪位老师在哪一桌吃，不固定。这样做一则是为了便于师生互相认识，二则为了维持礼貌；三则是跟学生吃中饭的老师不用花钱，是一种“福利”。礼貌云云，主要就是不要抢菜，张校长有时也和学生吃中饭。他很策略，提议把四盘菜顺时针方向挪动，为的是不让好菜总在一个人的面前。可是每逢一盘鱼挪动到他的面前时，就不再挪动了。这是同学间相传的笑谈。

我们的伙食是由一家厨师承包的。学校只供给饭厅、桌凳、水电，其余都由厨师包下来。因为厨师善于经营，学校行政廉洁，管理严格，所以厨师有利可图，我们也吃得满意。管理严格最突出之点，是饭厅不许有苍蝇。知道南开中学当时环境的人，认为这是很难做到的一件事。因为南开中学的后边，就是一个大污水坑，是亿万苍蝇滋生的地方。但是南开中学行政，采取一系列的有效措施——如固定的纱窗、饭厅入口处的暗室——终于克服了困难，做到无蝇饭厅。对厨师也提出严格要求，除了要求饭厅无蝇之外，如果饭菜里有苍蝇就罚他重做一个菜。有时，调皮的同学，从外边抓一个苍蝇扔到菜里，要罚厨房。厨房掌柜的总是小声说："先生们，我们是血本经营，赔不起呀！"有时也有争执，只好送管理员公断，管理员就秉公办理，好在经过油煎水煮的苍蝇究竟跟刚刚扔进菜里的苍蝇模样不同，该罚就罚，不该罚就不罚。

管理。安排管理好学生的生活，是早期南开中学的一个特点。先说宿舍，以四斋为例，每间寝室四个床位，中间一张带四个抽屉的书桌，桌上悬着一盏有白瓷罩可上可下的电灯，这就是我们起居生活温课的地方。门外墙上挂着四个竹牌，上写学生的姓名，以便"查斋"点名。哪四个人住哪一间，由学校指定，有时也听学生自由结合的意见。原则是：同班同屋；年级相近，寝室相近。

六点半起床。"堂役"（即校工）摇着小铃，叫醒酣睡的学生。同寝室的人互喊一声，一般都即时起床。七点钟，斋务员来检查宿舍，看有睡懒觉的人没有。也有六点半以前就起床的，那是些到校外开洼去练越野赛跑或者大嗓门练演说、念英语的人。学校六点开大门。到了冬天大考之前，食堂的灯，五点就打开，给学生们温课。起床之后，各人拿自己的脸盆（薄铁皮压成的，那时还没有搪瓷）、毛巾、肥皂（日光皂，英国进口），有的人还带着牙刷、牙粉（狮子牌，日本进口）到盥洗室去洗面漱口。我不记得盥洗室有太拥挤的情形，大概是岔开了时间的缘故。七点早餐，稀饭、馒头、咸菜。因为定量供应，所以来吃者可以参差不齐。八点上课以前，用功的人，温温课。球迷拿着篮球去“秀”（shoot）它几下，这是我经常干的事。上课了，学生们从寝室拿着要用的书籍纸笔到课室去。上午几乎堂堂都有课，自修堂很少，下午的课，理化实验和作文居多，也有自修课，到了四点，全都到运动场上或者会所去了，开会的开会，写文章的写文章，唱歌的唱歌，演戏的排戏，锻炼田径技能的锻炼田径技能，搞比赛的搞比赛。比赛最热闹，运动场和各会会所挤满了人，除了病号之外，宿舍里没有人，课室里也是空空的，但不锁门。这是课外活动时间，每天都有。晚饭后，七点上自习班，每个人都到自己寝室的座位上去做功课，很少很少有不做功课的人，因为明天就要交作业，或者提问，或者其他形式的小考。九点半了，但听室外有骆驼铃响，这是校工用一根棍子串一串铁皮夜壶分送到各室去的声响。不久，又听到皮鞋大、不跟脚、鞋后跟有铁掌，铁掌与甬道砖面相碰的塔拉塔拉的声音，这是“华白眼”查斋来了，该熄灯了，果然熄灯了。这是十点整。如果你不睡觉，还说话，就有人敲门，细声说：“该睡觉了。”再过半点钟之后，也许一排宿舍有一两个人偷着到厕所去“开夜车”，因为十点以后，只有厕所有灯光。

这就是住宿生的一天——满满的一天。如果你把上课当作生活的话，寓教育于生活之中，这是早期南开中学的教育方法。安排管理学生共性的生活，也安排学生个性的生活，有时分别进行，有时同时进行。久不久，学生们都要晒被褥，消灭细菌，借此也可以检查学生个人生理卫生的情况。又例如，我嘴馋，在校门口的零食摊赊账买东西吃，孟琴襄老师把我叫到一边去，细声说：“账要还，别再赊了。”我涨红了脸，照着老师的教导做。孟琴襄和华午晴一样，是南开建校的功臣。他为人憨厚，我们叫他“傻孟”，其实他精明能干。南开中学的体育，后来，全校——中学、大学，女中、小学校舍，室内室外的整齐清洁——包括食堂无苍蝇等事实，足以证明他在这方面的才干和责任心。

早期南开中学，寓教育于管理生活之中，其所以得法，主要是由于学校负责人——张伯苓、时子周、华午晴、孟琴襄、尹绍荀等人，认得全校的学生，每一个学生，叫得上名字，知道他的功课品行如何。我到南大任职之后，张校长回忆早年的情形，对我说："我和华先生他们比赛认识学生，后来学生多了，我认不过来了，但是管宿舍的人必须认识他所管宿舍所有的学生。"因为管理学生生活管理得周到，当时社会上，特别是学生家长，称赞南开是个家庭学校，张校长认为这是对南开最恰当、最光荣的称赞，他在修身班多次提起这件事，引为欣慰。

集体。培养集体意识，是早期南开教育的又一个特点。从校舍的建筑和使用，到课程的设施，到课外活动的提倡，到安排管理生活，时时处处都着眼于大小集体意识的培养。大之如国家，小之如一个寝室，都是集体。张伯苓校长到了中年，把他办学的宗旨，概括为"公能"二字，"公"就是为公不为私，"能"就是知识、技能、本领，其中包括为公家办事的能力，组织集体的能力，为集体争荣誉，不为集体贻羞辱的意愿。我们姑且把这叫作集体意识。首先，一个班就是一个集体。早期的南开中学，对于班集体意识是加意培养的。一班的课室，相当稳定。这是全班——包括住校与走读——共同作息的场所。功课在这里上，有些课外活动，在这里作准备，更重要的是：集体生活在这里过，用旧名词说，同学之间的劝善规过，砥砺学行，用新名词说，批评与自我批评，在这里进行。班舆论的威力很大，谁都不敢冒全班之大不韪，做与班誉有损的事。一个人参加全校性的比赛，只是代表他的班去的，胜利了，个人光荣，更重要的是，全班光荣。学校的比赛，许多是班际比赛，不是个人的比赛，奖状、锦旗发给班，不发给个人，个人受到表扬时，总是提某某班某某人。通过这些措施，本来互不相识的四五十个青年，很快就形成一个愈来愈坚强的班集体。

除了班集体之外，还有许多跨班的团体——自治励学会、敬业乐群会、三育竞进会、新剧团、唱歌团、广武学会、军乐队、演说会、国文学会、英文学会等等，都是这样的团体。一个学生，除了参加他的班集体之外，总会参加一个乃至几个跨班级的团体。任何课外活动团体都不参加的游离分子，在早期的南开中学，是很少很少的。学校正是要通过这些团体，培养集体意识，锻炼其成员的组织能力，促进其学业、技艺的成长，这就是张校长提倡课外活动、团体组织的用意。

通过校舍范围内的共同生活和学习，在班集体与团体组织的基础之上，包括全校师生员工的校集体，很自然地形成。通过和校外人士的接触，通过校际的比赛，通过种种比较（升学就业，都可以比较），南开的集体意识，很自然地形成。觉得自己是南开的一员而感到自豪，要求自己为南开争光，不为南开丢脸，这就是校集体意识。这个校集体意识，进校不久就开始形成，随着在校时间而与时俱增。离校之后，仍然不减，南开毕业生（很多时候并非毕业生，在南开上过学做过事的就算）到哪里，哪里就有“南开校友会”的组织，这说明校集体意识之旺盛。到了张校长的晚年，“南开校友会”国内大城市都有，甚至于外国也有。

年轻人要永远“有朝气”

杨肖彭

南开学校的建立是：先有南开中学，继建南开大学，又建南开女中，最后建立南开小学。到 30 年代以后，比较妥当的提法是：私立南开学校，分为四部，这就是南开学校大学部、中学部、女中部、小学部。南开中学只收男生，从性别上与南开女中分开。南开大学与小学则男女兼收。张伯苓先生是南开学校，包括四部学校在内的校长。学校是张先生毕生创建的，凡是在南开学校读过书、做过事的人，除在校学习的学生以外，都是南开校友会的校友，其中坚分子则是大、中两部的毕业生。几十年来成千上万的校友，分布世界各地，在“南开精神”的内在联系下，以张校长为核心，彼此联络感情，砥砺学行，维护母校，形成了一个较大的社会力量。张伯苓校长堪称“桃李满天下”。每年的 10 月 17 日，分散在世界各地的南开校友们，都不约而同地聚在一起，欢庆南开母校的校庆日。具体到天津，则更是热烈非凡。母校放假三天，演戏、开运动会、游艺会、会餐等等活动，无不尽欢而散。所有这些活动，都是围绕着一个核心人物，这就是张伯苓校长。

1923 年 9 月，我到了南开中学之后，看到什么都是新鲜的。当时学生有 1600 人，多数住校，通学生（即走读生）也有几百人。住在租界的官僚、买办、资产阶级家庭出身的子弟们，多是有汽车或“包月”（即自备的人力车）

接送。午饭虽然学校设有三个十分整洁的大饭厅，六人一桌，有荤有素，四菜一汤，白米白面的主食（分为全餐、两餐、一餐三种），仍不能满足这些少爷式学生的口味时，他们可到学校对面的太平洋西餐馆，或仁义成、捷胜和等饭馆去吃。生活享受上，应有尽有，只要有钱，都是不难解决的。甚至考不进初中一，也能以学宿费加一倍的办法，免考入学，作“副学生”。学校为这批学生单开一班，试读一个学期，考试及格者，第二学期即转为正生，否则退学。这种办法，是在当时其他学校所没有的。

1924 年孙中山先生逝世不久，教务主任喻传鉴先生在中楼前的操场上，给大家播放了一次孙先生生前在广州演讲的录音片，听到革命的道理，我的印象较深。

在星期三上午的全校师生周会上，我最爱听张校长的训话。我记得下面几个内容对我的感染最深：

一次在周会上张校长亲切地对我们说：“现在南开学生多了，不似当年在严馆时，只有十几个人。我可以分别请你们到我家去吃个便饭，谈谈家常。现在咱们有 1600 多人，你们要让我请你们一顿饭，会吃我个家产净绝。但是大家如有家庭问题，愿找我谈心的，可以到办公室约定时间，我愿帮助你们青年人，解决个人问题。”我就是这类学生当中的一个，从此把张校长看为自己的恩师。

1927 年大革命之后，一次张校长在周会上讲：“中国的时局是‘打老大’，谁当上了老大就必挨老二的打，等老大被打下来之后，老二就作了老大，然后再出来一个新老二，打这个新老大。这样循环不已地打老大，就是中国的时局。……”最后结论是：“救中国没有别的出路，只有办教育，造就人才，实行教育救国。”

张校长反对早婚，学校规定入校后不满 20 岁的学生不许结婚。他对学生们讲：“你们入南开以后不满 20 岁的不要结婚，早结婚有害处。如果你的父母非要让你结婚不可，你就对他们说：‘我结婚是要给自己娶太太，不是给你们娶儿媳妇。’他们如果还不同意，你就说这是我们校长说的。”

张校长常讲：“咱们南开真是‘难开’，不管钱怎么困难，咱学校的房子一定要修好，该上油的地方一定油饰好，永远看着有朝气。青年人不能萎靡不振。”

我在校的六年中，学校遭到几次变乱，如褚玉璞、李景林、张宗昌控制着天津时，市面几度陷入混乱状态。张校长除了把女中与南大的女同学，都临时迁往租界避难以外，自己总是以身作则地留在学校，同师生们一起，共甘苦，同患难。我记得有一次校外的散兵与土匪勾搭起来，到处放枪抢劫，学生们有些害怕，张校长把我们召集到大礼堂，笑容满面，态度轻松地对大家讲：“你们不用害怕，那些大兵们就怕看见书，你们在这里是念书，所以他们不敢进来。”

张校长对学生们的课外活动是非常重视的。有一次在第一饭厅前贴出一张“无线电研究会”的广告被张校长看见，他立刻把发起人找到校长办公室，先问这几个学生：为什么想玩这种东西？然后对他们说：“你们玩得好，学校先补助你们一百块钱，好好地玩！”张校长对这种课外活动，一向是大力支持的。又如对东北问题研究会，就是在“九一八”事变之前办起来的，当时不但张校长自己到东北去考察，后来还专门请来傅恩龄先生主持这事。尽管走的是改良主义的道路，也是被日本军国主义者所怀恨。这与日后南开学校被日军飞机轰炸是有关系的。

1927 年夏天，张校长利用暑假在南中礼堂召开了学校工作改革讨论会。学生当中有林受祜、乐永庆、万家宝、张廷勋和我等人参加。这次会的主要内容是说明以下几点南开精神：

（一）南开学校办学是在“继续改造环境”。用张校长的说法就是“干”。我记得那时有人送给大会一面横旗，上面只写了“干、干，干”三个大字。当时张校长提出表扬说：“这正是我们南开的精神。不过还要弄清楚应当怎样干。”

张校长还常对大家讲：“有人到南开来参观，多向咱们要章程。当咱给他章程时，一定先要对他声明：‘这份印好的章程是过时的了，因为我们学校天天在改进。’”张校长对来校参观者，不论何人，从来不作任何布置，让人家看真的南开学校。

（二）所有参加会议的人都提了不少的“工作改革提案”，每案都要包括三项内容：①提案内容，②理由，③办法。有一个学生提了一个提案是：填平学校后面的臭水坑（即今天的南开公园），提出的理由是：太臭，有碍卫生；办法是：请校长设法办理。张校长拿出这个提案对大家说：“这个提案很好，只是办法有问题。因为我这个校长没有那么大力量，填平有史以来的臭水坑。那怎么办呢？我看还是让大家练练鼻子吧！臭味闻惯了也就不觉得臭了。这是在南开上学的一项锻炼。”

我在高中二时，校内成立了贩卖部，专卖糖果和冷饮。校长指定由我负责管理，每晚前去结算账目，并请王九龄先生与我一同在一个礼拜日的清晨，到估衣街、锅店街等处，调查研究早市行情，以便监管贩卖部的工作。一天晚上张校长还约我陪他一同到贩卖部，买了两瓶汽水同我一起喝，借机观察收款的情况，并及时地给以指导。

中学部院内的文具店，那时已改为消费合作社，校内师生凡愿参加者，付社费二元作社员，发给一张卡片购货证。我记得我每学期买货十五六元，年终可分到二元上下的利润。多买者多分。主办消费合作社者，老师当中有张彭春（仲述）、陆钟元（善忱）、学生中有乐永庆、万家宝（曹禺）、林受祜、张廷勋和我等人，组成委员会，另聘专人做具体工作。在当时这是一种很新的商业形式，一般机关和学校是没有的。

听老校友卞俶成（肇新）先生讲过关于张伯苓校长以身作则的戒烟事迹：张先生当初吸烟，一天先生给学生们讲修身课，内容是戒吸纸烟，有一个胆大直爽的学生，当堂提问：“为什么先生可以吸烟？”张先生毅然决然立即把烟具当场毁掉，身体力行，从那时起，终生不再吸烟。张校长以身作则的作风，成为日后学校优良传统的校风之一。回忆我在校的六年当中，不仅绝对不准吸烟，如在宿舍里发现学生有火柴，则记大过一次，三次大过就开除。因此，宿舍内不许有蜡烛，否则，同样受记过处分。纪律严明，人人遵守，绝无例外，更没有特权。我记得有一年过“双十节”，晚上参加提灯游行大会，返回宿舍后，斋务课立刻把所有的蜡头收回，以免违反纪律。真是说到哪里就做到哪里。南开精神之一就是言必信，行必果。

张校长对南开学校兴建校舍，有其独特的见解。在华午晴先生设计兴建南中南楼时，张校长给我们讲：“咱南开盖楼房，要达到三个目的：一是适用；二是好看；三是省钱。”

对于给南开捐钱的人，张校长主张：不论是谁，只要他肯捐钱给南开，办教育、做好事，咱就要。

我在南开中学住校的六年中，学生所睡的都是木板和板凳床。那时没有滴滴涕一类的药物防治臭虫。学校为了消灭臭虫，在后院建设了一间无窗的加温室，把所有的床板、板凳，分批在室内加温到摄氏300度高温，杀绝臭虫。对此，凡是住校的师生，皆大欢喜。

回忆在天津开始的戏剧生活

曹　禺

20年代初，我进入天津南开中学读书。那时张彭春先生负责校务，喻传鉴先生是教务主任。张彭春曾先后在美国哥伦比亚和耶鲁大学研究教育和戏剧，对戏剧很有兴趣。南开中学每到校庆和欢送毕业同学时，都要演戏庆祝，成为一种传统。演“新剧”起源于张伯苓先生。他早在1909年（宣统元年）时就提倡新剧，目的在于练习演讲，改良社会。南开新剧第一次公演的剧目是张伯苓先生自编、自导、自演的《用非所学》。

我大约在15岁时就加入了南开新剧团，演过很多戏，几乎都是张彭春导演。师生合作，参加者有伉乃如、吕仰平、陆善忱等。我也演过陈大悲的戏，如《爱国贼》。

当时的风气，男女不能同台。我在中学时多半扮演女角色。我演的头一个女主角戏是易卜生写的《国民公敌》。我们排演认真，费时两三个月之久。这个戏写的是正直的医生斯多克芒发现疗养区矿泉中含有传染病菌，他不顾浴场主的威迫利诱，坚持要改建泉水浴场，因而触犯了浴场主和政府官吏的利益。他们便和舆论界勾结起来，宣布斯多克芒为“国民公敌”。那时正是褚玉璞当直隶督办，正当我们准备上演时，一天晚上张伯苓得到通知说：“此戏禁演。”原来这位直隶督办自认是“国民公敌”，认为我们在攻击他，下令禁演。等他倒台后，此戏才得以演出，很受欢迎。

1928年10月公演了易卜生的名剧《娜拉》，由我扮演娜拉，张平群演娜拉的丈夫海尔茂律师。我们一面上学，一面排演，每次演出都很用心，很努力。当时《娜拉》的演出在天津是件很大的事，尤其在教育界引起很大的注意。演出后报纸上纷纷刊载评论，受到观众的热烈欢迎。后来我演《新村正》，这是南开新剧团自己写的剧本，故事情节我忘了，记得我还改写过一遍，那时我已上高中，不是男扮女角，而是男女合演了，同台演戏的有伉乃如。华午晴先生搞的舞台布景。

南开新剧团经常介绍外国戏，有的加以改编，成为中国可能发生的故事，人物也都中国化了，但主题思想不加更改。这样做，是为了适合我们的舞台条件和观众的接受能力。如我改编过17世纪法国伟大喜剧家莫里哀的《吝啬鬼》（即《悭吝人》）。戏名改为《财狂》，由我扮演主角，并请曾在外国学过建筑学、"新月派"文艺团体的林徽因先生负责舞台设计，那是很讲究的，布景是写实主义的，在业余剧团中算是很好的了。

改编本把原来五幕缩为三幕，把原剧的主人阿尔巴贡改为韩伯康，艾利丝改为韩绮丽。《财狂》在南开瑞庭礼堂公演，轰动了华北文艺界，天津《大公报》还出了纪念特刊。我们演《财狂》时，郑振铎、巴金、靳以都由北平来看戏。此外我还导演过英国作家王尔德的《少奶奶的扇子》（原名《温德米尔夫人的扇子》）。

英国人高尔斯华绥的戏《斗争》，是写工人罢工的戏，改编后改名《争强》。这出戏写劳资斗争，最后双方都妥协了。我演资方的董事长，张平群演工人代表。那时我思想落后，高尔斯华绥这个戏是宣扬劳资合作，号召妥协的。

南开新剧团对我的影响很大。我原想学医，两次投考协和医学院，都没考上；后来考入南开大学学政治，但是学不进去。在南大和以后在清华大学时，我得到图书馆的许可，可以进入书库，在那里浏览较广，从有关先秦哲学的简单著述，到浅近的有关马克思学说的书，更多的是读中外文学和戏剧书籍。由于南开和清华大学的环境，我得到一些知识。南开新剧团的活动，启发了我对戏剧的兴趣，慢慢离开学科学的打算，终于走上从事戏剧的道路。

我很留恋青年时代在天津的这段生活。我从 15 岁至今天（72 岁），一直从事戏剧工作。南开新剧团是我的启蒙老师：不是为着玩，而是借戏讲道理，它告诉我，戏是很严肃的，是为教育人民，教育群众，同时自己也受教育。它使我熟悉舞台，熟悉观众，熟悉应如何写戏才能抓住观众。戏剧有它自身的内在规律，不同于小说或电影。掌握这套规律的重要途径，就是舞台实践。因此，如何写戏，光看剧本不行，要自己演；光靠写不成，主要在写作时知道在舞台上应如何举手投足。当时剧作家不都是走我这样的道路。张彭春去美国时，给我留下一套英文的易卜生全集，对我影响很大，大部分我都读了，有的太深，不大懂，没读。那时我太年轻，还在中学，英文也不好。易卜生是“近代戏剧之父”，近代戏（也许除去现代各种流派的外国戏）无不受易卜生的影响。他不仅是写实主义的，同时也是象征主义的。他的哲学思想和写戏方法，影响极远。他是一位戏剧大师。

体验生活是近来才有的词，我写《日出》《雷雨》当然也得体验生活。这两个戏的故事情节都是我天天听得见、看得到的亲戚、朋友、社会上的事。有人说《雷雨》的故事是影射周学熙家，那是无稽之谈。周家是个大家庭，和我家有来往，但事件毫无关系，只不过是借用了一下他们住在英租界一幢很大的、古老的房子的形象。写鲁贵的家，取材于老龙头车站（东车站），一道铁道栅栏门以外的地方，过去那个地方很脏。《雷雨》的剧本最后是在清华写完的。

《日出》一剧，事情完全在天津，当然和上海也有关系，如写交际花一类的事。地点也可以说基本是在天津惠中饭店，另外是南市三不管一带的地方，那里有很多妓院。翠喜、小东西是确有其人的。妓女们的心肠都很好，都有一肚子苦水。我不敢独自到那些地方去。当时的天津是暗无天日的地方，动刀杀人，无奇不有，我是由朋友带去的，读书人跑到那里去，很不容易。我接触了许多黑暗社会的人物，慢慢搞熟了，才摸清里边的事。不过很难。《日出》中砸夯，是天津地道的东西，工人是很苦的，那时盖房子、打地基，没有机器，一块大铁饼，分四个方向系绳，由四个人用力举起，然后砸下，一面劳动，一面唱。节奏感很强，唱起来也蛮有劲。他们唱的都是一段段故事，也有即兴打趣的内容，有领唱。我一看就是两三个小时，写在《日出》里的夯歌，是我自己编的词。

天津的话剧活动并不只是南开中学一家活跃，很多中学都在演戏，汇文中学新学书院，还有一个外国的女子学校都在演。黄佐临是新学书院院长，他是很有名的戏剧导演，他的女友丹尼用英文演莎士比亚的《如愿》，由他亲自导演，还请我去看过。

天津的话剧运动在“五四”以前就开始了，周恩来同志就是当年南开编演新剧的积极分子。1915 年南开学校 11 周年时，他参加演出新剧《一元钱》，获得很大成功。我比周恩来小 12 岁，在学校时没有见过他的面。后来我听说邓颖超同志也演过戏，我看见过她扮演男角色的照片。那时南开中学男生扮演女角，女中部是女生演男角，男女不能同台。再早的时候，革命党人王钟声，1907 年在上海组织新剧剧团春阳社，上演《黑奴吁天录》，1909 年带领剧团北上，曾在日租界下天仙戏院演出《爱国血》《秋瑾》《徐锡麟》等爱国的、反帝反封建的、反袁世凯的戏。这些戏都是刘木铎编写，由王钟声演出，极受观众欢迎。这是天津最早的话剧运动。后来王钟声被袁世凯的亲信张怀芝杀害。

新剧原是宣扬“文明”的戏，不唱。他们认为京剧内容封建，“不文明”。“文明戏”的内容是革命的，反封建的，“文明戏”是中国的早期话剧，这个名词原无贬义。

天津是革命话剧发祥的地方，对戏剧发展很有贡献。当初搞话剧运动资料的同志们不知道北方也贡献不小的力量。周总理曾经一再对我谈，要把天津和北方其他各地的早期戏剧运动写上去。都怪我太忙了，没有做。周总理也和戏剧家凤子谈过：“为什么北方这么重要的戏剧活动一点都不谈呢？”

张伯苓主张搞新剧很不容易。那时有人认为搞新剧是下流的，可张伯苓却认为新剧和教育有关。天津造就了很多人才，天津话剧运动的贡献是值得一提的。

一生戏剧事业的起点

黄宗江

我在1935年夏入学南开，编在高一五组。上完了高二，即1937年夏，适逢“七七”事变，南开关门，未得毕业。我在南开中学上过两年学，两年的时间在一生中并不长，对自己却深为重要，正是在南开这样一个环境中形成我一生从事戏剧包括电影的一个起点。

我当时并不知道周恩来同志是我们的老同学、并且是学生戏剧运动的主将，却已经知道曹禺同志是校友并引为榜样，因为他的《雷雨》已经斐然于世了。在初版《雷雨》扉页上，写着“献给我的导师张彭春先生”这一类的字样。我不禁向往我私淑为师之师是甚等样人呢？到了南开以后就见到了，张彭春乃张伯苓校长之弟，行九，人称“九爷”，学生们背后就呼之为“张九”。张九长得很神气，用学生的话说，很“牛气”，也确乎很有学问，是南开戏剧活动的核心人物。他后来做了国民党政府驻土耳其大使，投身官场，也就不大为人提起了。

约在1936年或春或夏，我在南开中学的瑞庭礼堂看到了鼎鼎大名的南开剧社演出莫里哀的《悭吝人》改编为中国国情的《财狂》。张彭春导演，林徽因舞台设计。舞台裸露，不落幕，敲台板灯亮开场，大概是来自法国的一种古典演出形式。万家宝（曹禺原名）当时在别的学校教书，作为校友返校演主角“财狂”，演得可棒，我至今犹记得他一双不大的眼睛闪闪发亮，盯住台下的观众说：“谁偷了我的钱呀！是你？是你？……”同台的多为老师，记得的有陆善忱、吕仰平……女主角是鹿笃桐，方从南大毕业的年轻的生物老师，还有南大的有名的“海怪”严仁颖。高班同学有徐兴让、高小文……戏散了，我还恋恋不舍，躲在台底下看他们拍照。若干年后，我写了一篇散文，叫《初恋》（载拙作1948年出版的散文集《卖艺人家》），说的不是儿女之情，而是自己对舞台艺术的“初恋”吧。我写道：“戏演过之后，好几个黄昏，我徘徊在礼堂旁，白杨树下，是什么使得我这样迷惘？……”

不久，我也登上了那个瑞庭礼堂的舞台了。我还没有资格参加南开剧社，却也一脉相传，是1937年毕业班的演出，我作为低一班的同学被邀参加。演的是易卜生的《国民公敌》，吕仰平老师导演。他可是正经八百的南开剧社的演员，曾参加《财狂》等演出。演男主角的是高小文，此人后来不知其所向。演反面主角的是我密友张福骈。我演的是女主角司铎克夫人。当时学生中的评论家王松声曾在校刊上写文章，居然提到如今有时已被称作“黄老”的我，“背影有如希腊女神塑像”云云。曹禺当年，在学校里就演过成本大套的也是易卜生著作《娜拉》中的娜拉，据说精彩乱真。松声且誉我为“万家宝后南开最佳女演员”。南开中学男女分校并男女分演，男演女和女演男有其传统。据说，抗日战争时在重庆，一次老校友周恩来对老校长张伯苓说：“我对南开有意见。”张校长有些紧张。周胡子拉碴地说：“叫我演女的！”周校友大笑，张校长释然。

提到重庆，有一台戏可补一笔。南开迁校重庆后称南渝，1943年夏为张伯苓校长祝寿，学生演出了老舍、赵清阁编剧的《桃李春风》。沈剡导演，蓝马和我被聘为艺术指导。沈、蓝这俩家伙以“为校长祝寿”为名，临时把我推上台去演了个醉汉，幸亏是可以醉遮丑。同一晚会，同台的还有名票友张伯驹，为张伯苓祝寿演了一出《盗宗卷》饰张苍。可惜当时重庆的观众多半只认得配角的丁英奇，并不熟识杨小楼为他配过马谡、余叔岩为他配过王平的诸葛亮张公伯驹。诸戏迷当知这一台戏也是难得的了。

如今伯驹老人已逾八旬，我亦花甲，居然也轮上我为“文史资料”提供见闻了。学生戏剧是中国的戏剧运动，亦即革命运动的一个重要部分，南开更是一大根据地。周恩来同志逝世后有一些文章谈及他少年时代的戏剧活动。主将如曹禺等同志当更有可阐述。我只能略记少年时所见所闻所历，既做资料，不嫌烦琐点滴，唯求纪实。中国的文史资料真是浩瀚，可湮没得也够呛了。“七七”事变南开遭炮火，不久之后，我在法租界天祥市场最高一层专卖旧书以及淫书的摊子上，发现了一大批盖有“南开剧社”印章的戏剧书刊，我弄了点钱扫数购下，视为珍藏，不幸1939年天津大水，荡然无存。我十分痛心地记得内中有南开早期重要剧目，周恩来参加过的《一元钱》，曹禺参加过的《争强》《新村正》等等。这些宝贝不知世上还有没有？还记得有一本戴望舒译的《麦克卑斯》，金色封面，近期《读书》杂志所列望舒书目尚无此书。我查询了北京图书馆与北大，均有目无书矣。念及水火人劫，能不珍惜点滴，书此拾遗聊记万一耳。

南开足球队和张伯苓

广　武

新学书院辫子足球队在天津出现后，于1909年到1915年间多次夺得校级比赛冠军。不久，南开学校足球队异军突起，不仅战胜了新学书院队，而且前后十余年在全市保持优势。

当时，南开学校的校长张伯苓，热心提倡体育运动。这个学校聘请了全国知名体育教师教体育课；每天下午四点以后为锻炼时间，操场上打篮球的、踢足球的比比皆是。学生们踊跃地参加各项体育锻炼。张伯苓酷爱足球运动，有时亲自带领学生踢足球或参加比赛。1935年，以著名的北宁队和南开队主力队员组成的天津中华足球队，参加“爱罗鼎杯”比赛，连续挫败在津的英国队、俄国队和世界队等，获得冠军，成为我国有史以来第一次战胜洋人而夺标的足球队。

张伯苓闻讯，立即接见和宴请了全体队员。席间，他激动地说，西洋人嘲笑我们是“一盘散沙”，做事“五分钟热度”，我听了甚为愤怒。又说，足球比赛是一种团结合作性的运动，技术方面尚不关重要，而全队11人必须团结一致，顽强奋战，才有胜利的希望，以此来克服“一盘散沙”，是为良好手段。足球比赛时间长，紧张激烈，越到终场越为火炽，必须具备坚持到底的精神，如以此当作服务于社会的准绳，就不会被人嘲笑为“五分钟热度”了。

在张伯苓的倡导下，南开学校的足球活动十分活跃，培养出不少优秀选手，如吴彦章、范士奎、王雍劼、张长裕、傅信秋、金阿督、刘世藩、胡宗益等，有的代表中国队参加远东运动会，有的经常参加埠际和全国比赛，毕业后又分布各地，对全国足球运动的开展也起了积极作用。

忆当年南开“五虎”鏖战南北

王锡良

闻名全国的南开体育

当年天津南开学校的体育活动，在全国颇负盛名。这首先归功于校长张伯苓先生的重视和支持。他是当年历届全国体育总会的主席，对全国体育活动的提倡发展以及国际体育运动交流，都做出了很大贡献。南开学校对学生们身体健康的重视，同对德、智方面的重视是同样的。可以说，提倡体育运动是张伯苓先生一生兴办教育事业的组成部分。

南开学校的教学机构中专设体育课（科），由章辑五先生担任主任，负责全校体育活动。体育老师都是从国内各体育专校聘请来的优秀毕业生，如文进之、侯洛荀、齐守愚、陶少甫、李飞云等，均具备教学经验和专长，上课严格认真，一丝不苟，深受学生们的敬爱。校内有比较完善的体育设备，仅在南开中学校内，有四百米跑道的田径场地一个，足球场二个，排球场一个，网球场六个，篮球场十二个，冬季滑冰场一个，单杠、双杠、跳马、吊环、天桥等，分布在校园内，学生们除正式上体育课外，每日下课后，多涌到运动场上，各按所好进行练习或比赛，全校呈现一片朝气蓬勃的景象。在各项体育运动普及和发展中，涌现出不少优秀的选手，产生了实力雄厚的各种代表队。在20年代，南开篮球队曾获得华北和全国冠军各一次，棒球队获得全国冠军一次，足、排球队在华北区赛中获得多次冠、亚军；田径运动，南开中学“大金刚”张颖初，“二金刚”逯明是全国的“五项”“十项”运动的冠军，周兆元连获百米、二百米华北区冠军，张曙明获四百米冠军。在体坛上，南开选手出了名，他们为学校争得了荣誉。

篮球运动在南开学校更有一种魅力，全校师生都喜好而有深厚的兴趣。校队分一队、二队和少年队，各年级有代表队，来自外地的学生组织同乡队，还有同学们自由结合组成的队，此外还有老师队和职工队等。经常互相比赛、观摩，从而提高了技术，涌现出不少优秀的选手，壮大了校级代表队伍，多次赢得全国的美誉。

南开“五虎”崭露头角

1920年以前，天津官立中学（铃铛阁中学）篮球队是天津的劲旅，曾夺得天津的冠军。1922年开始，天津南开学校由大学和中学内选出优秀选手，组成南开学校代表队。队员有南大潘景武（队长）、祝瀛洲、刘洪恩、周希等，南中有李世珍、凌国彦、张增贤、张颖初等。当时天津篮球队有青年会的“竞进队”，新学书院、官立中学、北洋大学等队。这一年天津举办的篮球比赛中，南开学校队战胜各队取得冠军。1924年，以南开篮球队为主力，选进北洋大学的前锋黄玉桐和北京清华大学的中锋冯灿洲，组成华北区篮球代表队，参加全国运动会篮球锦标赛。当年5月，第三届全国体育运动会在武汉召开。由全国体育总会主席、南开学校校长张伯苓先生率领，并以董守义先生为指导的华北各项体育代表队前往参加。参加全国篮球比赛的有华东队、华南队、华北队。经过几场激战，最后华北队获得了全国冠军。

这时的南开篮球代表队，经过董守义先生的辅导，在技术和战术上都有独特之处，采取五攻五守的战术，以近投为主，中投为辅，短传快攻相互配合。前左锋张增贤左手在篮下左侧勾手投篮，右锋刘洪恩跳起补篮，后卫凌国彦拦截运球快传，均有专长。上场五人，“三高”（中锋李世珍、右锋刘洪恩、右卫徐金贤）、“二小”（左锋张增贤、左卫凌国彦），体力充沛，配合默契。（后来，天津体育爱好者为了有别于其后誉满全国的南开“五虎将”，称这五人为南开篮球“老五虎将”。）

南开大中学组合的篮球代表队，1924 年在武汉举行的全国运动会中获得篮球冠军后，队员们相继毕业离校，篮球队呈现青黄不接后继无人状态，虽有校篮球代表队组织，但实力薄弱，多次和市内各校队比赛，负多胜少，打不出名堂。

1925 年，南开中学初中一年级学生中出现一个自行结合组成的篮球队，因为自居于不出名、水平低，起名为“篓子队”，队员有王锡良、李国琛、魏蓬云等，他们在小学时，都喜好篮球运动，考入南开中学后同在一个年级一个班内，喜好相同，兴趣一致，就组成这个篮球队。到二年级时，刘建常由官立中学考入南开初中二年级，他身高灵活，在小学时是篮球队中锋，他参加“篓子队”增强了实力。到初中三年级时，由学校选中王锡良、魏蓬云、李国琛、刘建常四人为南开中学校篮球队队员。唐宝堃和这四个人虽不是同年级同班学生，但他那时已是南开学校少年篮球队的代表，在这次组织南开校队时，唐宝堃被选入，担任了前锋。这五个人技艺娴熟，敢打敢拼，不畏强敌，锻炼出过硬本领，为以后的南征北战打下了基础。

华北区赛奋战夺魁

南开中学篮球队在体育老师齐守愚先生指导下勤学苦练，终于在天津举行的联赛中取得冠军。1928 年春季，以南开大学名义，参加在太原举行的华北区男篮比赛。男篮比赛，分为大学和中学两个组。大学组内有久负盛名的北京师范大学、燕京大学、东北冯庸大学、天津南开大学，以及山西山左、山右两大学等队。南开队战胜山西两个队和冯庸队后，获得决赛权同师大争夺冠军。

当时北京师范大学都是体育系学生，实力雄厚，经验丰富。主力队员佟复然、李洲、金岩、赵凤珠、金德耀等，都是沙场老将，在来山西太原前，曾败于新起劲旅燕京大学队，但在此次比赛争夺决赛权时，两雄相遇，师大队以较大比数打败燕京，取得决赛权。南开队队员观看了这场激烈比赛后，思想上起伏很大，决赛前夕，队员们研究应战对策时，打算采用以硬对硬，猛攻猛打，一拼到底的打法，以击败师大。正当大家议论之际，董守义先生来看望大家，倾听了大家应战的策略，看到大家精神有些紧张，他安详、冷静、胸有成竹地对大家作了精辟的分析，讲了应战的策略。他指出：师大队身高力足，善于猛打，但速度不快，灵活性不强。采取硬碰硬，拼不过师大，不易取胜，应打主动战，以快速、机智、灵活善变来压倒对方，使其被动，才能制胜。董先生这番教导，解除了大家的顾虑，奠定了胜利的信心。

决赛一开始，南开队牢记董先生的教导，先发制人，争得中锋跳球后，采取迅速快攻，以短传二过一，突破对方防守，近篮投中，争取了主动。在全场比赛中，南开队主力队员魏蓬云、唐宝堃、刘建常、王锡良、李国琛五人，发挥了快、准、巧、狠，攻有面，守有位，攻守结合打法，极少失误，使对方始终处于被动，最后南开队以 13 分领先，获得这届华北区篮球赛大学组冠军。中学组由扶轮中学获得冠军。

南开中学篮球队以南开大学名义参加华北区大学组争得冠军，队员们尤其五个主力付出很多汗水；但是没有董守义先生的临场指导和高明策略，也是难以成功的。通过这次比赛使大家认识到：一个运动员或一个球队，除了勤学苦练，用心钻研外，必须有精通技术、富有实践经验、善于指导的教练老师，予以指教，才能更上一层楼，进而攀上体育运动的高峰。

南开中学篮球队自太原胜利归来，受到全校师生热烈欢迎。校长张伯苓先生亲自接见，鼓励大家戒骄戒躁，不要自满，总结经验，继续前进，迎接新的战斗。

第　六　章

新式教学法：取诸“世界文明国”

南开新章*

自明年起，学生年未逾二十岁，不准娶亲。否则革退。

考试分数原定主要科以五十分为及格，次要科三十分为及格，限格似嫌太低。自明年起，考试限格皆增加十分，主要科以六十分为及格，次要科以四十分为及格矣。

以前各班在入学二年以后即无体操一门，于体育一道，似不合宜。爰自明年起，无论何班，皆有体操。似在入学二年以后者，钟点稍减耳。

又以学生肄业之际，志向多不能定，已有所长不知所以发达之方；欲有所学，不知何为终南之径。如此诸类，不胜枚举。往往因发达不得其方，求学不得其道，致智识过人者，终无所用。可惜孰甚！故于明年特设访问一部，请各处名人从为指教，作迷途之筏，作指南之针，凡有所疑于心者，皆可就而受教焉。

噫！日新又新，其南开学校之谓乎！

---

* 本文为张伯苓在南开修身班上宣布。

新学期之各项政策*

今日为本学期之第一次修身班，本校修身向用演说，主讲人大半为校长，亦时邀名人演讲，如上期全大夫之演讲卫生学，钱得洛先生之演讲印度状况是也。本期拟稍更前例，除校长外，兼请专门、中学二主任及诸位教员并各名人演讲，内容则分为时事、训言、报告、名人演说四种。

吾人对此起首之时应作如何思想？吾尝思之，于《四书》中得数语焉，曰："凡事预则立，不预则废；言前定则不跲，事前定则不困，行前定则不疚，道前定则不穷。"诸生于个人之学业，开学前曾预思之否？当夫中日之战，日本得胜；及日俄之战，日本又胜，胡为而分胜败？盖一则于事前筹划尽致；一则临时仓促，其胜败之机不俟战后而可立判，此其一例耳。推而演之，何事非然。诸生非小学生，有脑筋，能思想，即宜各就自己现状预为思之。语云：尽人事听天命。盖世界上最易失败者，即毫无思想之人类。预算者虽未必尽能成功，然不预算者之失败无俟龟卜。今就诸生应预算者略为计之，优等学生闻而行之，劣者遗忘之，善者或能因吾说而进一步思焉，是在各人之自省也。

（一）对于课程之预算。第一，勿旷课。读书之秘诀，曰"时时温习"。

---

* 本文原题为《修身班校长讲演录》，由常策欧笔录。

人生最不幸者，即求学期中发生疾病，因而误课是也。疾病之缠身，匪唯书不克读，即寻常治事，亦无精神以副之。青春几何？设使大好光阴，尽消磨于病中，其困苦为何如耶？第二，每日之课程应温习完毕。今日所授之课程，今日温习之；本星期所授之课程，本星期温习之，日日无压积，则对于课程觉有余裕，而自能时时复习矣。一日之光阴，恰如银洋若干元，设吾人数元在握，必预思此元何用，彼元何用？一日光阴何莫不然。宜预思此时作何事，彼时作何事？每日各事作成。一好习惯，即将来之一好人格，一有用之学生。第三，宜择自己较弱之课程而补习之。中学课程为普通学科，人生不可少之知识，退而处世应用，进而求学专门，非有中学之普通学科基础，断无成效可言，则学生之对于各科，有求全之必要矣！

（二）对于体育。体育一科现时急宜注意。体育发达非啻身体之强健已也，且与各事均有连带之关系。读书佳者宜有健全身体；道德高者宜有健全身体。其练习之方法，正课则有体操、徒手体操，余如各种运动，庭球[①]、筐球、足球等；器械运动，如秋千、天桥、手桥、木马、平台等。个人宜择性之所好者一二种定时练习。二则卫生应加检点，而实行一端，尤为重要。如上期全大夫所讲卫生诸事，均宜按法行之，不可稍忽。卫生之中饮食最为重要。人当少年时，胃口发达，所食反较成人为多，因食物非仅供其身体之需用，且资助其身体之发达也。而普通少年，大半以其胃口之发达，遂随意进食，毫无节制，乃伏后日生病之机。即以余为例，少年时曾信口乱食，今则胃中受病，消化不良矣！诸生宜鉴此实例，幸勿谓吾未身受，遂不加检点也。人所最难行之事即为制欲，是盖天地间之固然。卫生之道，非仅对于全体，即一部分之病亦不可稍忽。设耳、眼之一部受伤，全体功用因之失效。某君曾演说一最恰之比例云：长铁环以下系重物，一环损伤，全体坠矣！盖身体各部虽各营独立之功用，而对于其余则有相互之关系及于全身。再则恶习宜

① 即网球。

戒除也，烟酒等习为青年最易犯者。今日为本学年之始，诸生青年为一生之始，自今日起，斩除恶习根株，与之搏战奋斗，易事耳！人生唯患不立志，语云“有志者事竟成”，诸生其三复斯言。

（三）对于各事之进行。本校于课程外组织各种学会团体，以为学生练习做事之资助。有种学生做事虽善，然所担任者太多，以致误其课程，此大非也；又有学生专事读书，日夜埋首，除课程以外之事，毫不过问，此又非也。诸生今日之服务于各会，即练习将来做事之基础。若徒谓吾来求学只知读书，其奈闭门造车，出户反辄何？总言之，宜使课程与做事互相调和，勿使有过长、过短之处，斯可耳。

（四）对于经济之预算。吾尝闻人谓本校为贵胄学校，此语诚非过当。本校人数众多，纨绔子弟自属不少，衣锦绣、食膏粱、骄奢性成、任意挥霍，唯知金钱之任吾需用，而不一念其祖、父创业之艰。须知学生时代为受熏陶锻炼时代，而非享安逸时代，此时作成节俭习惯，则异日任处何境，自无不能忍受之意矣！校中如膳制，甲等外别立乙等，以为学生节俭之助，行后颇著成效。其余凡可减省者，则减省之，勿谓吾有祖、父资财，而毫不节制也。

凡上所述，皆学生生活事务，而决不可不预算者，诸生来此求学，更何能贸然前行，而于己身各事，毫不思索？今日预定前程，努力实行，何患乎学之不成，业之不就耶？有志诸生，宜知省矣。

本校数年来增长颇速，计初成立时教员、学生共六十余人，迄今有二十载，而职教员已胜昔日全校人数，学生且二十倍于前焉！此数年内之增长，殆如十五六岁之童子，身体正当发育，速度极高，而其中则不免有一部过长、过弱之处，因之颇不类人形，及过此时期，则发育完全而身体强健矣。故近数年来，本校之增长虽速，而于坚固一层尚觉稍差。本期之政策，即关此的去作，使各事均有一定之秩序，英文 System 之意是也。黎大总统就任之言，曰：“将中国作成一法制国”。本校政策即将学校作成一法制学校，总不使一人之去留影响于全校，如古籍所云“人存政举，人亡政息”之意，则可耳！

各事既有秩序，则无论何人视事均能依旧进步。其能力强者能扩充之，虽较弱者亦无退步之虞，使之坚固永久，斯本期之政策也。兹分述之如左：

（一）校长之责任分担于校董。本校昔年曾请严范孙、卢木斋、王益孙三先生为校董。本期拟扩充校董人数，假中徐菊人先生来本校参观，现时已请其担任此事，并蒙允诺。此外，拟再邀一二人任校董职，并实行参与本校重要事务。如此校董既负一分责任，则校长之责任减轻，而全校事务不致交于校长之一身矣！

（二）校长之下分专门、中学二主任。本校近年发达称速，同时又创设专门科师范班，故一切事务自倍于曩昔。自去岁已增中学主任，今复增专门部主任。以后凡属中学班各事，可向中学主任询问；专门班各事则向专门部主任交涉。斯权限分而事易举。

（三）校务分掌。职员中分管理、庶务、体育三课。各有课长、课员，其余各事并由诸教员帮助，分国文、英文、图书、学会、体育、学校卫生、音乐诸股，各司其职，各理其事。校长既不过劳，校事亦有秩序，而进步自易矣。

（四）定时做事。本校昔时人数较少，故学生有事，无论何时均可问职员接洽；现全校人数将及千人，若仍用此法则恐诸职员有应接不暇之势。故拟仿本校会计处办法，每日有一定时刻接洽事务，在职员既可得暇休息，而学生又能养成秩序的习惯。诚一举而两得矣。

（五）对于各会。亦用本校政策，勿使增长过大，而求其精神坚固为要。

（六）对于各报。各出版物均请国文教员赞助，内容则取其精华而辞其烦冗。

以南开为试验场，以长以进 *

题旨：一，中学之办法（活动长进）；二，大学之筹备；三，实业之提倡。

每次开学均有演说，而此次与往者略有不同。

（一）予告假一年半，今方接任。

（二）正计划将来的进行。

前中学成立，在予同严先生由日调查教育后，今先生又极力帮同筹款设立大学，亦正在予同先生由美研究教育来。今方欲用半年功夫，审慎筹备此事。此时可谓为南开新纪元。

前二次办专科，无如今日之筹备，亦幸而未成，如果成立至今，亦须改变，以其有许多未妥处。而此次则较有把握。

今所欲言者分三项，其轻重繁简各有不同。

（一）关于中学之作法十之七。

（二）关于大学之筹备十之二。

（三）关于实业之提倡十之一。

---

* 本文原题为《二月十四日第二学期始业式校长张伯苓先生演说纪要》，由幸蒙笔录。

关于中学之作法

办学校须有宗旨，亦犹盖房者，心中须先有草图，用何器具，得何成效。

先时尊君尊孔等，后来全个仿日本，均非其道。现在欲求宗旨，须从反面着想，如同（一）须造哪类人；（二）当用何种方法。于此须知者：

（一）本国政体（须造哪类人）；

（二）人民情形（当用何方法）。

知乎此，然后再定教育宗旨，是以教育宗旨不可仿造，当本其国情而定。而所谓国情者，又太泛太 general，令人不易捉摸。兹再例述几项易于捉摸者。

①世界文明国多活泼，吾人太死。

②世界文明国多进取，吾人好保守（按，此当提倡自动）。

③吾人多知自己及家族，而思想眼光多不知社会之必要（按，此当提倡使国人有社会的自觉心）。

④国人好作消极的言论行动（当提倡积极精神）。

以上所言，不过四项，已经比徒言国情者易于领悟。然此不过是目的而已，目的使之自动进取等等。但欲达此目的，须用何种方法，如使学生有机会在学生中及团体中做事，即练习社会自觉心；又如使学生自谋其前途事业，即练习自动心，凡此愈说愈近，已经易于领悟多了。

凡此种种，予愿同诸位师生共同勉励，用南开作一个试验场，以长以进，就是民主的精神。

予末后告诉诸生易懂易记的四个字，就是“活—动—长—进”。按此四字去行，自然可以得着生命、经验、方法等等。

关于大学之筹划

前此办过专科二次，好批评者有谓为维持本校运动计而立专科；有谓为维持本校新剧计而立专科；又有谓为校长名誉计而立专科者。若此均不待辩论，识者自知。究竟办大学与不办大学比起来是难是易，于此亦可了然。予前给在美留学生将来本校大学教员凌冰去信，告诉他将来在这办大学是一个很不易的事。这因为予由美来华之先，即曾同凌君谈道办一件新事的困难，而此次无论如何必极力去做。意者或谓，南开中学已千余人，事业非不盛，主其事者何乐不可休息休息！抑知此种思想已十分腐旧，教育的事业乃进的，又安有止境一说？先时教育为扬名声，显父母，而今日则迴乎异矣！教育为社会谋进步，为公共谋幸福；教育为终身事业（Life Work），予于此至死为止。所以必立大学的原因：

（一）现在教育在别一方面言，即使青年合于将来社会的习惯，加大学即将其习惯加长，使造成益形坚固之习惯。

（二）中学毕业后，直接在社会上做事不足，故需有大学的培养。

此外，仍有一个次要的原因，即国中国立的、教会立的大学，虽是不少，然而真正民立的大学却不多见。须知今日中国所以幸存者，多半是因为世界的舆论帮助。然而我们亦当教世界知道，我们国民能做点事，所以这亦是旁边的原因。

至于大学的筹备：（一）人才方面，有凌冰先生，并转在美约请数人。（二）财政方面，予此次至京，各界均有意帮忙，并见南开旧同学尤极高兴。严先生已预备至各处捐款。本月十五日，为此事在校内开一乐贤会。

关于实业之提倡

先欲劝大家省钱，全力去做买卖。凡本校师生所用的东西，均由本校师生自己去做，自己经营，这个意思就是想引着大家省钱，并注意实业。以前有思想的人，多半不想实业，而办实业的人，又多半无思想，这样如何不贫？是以以后想有工场、有售品处，大家合作，人人有份。

予今日所言者，无不许如何、不准如何等消极的报告，唯望大家一齐努力，共跻于成。

国立南开大学概况 *

一、学校沿革：民国七年冬，南开学校创办人严范孙、校长张伯苓自美归国，发起创办南开大学。得各方之赞助，于八年春，建大学讲室于南开中学之南端。是年秋，讲室落成，招生百余人，设文、理、商三科。九年，李秀山捐遗产50万元为本校基金。李组绅捐助经费，增设矿科。以校舍湫隘，难期发表，于是年春，购地于南郊八里台，兴建讲堂楼房一座、男生宿舍二所、教员住宅九所。十二年3月，又得美国罗氏基金团及袁述之捐款，添建科学馆。9月，迁入新地，10月讲堂落成，题名曰秀山堂。十四年8月10日，经教育部核准立案。10月，科学馆竣工，颜之曰思源堂。于是校基始定，规模粗具，而来学者亦渐多。十六年，组织东北研究会，为日人所嫉视。十七年，卢木斋捐建图书馆落成。二十年，设经济研究所。二十一年，设应用化学研究所。二十六年，“七七”变作，29、30两日，本校为敌机轮番轰炸，大部焚毁，是为国内文化教育机关之首遭牺牲者。旋奉教育部令，与北京、清华两大学同迁湖南长沙，合称临时大学，后迁昆明，改称西南联合大学。二十八年，本校经济研究所在重庆南开中学复课。胜利后，筹备复员，三十五年1月，首先收回八里台校舍，5月奉教育部令，改为国立，7月，与

* 本文为按照《教育部教育年鉴编审委员会征集公私立专科以上学校概况文稿办法》上报教育部的文件。

北大、清华两校联合招生。10 月 17 日本校校庆日，举行复校开学典礼。

二、现在校址：在天津市南郊八里台。抗战以前，有地八百余亩，主要建筑六幢，实习工厂三座，教员住宅卅余所。抗战军兴，敌人肆意破坏，主要建筑六毁其四，余者亦残破不堪。复员以来，已修复者，有思源堂科学馆、芝琴楼女生宿舍，实习工厂三栋、教职员住宅卅余所。其无法修复亟待重建者，有秀山堂、木斋图书馆、男生宿舍等。敌人建筑，经本校鸠工完成者，有胜利楼，现为授课及办公之用。敌设机关，经本校接收使用者，有北院男生宿舍，有综合运动场。总计旧有新收沿卫津河南北二里，东西一里许，均为本校范围，缔造经营，尚需时日。此外，校园树木战前不下万余株，八年沦陷，悉被摧残，非短期间内所能恢复，今后种植，期以十年。

三、历任校长：本校自开办以来，校长未尝更换。三十五年五月，奉令改为国立，政府仍任张伯苓为校长。

四、行政组织：校长以下，设（一）教务处，图书馆、注册组、出版组属之。（二）训导处，斋务组、体育组、课外活动组、校医室属之。（三）秘书处，文书、事务、工务、出纳四组属之。每周举行行政会议一次，商讨全校行政事宜。行政会议中，设财务委员会、聘任委员会、校舍修建分配委员会、图书仪器委员会、福利委员会，分别讨论该管事宜。关于全校大计者，如经费预算、院系设置，则取决于校务会议。有关学生课业与成绩者，则取决于教务会议。有关学校风纪与学生操行者，则取决于训育委员会。

五、院、系、科数：本校现有三学院十六学系，计：（一）文学院，设中国文学、外国语文、历史、哲学教育四系。（二）理学院，设算学、化学、物理、生物四系。（三）商学院，设政治、经济、银行会计、统计、商业管理五系。（四）工学院筹备设立，已有机械工程、化学工程、电机工程三系。

六、教职员人数：本校现有教职员 203 人，其中 103 人为教员，70 人为职员。

七、学生人数：本校现有学生 799 人，计男 615 人，女 184 人。

八、经费：国库拨发。

九、图书设备：抗战前，本校图书馆藏书计西文六万余册，中文廿余万册（经济研究所在内）。抗战军兴，本校首遭轰炸，除事先移出一小部分外，其余完全散佚。劫余图书，廿九年由津运出，经沪、港、海防而达行滇，其三分之一留滞海防，未及内运。海防沦陷，悉数失去。现由昆明、重庆迁回天津者，西文二万余册，中文一万余册，经极力采购补充，新旧总计约六万册，现仍积极搜罗，总期先复旧观，再求发展。

设备方面，（一）理学院仪器、药物，当事变时，虽经移出一部分，以时间促迫，遗失甚多，历经香港、海防运至昆明，尤多损失。现自昆明运回者，已不及当年十分之一。复校以来，国内国外，尽力配置，本年内，普通物理、普通化学、普通生物诸实验室可以应用。有机化学、理论化学、定量分析、定性分析等实验室，光学、磁电、近代物理等实验室，动、植物等实验室，凡理学院各系二、三两年级必须设置者，年内尽量树立初步基础，再图充实。

（二）工程各系，现有化学工程、机械工程实验室各一所，电机工程实验室一所，锻铸实习厂一所。化工系在抗战期间未尝停顿，各项设备可以勉强应用。机工系设备均系新置，金工、热工两实验室年内亦可粗具规模。电工系设备几全毁于战时，磁电测验设备尚可应用，电机试验室则须重新设置。此外，工程各系公用之测量、水力、材料三实验室设备教育部已分配本校各一份。

十、研究工作：（一）本校经济研究所，初名社会经济调查委员会，成立于民国十六年七月，所编“指数”周刊，颇受社会重视。此项工作虽在播迁之中，未尝间断。出版中英文刊物多种，最著者为《政治经济学报》，及英文《Social Economic Quarterly》。调查委员会后改为经济研究所，于廿四年开始招收研究生，廿八年奉部令改称商科研究所经济部，现仍为本校研究工作之一重要部门。

（二）应用化学研究所成立于民国廿一年，除学术研究之外，并受外界委托，代决化学工业上诸种问题，以及化学工厂之设计。廿六年奉部令改称理科研究所化工部，招收研究生。抗战期间，稍有停顿。复员以来，已与化工系相辅并行。

（三）文科各方面，边疆人文研究室成立于民国卅一年，彼时本校权设昆明，实地调查西南边疆之少数民族及其语文，所得资料经整理出版者，有定期刊物《边疆人文》三卷十八期，又专刊三种，报告一种。复员以后，本校仍继续是项工作，为文科研究所工作之一部。文、史、哲、教亦拟另辟部门从事研究。

（四）理学院数学、化学两系，以历史较长，人事稳定，虽无研究所之设，而教授个人研究工作未尝间断，研究结果在中外学术刊物发表者亦已多种。今后本校当充分利用理学院可有之人力、物力，以从事纯粹科学之研究。

中华民国三十七年三月廿五日

南开大学经济学院缘起

本校经济学院之设立，以原有之社会经济研究委员会及文学院经济系合组而成，设立之宗旨，欲使教学与研究相辅而行，借以训练人才，及促进吾国学术之发达。本校社会经济研究委员会之创设也，始于民国十六年秋，数载以来，关于工作方面趋重实地研究，所有各种工业调查之报告，及各种重要经济统计之编制相继梓行者颇多，其他零星讨论学术之著作亦时有所刊布。然因专事研究，未能兼顾教学，似与促进学术、训练人才之旨尚未尽善，故此后改与文学院经济系合并为一，庶可收补偏救弊之效。此本院成立之原因也。

本院施教与治学之要旨，可分为二：（一）因各国之经济背景不同，故本院教授经济学，以使之本国化为目的。（二）因社会科学之性质变而不已，故本院注重研究，使教者得获教学相长之益。就第一点，本院拟多用本国教材，不专采用西籍。就第二点，本院拟减少教课钟点，使教授得在其教课范围内作个别有系统之研究。要之，中心目标即在完成一本国化之经济学，而非其所以亟亟于是者，则欲有以适应今日各方面之需要耳。

所谓各方面之需要者，约可分为三点：（一）课材方面。吾国大学中之经济课本多为欧美学者所编著之原文，亦间有专用译料者，殊多可议。盖经济研究系以社会为对象，社会情形不同，故经济学亦往往具有国别。西人之著作，其取材、立论自以其国情为根据，吾国学生读之，则常有与实际不符之感。而教之者明知其所教与本国实况不合，然因缺乏研究机会，致不能为之改正，结果教、读两方均感缺憾。欲求此弊，唯予教授以研究之机会，使之可自抒所得，成为专书。（二）学术方面。教学之道苟不健全，则积而久之，不健全之治学习惯因而养成。就吾国现状而论，各大学训练学生时，能使之对于其本人所认为真实及感觉兴趣之具体经济问题加以探讨者，为数绝少。故承学之士次者无论，即上焉者能得西籍之概要，亦以昧于国情之故，思想常流于抽象独断，好为空论，而于实际有补之事，反视为琐屑不足为，华而不实，遂因之蔚为风尚。补救之法，宜使学生对于本国之经济、历史及现况有所了解，庶能注重实际，不致再趋空玄也。（三）国家方面。吾国目前方事建设，急需有训练之人才以任行政。而今日经济建设人才之缺乏尤为显著，训练以应须要，不可斯须稍缓。且此后数十年间吾国将经一绝大之改变，其影响所及，恐非以前任何时期所能比拟。此项改变之来，其性质之属于经济者，有为世界潮流之簸荡所致，其发动由于外力，有为改革家构思之结果，其动力可由人驭。至改变之善否，则视形成者之如何以为断。使其果为蠢动，成见或感情用事之结果，则非社会之福。使为有科学智识，以社会福利为目的者所造成，则固社会之利。然此须赖有洞习国情、富有训练之经济人才以为之主持，故就国家方面言，此种工作亦为今日之急务也。

本院成立之原因，及施教与治学之旨，业已粗述如上，此种组织在今日之中国尚为创举。本院为集思广益计，特组织一董事会，敦聘海内学术界之先进以负指导、计划之责。就正有人，庶可易臻完善也。

早期南开中学的功课

黄钰生

早期的南开中学，是四年制的。国文、英文、数学的课程，四年都有。中国历史地理、世界历史地理、化学、物理、生物分年设置。到了四年级还有簿记、经济学等一些选课。体育，除军操是正式课，有教员之外，其余如篮球、足球、网球和田径项目，都是课外活动，没有正式教员。

国文没有正式课本，用的是油印的讲义，模范文选自《古文观止》和《秋水轩尺牍》，也选一两首像杜甫《望岳》这类的诗，在高年级讲读。作文很注重。前些时，我的外甥冯承柏把他父亲冯文潜保存下来的、我在南开中学一篇作文给我，毛边纸，红格，恭楷，那是一个下午的课堂作业。错句错字，老师纠正；好句子，圈圈点点；有眉批，有尾批，这样的作文，每两周一次。

习字——毛笔字，一年级上过几堂之后，全凭课外自习。字体颜、柳、欧、赵都可以。我记得我还在“白折”上练过小楷。

课外读物，完全自由，我不记得学校对我们有什么禁令。我们班里有看梁启超主撰的《庸言》的，有看康有为主撰的《不忍》的。《不忍》的头一篇文章，我和冯文潜都背过。陈独秀主撰的《新青年》1915 年问世后，那是期期必读的。

英文。我的第一个英语课本叫《英文津逮》(English Lessons)，是当时天津北洋大学堂的一位美国教员专为中国学生编的，颇有些地方色彩，如说“塘沽离天津九十里”之类的例句。我们那时候学英语，不像现在从发音规则学起，循序渐进，我们认、读、写英文字像认、读、写汉文方块字一样，先生硬教，我们硬学，天天默单字，天天背课文。从二年级起，我们学商务印书馆出版的《英文读本》，里边有中国故事英译，也有外国故事的简写。这些我们不大感兴趣，感兴趣的是《泰西五十轶事》和《泰西三十轶事》。豪桑的《古史钩沉》，希腊神话，故事有意思，文字太深。到了三年级下半年和四年级，我们就读英文原著小说了。《威克菲牧师传》我们班读了很久，其中的一首故事诗，我们全都会背。我清楚地记得周梦贤老师，把我叫到他宿舍去，发还我的汉译英卷子，我那本卷子，写满了他写的红笔字，他左手指着我的卷子上的某句某字，右手指着我的鼻子，用上海方音，大声喊道：“黄钰生！你这个字是怎么用的？你这个句子是怎么造的？！”我在他的手下最高分数是75。我的英文底子，是周老师给我打的，我至今怀念周老师。

早期南开中学英语教学的一个特点：从二年级起年年都有美国或英国教员教我们。我记得 Hersy 夫人教我们简单英语会话的情形，入了中国籍的崔伯先生用英语给我们讲安徒生童话，嗓门那么大，以至于华午晴先生以为他和我吵起来了跑上楼来“劝解”。总的说来，南开中学毕业，一般地能够听懂美国人或英国人讲话，不仅是简单的句子，成段的讲话也能听个七八成。

早期南开中学的英语教学成绩之所以较好，除了英语课本身之外，还有一个原因，就是许多功课的课本都是英文的。数学课本、代数、几何、三角全是英文原版书，世界通史课本，对于我们的英语成绩影响更大。那是一本美国人为中国学生写的，著者叫任纳夫，当时是北洋大学堂的教师，文字也相当讲究，我们一般都熟读这本书，比我低一班的段茂澜，几乎全本都背得过来。

我们的英文阅读能力，我记得我从南开毕业时，像西洋通史这样的书，每小时能读七八面（Pages），1916年我到清华学校插班，我发现清华同班，每小时能读十到十一面。

数学。算术、代数、几何、三角四年教完，有时候有交叉重叠。我那一班入学时，程度不齐，所以花了差不多一年时间复习小学算术。我的算术是马千里教的，代数先生是严约敏，几何先生是时子周，后来由一位上海圣约翰毕业的朱曾贯老师教。数学老师的教学技巧高低不同，但要求都很严格，老师留的作业相当多，到时一定要交，老师也如期评阅发还。在此我还要补充一点，张校长很关心数学教学，他自己爱好数学，也是一个好数学教员，他代课教过我班的几何，他不但讲解清楚，而且善于启发学生的逻辑思维。在他的班上，你脑子一分钟也闲不下来。

理化。南开是一向注重理科教学的。它的仪器设备，在中等学校中是较早、较好的。理化教学，不但教师做演示，而且学生们也要亲手做试验。我的那一班不凑巧，直到末一年才摸着两人一组做试验，下一班的机会就好些了，师资也好些，仪器药物也完备些。张校长关心理科要比关心文科多一些，南开中学，乃至南开大学，都是这样。

早期南开中学的课程，并不是门门都成功，譬如，中国历史就很糟，但总起来说，南开中学的课程是认真的，教学成绩是扎实的。就以我来说，我的基础知识，都是在南开中学学到的，或者说，知识的基础，都是在南开中学打下的。

旧南开中学办学的一些做法

杨志行

南开中学创办于1904年（清光绪三十年），自创办至1922年夏，修业期有时为四年，有时为五年，到1922年始改为六年制，初中三年，高中三年。从1922年至1936年这一时期，南开有自己的学制、教材、教学大纲，及带有自己特点的一套学校管理制度。这一时期教学质量最高，1937年抗战开始后，天津南开中学停办，重庆南渝中学改为重庆南开中学。抗日战争胜利后于1945年秋天津南开中学复校，招收初一、高一各一个班。到中华人民共和国成立前夕已达19个班（未计女中班数），复校后的南开中学，使用的为国民党颁行的统一教学计划，且由于学校一度中断，教学质量不如前一阶段。

南开中学在抗战以前，教学质量较高。几十年间培养出不少知识质量较高的毕业生，在国内外高等学校中，声誉不错。分析起来当时南开中学办学主要有以下几个特点：

在课程设置和教学上均有较高要求

当时学校自拟各科教学大纲，教材也多系自编。如1929年时，数学科：初中二年级代数学了二元一次方程组之解法与应用，简单的一元二次方程之解法与应用，并学了一些三角内容；初中三年学了立体几何部分内容，高一学解析几何和初等微积分部分内容。语文科：自初中三年级即学习治学态度与治学方法，我国学术思想论述，文学理论以及《水经注》《左传》《三国志》《资治通鉴》中的一些文章。学各种不同体裁的文学作品，如叙事、抒情、散文、小品、杂文、新诗等文选。自高二起并设选修课。选修课分为四种：（1）文学（选讲《诗经》《楚辞》以及历代文学名著）。（2）诸子（选讲《论语》《孟子》以及战国诸家代表作品）。（3）新文学（选讲五四以来鲁迅等名家代表作）。（4）应用文（选讲古今各类实用文章）。高二、高三两年内可以选学四种中的两门，两年内可以学到古今名著，亦一般地了解古今文学和先秦哲学的源流。这样就学了一些相当于大学中文系大三、大四的教材。为了使学生毕业以后，能考入大学，甚至把各大学的招考试题也当作教材的一部分。因而毕业生多数升入清华大学、北京大学、上海交通大学等全国有名的高等学校，升学率一般在百分之八十至九十以上。在照顾到学生德、智、体几方面都得到发展的前提条件下，适当提高课程程度是必要的，但脱离这个原则，只片面提高课程程度，形成大量留级，并影响学生健康则是不对的。

注意在初中为主要学科打好基础

国文、数学、外语等主要学科的课时多，每周学时四至八节，且很注意在初中打好基础。如初中三个年级主要学科周学时：语文为八、六、六；英文为七、八、八；算学为五、五、五。教材除自编外，高中的外语、数学多用原文本。

（一）语文：从初一至高三分为三级。初一、初二为第一级，初三、高一为第二级，高二、高三为第三级。第一级即要求能阅读平易的短篇文言文，能运用读书工具（查字典、注国音等），做简单的记叙文和应用文。第二阶段，使学生能鉴赏古代发明而富有文学情趣之文言文，并了解其在文学史上之地位，能阅读平易之古书，并能正确理解其中所含之思想。使学生能运用理论方式作普通说明文，能用修辞方式作浅显的艺术文。第三阶段，要学生细究文章内容中暗含的人生问题，能略知创作、鉴赏的理论，会写复杂的记叙文、论说文。

（二）数学：各年级教材由浅入深有系统的安排，各年级各有侧重点。初一、初二以数量关系，证法几何为中心；初三、高一以证法几何及近代数学方法为中心；高二、高三以高等代数、解析几何、初等微积分为中心。同时自高二起并有选修科，初等测量与近世几何、初等力学等。照此安排学生至高一时，已掌握了整个中学阶段的一般数学知识。

（三）外语：初中毕业后，要求能讲能听日常的会话，能读浅显的书报，能写简单的信札及短文。到了高中，文科要求学生能读优秀的文学作品，能作系统的阅读报告，及短篇文艺作品；理科要求学生能阅读理科的专门书籍而无困难，能做浅显通畅的说理文。因此，学生到高中毕业能基本上掌握一门外国语，入大学后读外文专业书籍，直接听外语讲课均无困难。

英语教材内容比较深，而且文体多样化，有科学小品、文艺小说、诗歌，以及外语名著节选等。除外语外，高中的一些课程，如数学、物理、化学、西洋史等均用英文本，学生接触外语机会多，因而也有助于学生外语水平的提高。

对学生要求严格

对新生质量要求严格，学校单独招生，择优录取，吸收全国各地知识水平高的学生，据说当时新生录取率一般占报考总人数的百分之十六左右。

每学期举行正式考试三次，即平时两次期末一次；临时考试若干次，不预告。另外每学期同年级有一、二次会考。各科成绩等第之分配如下：甲等百分之零到十，乙等百分之五到二十，丙等百分之五十到八十，丁等百分之五到二十，戊等百分之零到十。九十到一百分为甲等，八十到八十九分为乙等，六十到七十九分为丙等，五十到五十九分为丁等，五十分以下为戊等。丁等以下为不及格。高中及初三有四科不及格，初中一、二在国文、英文、算学三科中有两科不及格者退学，有一科不及格补考，补考后仍不及格者退学。（第一学期不及格科目到第二学期成绩特佳者可免补考）

对学生考勤掌握亦甚严，不请假缺勤，即算旷课，每学期每学科旷课三小时者成绩降一级，旷课六小时者降二级，旷课二十小时勒令退学。

平时教师在教学中亦对学生要求严格，要求学生注意听讲，保持良好纪律，教学中强调多读多练等基本训练，如发现学生各科作业马虎潦草和错误，即进行批评或令其重做。评卷给分也比较严格，五十多分甚至五十九点几的也不允许提到六十分。

我们认为社会主义的新教育也必须严格要求学生，但新的严格要求应与旧的严格要求有所不同，应在改进教学、教育工作的基础上严格要求，应在启发自觉的基础上严格要求，而不能单纯地采取组织手段。

重视各科课外活动

在行政组织机构上，专设一体育课（体育处），与教务课（教务处）并列，掌握体育课教学及课外活动。

各学科课外活动是多种多样的，有作文比赛、演说比赛、读书比赛、数学比赛、英语的背诵、作文和演说比赛等。同时有教师指导，提倡学生参加各种学术性和文艺性的课外活动组，如东北问题研究会、天津研究会、生物学会、音乐研究会、美术研究会、航空模型会、话剧团、京剧团等。在体育方面除由学校选拔组织的各种体育代表队外，还鼓励各班级组织各种体育队，进行各种竞赛，每年举办一次全校运动会。因此，不少学生的特长得到发展。并出现过较好的成绩。如，体育项目曾经获得华北运动会总分第一（田径），三次获华北棒球冠军，多项全市运动项目冠军，当然那时搞课外活动，不少是锦标主义思想促使下学校才倡导的。

南开中学作为一私立学校，在旧社会上能够存在并在知识质量方面取得不错的成绩，分析起来，主要是在校内组织工作和工作制度上确有一些保证实现办学要求的特殊措施。

（一）注意选择业务水平较高的教师和校内各部门主要负责人，并尽量保持稳定。旧南开中学所选师资，多数为大学本科优秀毕业生，个别的是研究院毕业生和留学生，不少人有著作。在每个学科组中都有精通各年级全部教材的骨干教师，这些人业务知识水平高，能自编教材，且教学经验丰富，对学生对自己要求都很严格。刚来南开的教师，尽管是大学的优秀毕业生，多数仍要从初一、初二教起，逐步向高年级提升。在教师的安排上特别注意两头，即初一、二和高二、三。这两头年级的教师，一般是固定的，初一、二年级的教师，有三个条件：（1）正确熟练掌握本年级的教材，不必有很高的水平；（2）教法切合低年级；（3）工作认真负责，循循善诱，勤教勤练。高二、三年级的教师要有较高知识水平，能编教材，教学上有独创能力。学校对教师每年发一次聘书，对工作不好的教师，第二年就不发聘书，经过教学实践考验，不胜任的教师都要被淘汰，业务好的留下来给予较高的待遇，且每二年加薪一次，工作好的教师，逢年过节还有额外补助三十元或五十元，因此，好的教师安于工作，师资队伍比较稳定。看来办好一所学校，建立一支高水平的教师队伍是很重要的。

（二）在教学上，自订了较高的要求，自订了教学大纲。在主要学科上，不少年级特别是在高中，并自编或自选了教材，这样就保证了教学目的要求的实现与落实。在教学大纲中，对有关教学的各项细节，做了较为详细的规定，如教学目的、教材、教法、作业（自编了一套与教材相适应的作业练习簿）、成绩考核等。因而利于将教学要求体现到实际教学之中；如语文大纲，在初一、二总纲中对“读”“作”“说”“写”四方面都做了规定。在读的方面又分为“精读”“略读”。精读教材（即范文在课上讲解）除对选材做了说明外，对教授法也做了详细说明：（1）预习：要求学生一查生字句；二查作者小史；三标出疑点；四摘录所得感想。（2）讲授：提出注释题义、叙述作者、指出全篇旨趣、诵读、指出难生字句、解释疑问、整理大意、形式深究、内容深究等九项。（3）考查成绩：有问答、背诵、复讲、笔试、默写、检查笔记等六项。略讲教材中（指定书籍数种令学生课下阅读），分阅读注意事项、图书标准、时间分配、教者工作、成绩考查五大项十七小条作了说明。在作文方面，除时间次数有规定外（每周一次），对作文的命题（题性、题数、题材）有说明，对文卷的书写格式及内容，对批改、讲评的要求，优秀作品的处理等规定有二十至三十条。另外有补充作文、日记、读书笔记、讲演记录、视察报告。“说”“写”各方面的要求规定得也很详细具体。说话要说国语，态度要从容，姿势要自然，内容组织要有条理等；在“写”的方面，对大小楷之笔书、字体、气势、执笔、用墨之方法都有说明及规定。教学过程中各个环节的这些规定，也是经验之总结，因而保证了工作的顺利开展，并收到较好的效果。

（三）各项制度较为健全完整。行政上有一较完善的组织机构，由董事会、校长、中学部主任及备课（设五课：教务、训育、体育、庶务、会计）

都有明确的职务细则。除了行政机构外，还有比较明确的各项专门会议及委员会。由于分工明确、职责清楚，因而保证了较高的工作效率。

有各项必要的较健全的制度。有考试及审定学生成绩办法，告假退学规则，讲室规则，斋舍规则，晚自修规则，图书馆、实验室、食堂规则，开展各种课外活动办法等二十多种办法和规则。

为了不断改进学校工作，学校还常常采取一些新措施，为了既推动工作又不带来混乱，较大的新措施都先选择一个班或一部分人做实验，如在 1929 年时曾实验过学科研究员制度，在国文、英文、数学三科中设立研究会，凡担任同科之教员均为该会会员。再由学校在该科教员中，约聘知识经验较为丰富者一人为研究员。会同同科教员筹划该学科教学方针，解决该学科一些实际问题。并曾在此三科，每一年级择一实验班，实验新教法及提高教学效率之方法等。个别班实验取得经验后，然后才逐步在全校实行。

以上这些，都有利于保证教师教学和学生学习的正常进行，不断提高质量。我们认为社会主义的新教育，亦须有健全完整的各个方面的规章制度，当然我们的制度在内容上与过去有所不同，在执行方法上，应以自觉的思想工作为基础。

（四）注意总结经验，培养传统。南开自创办后，逐步发展壮大起来，在发展过程中，教学与各项工作不断进行改进。如学校最初为四年，以后改为五年、六年；高中由不分科到分科，又到三三制不分科等；各时期教学大纲、教材也有不少变动，教法上也做过不少实验。在这些变化中，它不断注意积累了自己的经验，并不断把这些经验用教学大纲、各项制度与规则固定下来。

在各个时期，它不断出版校刊、学校一览，来系统反映这些经验，以利于外人了解，和本校师生继承和发扬。它有时也印刷成册给教师借览，或发给到校工作的新教师，以利于他们很快熟悉学校情况，并按本校传统来进行工作，因而学校师生形成了传统与习惯。

在办好人民的南开中学的过程中，能不能运用旧南开的经验呢？怎样应用那些旧经验呢？少数人曾主张全部搬用或全部否定。我们认为全面抄袭和全部否定都是不对的，应在党的教育方针指导下实事求是地、批判地运用一些对提高教学质量行之有效的具体做法。至于旧南开中学的“教育救国论”以及大量淘汰学生的做法，教育内容中的封建性糟粕都是应当予以抛弃的。

求知的意义：在南开学校的课程训练

吴大猷

中学阶段

番禺县立高等小学是守旧的，课程水平远不及目前台湾的小学。在小学毕业后，我去考广州府立中学，这学校还是守旧的，学校不仅不密封考卷，而且要在卷面上写明三代的名字。我相信，如果不是因为我祖父曾是清朝翰林院的编修，父亲也是举人，我是不会被录取的。那时，也没有人认为那学校的办法不公平。

第一学年的国文是读《左传》，由“初，郑武公娶于申曰武姜”开始。英文是从字母读起，奇慢无比。算术只记会了开平方。其他还有诸如历史、地理等。另外还有一门簿记学在当时算是“摩登”的了。我的国文成绩勉强列入乙等，簿记卷子是贴堂的，第一学期末，考了全班第二，一学年考了个第一，看看读下去没多大意思。

1921 年夏，我伯父应邀去天津，担任广东旅津中学校长。他带了从兄弟四人：大业、大猷、大任、大立一齐去天津。我到天津后，去报考南开中学。我曾试考插班旧制二年级，未能如愿，只好再读一年级。

国文、地理等科无所谓。教国文的先生，是反对语体文的，看不起胡适之先生，他说：“梁任公的某一部书，胡适之一辈子也作不出来。”他讲句子的结构，如：“谁不借给他？”“我不借给他。”这两个例句给我印象很深。教地理的郑老师，爱讲些笑话，大家称他为“郑老头”。但给我印象最深的是两位过去教过私塾的老师，他们读起“大学之道……”的句子读也读不断，很使我发笑。

月考时，有些学生偷看书，“郑老头”由于素来性情和善，因此看到了只把书收去，而从不讲别的。偷偷看书的同学还扯着书，叫嚷着先生出的题目太难。代数用英文教科书，因为教师讲得清楚，所以尚不感到困难。这位教师还教我们读书要“抓住小辫”，意思是要把握住“要点”。英文每周有三小时的读本，选自《泰西五十轶事》，是原版本。此外另有三小时文法，学英文句子结构。就这样，我英文成绩也有很大进步。

第二年，南开中学由旧制改为初中高中的“三三制”。这样，我就借此机会升了一级，到了初三。

升入高中，英文读本是从英文名著中摘选出来的精彩短篇；平面几何也用的是英文原版书；国文是古文选读；此外尚有立体几何、化学、世界地理等。

高二的数学，包括三角、解析几何、对数；物理分在高二、高三。高三数学有微积分（已具大学程度）。其他普通化学等，也用的是英文原版本，但讲授时还是用中文。当时，之所以用英文课本，是因为那时没有适当的中文教科书。日子一久，大家也都习以为常。同学间虽不存在着阅读上的困难，但还不能完全用英语讲解，在书写上也有词不达意的地方，差错也在所难免。

从高二始，开设第二外国语，文科的习法文、理科的习德文。教我们德文的崔先生是昔日在同文馆学德文的。课本是短篇小故事。教师要求我们写老式字体，并且让我们背诵和抄写故事。大考时，试题印的是一大篇用老式德文字体写的故事，让学生翻译成中文。学校教务科看见试题后，自然印象很好。这虽然似乎有点骗人，但几十年后的今天，我仍能用老式的德文字体默写出短篇故事来。

南开中学在 1921 年时，已有学生 1000 多人，在那时可以说是一个规模不小的中学了。

学生上体操课要穿制服：扎绑腿上步兵式操。天津的冬季非常冷，尤其像我——这个远从南疆来的人，感觉尤其灵敏。当时学校哪里有体育馆，只有室外大操场。寒风吹得耳朵生了冻疮，脚也生了冻疮，但仍然要忍着疼痛将脚挤进鞋子去上体操。苦，人人觉得苦，但大家还是咬紧了牙关接受了这样一种“训练”，从未听到哪个同学要求改变这一训练方式的。后来这种“体操”，改为“体育”，内容也有了变化。运动项目中，我唯一的爱好是打网球。虽然我现在已进入老年，可是兴趣依然很浓，不减当年。

讲到运动，总免不了要有装备，这就要花钱。我们兄弟都没钱，只合买了一双踢足球的运动鞋，还不是正规的足球鞋。踢球时四个人要分两拨，两个人中，一个又只能穿左脚的，另一个当然只好穿右脚的一只了。玩网球也是东拼西凑。刚开始时，我们只有一个球拍，那还是二姑丈送给我们的，后来才慢慢地从租界外国人手中买来一些旧球拍和差不多已快不能用的旧网球。

南开中学每日在第一节课与第二节课之间，即 10 时至 10 时 20 分之间，全体学生在操场上按班级位置排列，作 15 分钟的柔软体操。每周星期四由校长张伯苓先生在礼堂对全体学生作讲演及训话，有时也请校外人士来讲话。张校长身材魁梧，态度严肃而面容又很慈祥。他毕生致力于教育，由南开中学到大学，以及女中、小学。后来又由天津到重庆。他自奉甚俭，以致整个学校，都受到了他高尚品格的影响。

南开中学的高中二、三年级，分为文科、理科两组，每年在春季，都请南开大学的文、理、商科的教授各一位，到大礼堂演讲，介绍该学科的意义和应用范围，也作为学生今后选科时的参考。那时候南开有李济之、蒋廷黻等著名学者。

1925 年春，我正读高二，决定夏间以同等学力去考南开大学的矿科。考试科目有中文、英文、数学、化学、物理。平时，我已将高三（大学）普通化学课本读完，高三物理却不如化学那么容易自己搞清楚，只好听天由命了。考试结果：物理合格，英文、数学、化学三门优良，“跳级”成功，就此进入大学之门。回顾在中学阶段的五年中，英文和数学的根基打得最好，应该感谢这两门功课的老师，他们都给了我适当的学习机会。化学的根底还是靠我自己用功得来的。

我想这几年最重要的收获，是不知不觉地对学问产生了兴趣。那时的社会与现在不同，从不感到家长或其他方面的“压力”。读书和预备投考大学，原动力都来自我自己，不像目前考大学一样，有多种多样的竞争，以及各式各样因素的影响，所以心情是既愉快又舒畅的。

大学阶段

“跳”上了大学，也如愿进了矿科。

第一年的课程有英文、数学（微积分）、物理（定性分析）、矿物学、岩石学、测量、工程绘图等。每周有五个下午都是做实验，其中物理一个下午，化学两个下午，矿物（岩石）一个下午，绘图一下午，开始时，对物理一科觉得不能入门，但到学期终了时，感到已能应付了。

“天有不测风云。”在我刚刚读完一学年时，学校突然将矿科停办。原因是捐款办矿科的李祖绅先生，由于他经营的煤矿不景气，本身的事业难保，因此无法对矿科资助。矿科不能再继续办下去了。学校便允许我们转入到理科的数学、物理、化学各系。

我当初怎么会想到矿科学习呢？主要原因：矿科是一门实用科学，毕业后谋事容易；同时我认为自己天资有限，比较适宜于应用学科的学习。

现在矿科停办，如果转到其他学校再读矿科，也很困难，因为在当时，大学中开矿科的学校极少，在北方仅有一所北洋大学。我如留在南开，由于第一学年成绩优良，可以免掉学费、宿费，这在我是不能不慎重考虑的。权衡再三，决定转入本大学物理系。

南开大学那时是一所规模很小的大学，中学倒有几千人，大学部的学生只有三百多一点。教授都很有名望：理科有姜立夫、钱宝琮二位，物理系有饶毓泰、陈礼二位，化学有邱宗岳、徐允钟二位，生物有应尚德老师。

我在南开四个学年，选修了下列课程（学分）：

国文（6）、英文（6）、世界文学（6）、德文（6）、微积分（6）、高等微积分（6）、解析几何（6）、近代代数（6）、微分方程（3）、复变函数（6）、物理（10）、电磁学（3）、电磁度量（实验 2）、近代物理（3）、初等力学（3）、力学（6）、光学（3）、分子运动论（6）、高等电磁学（6）、直流电机（3）、交流电机（3）、无线电（3）、定性化学分析（6）、定量化学分析（6）、物理化学（6）、气象学（3）、矿物学（4）、岩石学（4）、测量学（2）、工程绘图（2）。时隔较久，对上列所列学分数，容或有错误。

这些课程，除了因为经过半个世纪科学技术进步而有所差别以外，与目前的并无大的不同之处，仅仅在训练上有些区别。那时，所有的数学课程每课都有习题。每星期一、三、五留下的，必须隔一天，即三、五、一交出，教授又隔一天，即五、一、三阅改后发还，师生都绝无拖延情形。物理课程的初等力学、力学，做习题同数学一样。此外如高等电磁学，由个人自行作《J.H.Jeans》一书中的习题。其他如电磁变量，直、交流电，无线电等实验，都要写出详尽的实验报告，就像书中的一章。这些训练，使学生对所学知识有清楚的感性了解，得以做出有条理的叙述。

在大学二、三年级时，我开始用功，涉猎的知识面也越来越广。最先是在一个暑假里，将《Oliver Lodge》这本讲原子的通俗书译成中文，然后又将 Planck 的《热辐射论》由德文译成英文。目的，一半是学习它的内容；一半是练习德文的阅读和写作。以后又将 Sommerfeld 的名著《原子结构及其光谱线》的德文本与英译本对照起来阅读。并和杨景才、龚祖瑛、沈士骏等几位同学组织了一个讨论会，分别研读，轮流报告，我读的是相对论。在四年级时（1928—1929），自行摸索着阅读期刊中介绍“量子力学”（矩阵力学）的文章。刚好，在近代代数课程中学过矩阵代数。姜立夫先生的近代代数课只有五个学生，陈省身是其中之一。因为人少，所以每人作一篇报告论文就代替期中考试了。我作的一篇是关于微分几何的，因为它与相对论有关。

在大学的几年中，不仅真的明白了求知的意义，也提高了求知的兴趣。那时，我的希望是将来能从事研究，得列著作之林，这多少有些“功名”思念掺杂在内。那一段时间我从未经过真正的考验，不知自己知识和能力的限度，以为前途像地毯一样，一推就会自动展开。一个人最快乐的心情，乃是对前途的企望。

1929 年我大学毕业时，饶毓泰老师获中基会研究奖助金去德国研究“碱金属原子之 Stark 效应”。另一位陈礼老师也辞职去从事工业方面的工作。校方乃聘请美国麻省理工学院习电机工程的卢先生教授普通物理课程。我亦借此机会学习古典力学（A.G.Webster 的书）、热力学（Planck 的书）、量子论（Max Born Sommerfeld 的书）等。当时虽然没有人可以请教，却发现了教人亦是自己进修的最有效方法。

沙坪坝南开生活回忆

冯登泰

1943—1946年间，我在重庆南开高中念书，每一想起当年学生生活，情景如昨，十分有意义。

南开中学十分严格，我是考进去的。学校提倡“公能”校训，与现代的“德智体全面发展”方针一致，这种严格性可略举一二小事以说明之。

1943年7月，我进了南开暑校。第一夜，我的同学何绍培同我私自住在男生第三宿舍的储藏室货架上（我们初次到渝，人地生疏，且是穷学生，无地可安身），被王少熙先生发现，说违反校规，要赶我出暑校。我多方哀求，孙元福先生才把我留下来。当时，我写下一首诗：“霜华两载不言诗，人海苍茫岁月驰。悲怀彻夜异乡客，月影更声夜何其？”从此，我在南开三年，慎重之至，勤学苦练，品行端正，敬师爱友。

考试十分严格。每次期终考试，两小时，削好一束铅笔带进考场，只有写答案的时间，没有思考的多余功夫。后到清华大学，在南开校友梅贻琦的同一校风熏陶下，亦复如此。因系一脉相承，久而成习，就适应了。我在南开中学取得良好成绩，平均在80分以上。在清华大学平均成绩差一点，属中等，只有70多分。但我的功夫是扎实的，有利于以后成为“书呆子”。

校中出身名门子弟占多数。由于校内管理，一丝不苟，“王子犯法，庶民同罪”，所以，纵有纨绔者，亦改邪归正了。毕业生几乎100%升入大学，在国内是少见的。南开教育成功之处，在严。

对老师也是严的。校长张伯苓老先生和主任喻传鉴先生，经常去听教师讲课，不客气提出批评。不胜任的，就解聘。师资强，则效果好，这是南开成功之处。

生物、物理、化学实验很齐全，有严格的训练，使学生对自然科学基础掌握得十分牢固。

学校的事务管理和成绩管理，都有条不紊。今天，许多中学还缺乏这样的好处。

自张伯苓校长以下，全校教职工兢兢业业，克己奉公，办事效率高。以视今日某些中学之马马虎虎，人浮于事，官僚主义，则南开作风尚可提倡。张氏是教育救国者。教育虽不如社会主义救中国，但也有救国之某些效果。周总理出自南开之门，许多名人及革命家，出自南开之门。他们由爱国、救国思想发展为走社会主义革命道路者，亦复不少。

张氏聚敛资金，生财有道，但是，全用于办学，不入私囊。其律已之严，在旧社会有几人能这样？

……

我年过半百了，每一念及中学时代，仍有许多甜美滋味，有向往，也有当时的伤感。1978年，我写过两首《竹枝词》，可见一斑。

竹枝词（二首）

身客幽燕心念川，嘉陵湍浪到渝山。绵绵秋雨增离泪，滴下芭蕉何日还。（1943年9—10月的情景）

沙坪坝上有南开，学倡公能植俊才。列列堂楼弦诵地，梧桐叶落几层台。（沙坪坝南开校中有成行梧桐，天津南开有六里台和八里台。今如何了？念念）

“巍巍我南开精神”

——回忆卅四年前的重庆南开

李志先

在长江之滨，嘉陵江畔，以歌乐山为屏，矗立着一幢幢方块式的红色建筑群，这就是我的母校——重庆南开。我离开她已经卅四年了，至今，端庄的“范孙楼”，肃穆的“芝琴馆”，雍容的“午晴堂”，秀丽的“受彤楼”，幽雅的“忠恕图书馆”，以及广阔的运动场，美丽的“莫愁湖”等，都在我脑海里时隐时现，激荡出心中一缕缕的情怀。

在这里，春天群花开放而幽香，夏天佳木葱郁而繁荫，秋天风霜高洁而气爽，冬天梅林花开而独俏。然而，卅多年来，使我铭刻难忘的，使我更为珍惜的，不是这个美好的学习环境，而是已成为我精神财富一部分的“南开精神”。

“长江之滨，嘉陵之津，巍巍我南开精神”。

但是，这“南开精神”到底是什么呢？若剔除了它的封建的、资产阶级的糟粕，现在仍然在我们心灵中起作用的，宝贵的东西很多。我现在只能根据我个人的回忆，道出它一鳞半爪。

立大志，吃大苦，耐大劳

青年时期是人生最宝贵、最富有生气的一个黄金时期。而在这个时期，当年能在重庆南开念书的青年又是年轻人中之佼佼者。所以追忆往昔，虽然同学们没有“指点江山，激扬文字，粪土当年万户侯”的觉悟与胸怀，却也有风华正茂。壮志凌云，不可“等闲白了少年头，空悲切”之感。

母校那时在针对青年特点，激发学生自我意识，帮助学生立志定向，培养学生思想品德方面是煞费苦心的。如老校长张伯苓之弟来校讲演时，就突出地把孟子“天将降大任于斯人也，必先苦其心志，劳其筋骨，饿其体肤，空乏其身，行拂乱其所为，所以动心忍性，曾益其所不能……”一章，向我们反复讲解，并要求我们熟读硬背，身体力行。虽然孟子的出发点是唯心的，但在我们心灵中筛选后留下的却是一个青年要“立大志，吃大苦，耐大劳”的意向。回想当年同学，虽然不少人出身于豪门贵族，但大多数能刻苦学习，发愤自强，恐怕跟母校的这种教育是不无关系的吧。

学校还利用知名人士对青年影响较深的特点，常常请名人来校作报告，以达到教育我们立志定向、吃苦耐劳的目的。我今天仍能回忆得起的，国民党名将傅作义，文学家谢冰心，舞蹈家戴爱莲等，都来校给我们作过报告或表演。

1945 年 9 月的一个中午，我们正在食堂吃饭，忽然，同学中有人呼喊：“毛泽东、周恩来来了！”大家不约而同，涌出饭厅，跑到“芝琴馆”前去观看。我当时没挤出食堂正门，逼得跳窗而出，但到“芝琴馆”前时，却扑了一空，至今犹使我感到遗憾。后来听同学们讲，原来是毛主席和周总理在重庆和平谈判期间，抽暇来看老校长。我们得知消息时，正是他们驱车离校的时候。

周总理是南开的校友，毛主席是我们当时心目中的英雄人物。他们为了建立和平、民主、团结、统一的新中国，不畏艰难险阻，毅然来重庆谈判，已经引起了我们极大的注视。这次，为了团结爱国民主力量，竟在百忙中抽暇来看老校长，尤其使我们感到敬佩。事后，有的同学悄悄说：“周恩来校友值得我们学习，毛泽东值得我们景仰。”

不久，工业巨子范旭东逝世，追悼会在南开礼堂举行，蒋介石送了挽联，毛主席和周总理也送了挽联。我记得主席写的好像是“民族之光”。母校为了通过这件大事来教育我们，不仅叫我们去礼堂参观，还要我们各班都送挽联。班上同学推举我写，我写的是“奋飞百世”，至今想来，真是“初生牛犊不怕虎”，胆子太大了。

这些，对我们立志、定向是很有影响的。虽然重庆南开还比较封建，我们受的民主教育也还比较少，但当和谈破裂，内战重开的时候，我们都感到忧心忡忡，前途茫茫，决心为救国救民而去追寻真理。

文理分科，从难从严

为了适应学生学习之间的个别差异，改造传统的按年龄统一编班的教学组织形式，西方资产阶级教育家早在19世纪末期就提出了各种分组教学的理论和形式。中间虽然经历过一个“马鞍形”，但到今天，这个问题又被各国所重视。我读南开高中时，学校似乎也受了西方资产阶级教育的影响，采用按学科能力分组（Setting）的办法，根据我们有的长于文科，有的长于理科的能力和特点，把同一年级的学生，分成几个文科班和几个理科班进行教学。我当时是被分在理科班学习，数学、物理、化学、生物四门课程，课时是相当重的，要求也是相当高的，但同学们都很欢迎。什么“范氏代数”“达夫物理”等较深的欧美教材，都成了我们参考的读物。与此同时，学校对文科也没放松，特别对英语抓得很紧。我们在做数学作业时，要求都要用英文解题。

在教学中，老师在帮助同学掌握基本概念和基本原理的基础上，对解题能力、实验操作能力的培养上，都是从难从严的。如数学作业几乎每天都有，而且要求用活页纸答题，用铅笔书写，书面整洁，一点也不允许涂改的。又如化学、生物实验，两个人一组，每组都有一套固定的仪器，要求自己安装，自己实验，及时写出实验报告等。这样教育的结果，南开毕业生的升学率是很高的（当然这与大多数的学生家庭环境好也有关），而且学得的东西是很扎实的。我离开母校已经三十四年，今天我在工作中常常用到的初等数学、排列组合、生物知识、英语知识等等，差不多都是中学时代就学到手的。

南开是有名的“贵族”学校，但考试是极严格的。即使是官宦世家子女走后门来的，也只能当个旁听生；而且学习不好，考试不及格，就被取消资格。这样，学风纯正，也是令人难忘的。

课外活动，丰富多彩

在抗日战争的艰苦环境下，南开的功课这样紧，但学生的身体都很好，病号并不多，这是什么原因？除了食堂办得好（伙食费比一般学校并不算高），讲究卫生（有淋浴澡堂，每逢夏天用蒸汽消灭一次臭虫，每学年体检一次，有计划消灭各种传染病等）外，课外活动丰富多彩，是一个重要原因。

如早晨锻炼坚持得较好，课外篮球、排球、棒球比赛更是经常，特别是滑冰和游泳，吸引了不少同学自动去参加。学校除了每年举行一次运动会以提高学生体育运动水平外，还有计划地开展作文比赛、讲演比赛、数学比赛和航空模型表演等活动，让同学们在丰富的课外活动中，去发展和发挥自己多方面的兴趣和才能。

对我特别有吸引力的，恐怕要算“忠恕图书馆”了。馆内藏书丰富，借阅方便，阅览舒适，环境幽雅，它的确是我们精神食粮的仓库。我大多数课余时间都消磨在这里了。我一生中自学能力的发展，主要在此打下了基础。

此外，“正声乐器社”“紫燕摄影社”“戏剧组”等群众团体，也吸引了一些同学参加。我前几年在重庆歌舞团碰见一个乐队指挥，他就是当年南开“正声乐器社”的成员。

总之，追忆往昔点滴，虽然不能概括出南开精神的全貌，但却可以管窥母校当年的几个侧影。忆往所以继往，继往所以开来，“如今年老无筋力，犹倚营门数雁行”，让我们继承和发扬南开好的传统和精神，为祖国今天的社会主义教育事业，而奋斗不息吧！